金融产品数字化营销

主　编　侯　凯　于千程　韩宗英
副主编　孙　龙　陈士奇　韩祥祚
　　　　　吕彦昭　姜思雨

北京理工大学出版社
BEIJING INSTITUTE OF TECHNOLOGY PRESS

内 容 简 介

本书系作者从事多年金融工作和互联网教学工作经验的结晶，主要以金融知识、金融科技知识、营销知识为底层逻辑，以营销工作为线索，将金融业的业态模式、产品运营、场景搭建融合在金融产品数字化营销的实操工作中。通过理论和实际操作以及典型案例进行融合、归纳，形成一个比较完整的、理论与实践有机结合的构架体系。

本书共 8 章：第一章营销基本理论；第二章金融产品；第三章金融产品定价；第四章企业数字化转型；第五章数字化营销体系；第六章数字化运营；第七章金融业数字化转型；第八章金融业数字化营销落地。

本书配套有电子课件、电子教案、视频案例、习题及答案、模拟试卷等资料，并将适时更新。既可作为高职高专院校财经类专业的教材，也可作为金融从业人员的参考书。

图书在版编目（CIP）数据

金融产品数字化营销／侯凯，于千程，韩宗英主编.

北京：北京理工大学出版社，2024. 6.

ISBN 978-7-5763-4284-0

Ⅰ. F830. 95-39

中国国家版本馆 CIP 数据核字第 2024D2N106 号

责任编辑：李慧智	**文案编辑**：李慧智
责任校对：周瑞红	**责任印制**：施胜娟

出版发行 / 北京理工大学出版社有限责任公司

社　　址 / 北京市丰台区四合庄路 6 号

邮　　编 / 100070

电　　话 /（010）68914026（教材售后服务热线）

　　　　　　（010）68944437（课件资源服务热线）

网　　址 / http://www.bitpress.com.cn

版 印 次 / 2024 年 6 月第 1 版第 1 次印刷

印　　刷 / 唐山富达印务有限公司

开　　本 / 787 mm×1092 mm　1/16

印　　张 / 15

字　　数 / 341 千字

定　　价 / 75. 00 元

图书出现印装质量问题，请拨打售后服务热线，负责调换

前　言

数字经济的强势崛起，对我国经济社会的各个方面产生了巨大影响，金融是为实体经济服务的，实体经济发生变化，金融机构必然要做出改变。

如何做好数字化营销，在全球经济已经全面迈入数字化时代的当下，已经不再是趋势，而是日常。基于这样的背景，无论是传统金融机构还是新兴的金融科技公司，都越发重视数字技术的投入和应用。

一方面，在营销领域，用户习惯已经发生变化，如果故步自封，不去适应数字化潮流，就会在竞争中处于劣势；另一方面，中国目前正面临严重的数字金融营销专业人才短缺问题，由于数字金融营销是跨越金融科技知识、营销知识以及金融等学科的新型领域，在业态模式、运营实操、场景搭建等方面一直处于不断发展演变之中，这导致了目前已出版的相关专著、教材良莠不齐，深浅不一，或偏于计算机技术，或侧重于案例堆积。碎片化、快餐化的知识不能帮助读者系统化地掌握金融产品数字化营销基础知识和操作以及正确理解流量、场景、技术和产品的内涵，必然缺乏让企业数字化营销转化链条更加顺畅、更加有效的能力。

基于此，作者根据几十年的金融教学、实践经验以及对金融机构的调研成果，用 3 年的时间完成了本书的编写，以期为培养出更多的金融产品数字营销人才贡献一份力量。

本教材在总体构架和模块设计以及内容的选取上更具有实践性、靶向性、实战性、创新性。力求使学生通过与实际工作相接近的知识、实操项的参与学习，达到能力、知识和职业素质的提升，并形成可转移的职业能力。

本书可作为金融类专业学生教材，也可作为金融实务部门工作者自修选择，该书为营销人员打开了系统化数字化营销知识的窗口，特别是可以成为"金融产品数字化营销职业技能 1+X 等级证书"考试的配套教材。

本书的编写考虑到了以下的原则和特点：

1. 内容上强调实用性

本书在内容选取、编写方法上均以财经类金融专业学生的需求为出发点，力求尽可能适应本层次的教学需求，本书综合了大量国内外的最新资料、理论与实践，系统梳理了金融产品数字化营销的产生、成长、发展和监管，体系更加完善，对教学案例的引用也尽可能采用近年来的案例，力求使本书跟上时代的步伐。

2. 结构上体现新颖性

本书的亮点在于突破单纯理论介绍的传统模式，侧重于将理论和实际案例进行融合、归纳，形成一个比较完整的、理论与实践有机结合的内容体系。为达到理论与实践相结合的目的，本书着重加强了案例教学和技能实训，将学习、探究、实训、拓展有机结合。不仅如此，本书还通过一事一例、一事一问和一事一题，使知识更容易被学生掌握。在版面的设计上通过"视野拓展"模块启发学生思考，拓宽学生知识领域；通过"案例透析"模块使学生联系真实案例对所学知识进行检验；通过"教学互动"模块将注意力不集中的学生拉回课堂；并且在每个疑难知识点后面插入了例子和图片，力求将抽象、生涩的知识进行直观化和形象化处理，以激发学生的学习兴趣，调动其主动学习的积极性。

3. 形式上注重生动性

本书每一节都从通俗易懂的引导案例开始，将每一节的内容贯穿成一个清晰的脉络，然后逐步导入金融产品数字营销的理论知识。每节都配以相应的例子、新知识和视野拓展，同时尽可能采用活泼有趣的语言，力图使阅读不再枯燥乏味。在内容的介绍上使复杂的问题简单化、枯燥的原理形象化、零散的问题系统化。每章后配有综合练习及实战演练，方便学生课后复习。

本书由山东交通学院侯凯、辽宁金融职业学院于千程、辽宁金融职业学院韩宗英担任主编，由山东交通学院孙龙、辽宁生态工程职业学院陈士奇、盘锦职业技术学院韩祥祚、哈尔滨工程大学吕彦昭、大连航运职业技术学院姜思雨担任副主编。具体编写分工如下：侯凯编写第一章、第二章、第三章第一节和第二节，于千程编写第三章第三节、第四章、第五章，陈士奇编写第六章和第七章第一节、第二节，韩祥祚编写第七章第三节和第八章第一节、第二节、第四节，韩宗英、孙龙、吕彦昭、姜思雨编写第八章第三节。另外，中国农业银行东陵支行行长佟本禹、沈阳同方鑫创信息技术有限公司总经理郑福延对教材中的金融业务和信息技术方面进行了指导。

本书配套有课件、电子教案、视频案例、习题及答案、模拟试卷等资料。

作者在编写过程中，参考了国内外大量相关教材、专著和资料，在此，谨向所有参考文献的编著者致敬！金融产品数字化营销的改革还在不断探索之中，本教材中的疏漏、不当和错误在所难免，敬请学术界同行和广大读者批评指正，并提出宝贵意见和建议，在此一并表示感谢！

作　者

2024 年 4 月

目 录

基础篇

第一章　营销基本理论 ·········· 3
　第一节　营销的演变和发展 ·········· 3
　第二节　市场营销战略 ·········· 13
　第三节　市场营销策略 ·········· 20
　综合训练 ·········· 29

第二章　金融产品 ·········· 35
　第一节　金融产品的特点 ·········· 35
　第二节　金融产品体系 ·········· 41
　第三节　金融产品的设计和开发 ·········· 45
　综合训练 ·········· 51

第三章　金融产品定价 ·········· 56
　第一节　金融产品定价的特点及目标 ·········· 56
　第二节　金融产品定价模型 ·········· 65
　第三节　信用风险的计量 ·········· 71
　综合训练 ·········· 85

数字篇

第四章　企业数字化转型 ·········· 93
　第一节　信息化、数字化与智能化 ·········· 93
　第二节　数字化转型的内容 ·········· 102
　第三节　数字化转型的核心技术 ·········· 111
　综合训练 ·········· 116

第五章　数字化营销体系 ·· 123
　　第一节　数字化营销体系的架构 ································· 123
　　第二节　数字化营销 ·· 129
　　第三节　数字化营销的管理 ·· 134
　　综合训练 ··· 140

第六章　数字化运营 ··· 145
　　第一节　客户引流 ··· 145
　　第二节　用户画像 ··· 154
　　第三节　客户转化 ··· 160
　　综合训练 ··· 166

实战篇

第七章　金融业数字化转型 ·· 173
　　第一节　金融业数字构架 ·· 173
　　第二节　金融业数字化转型模式 ··································· 178
　　第三节　金融业数字化中台建设 ··································· 185
　　综合训练 ··· 195

第八章　金融业数字化营销落地 ··· 200
　　第一节　商业银行数字化转型 ····································· 200
　　第二节　证券业数字化落地场景 ··································· 208
　　第三节　保险数字化 ·· 214
　　第四节　信托数字化 ·· 219
　　综合训练 ··· 226

参考文献 ··· 232

基础篇

第一章 营销基本理论

第一节 营销的演变和发展

 **情境导入 1.1**

智能营销已经来临

智能营销是随着科技不断发展，由数字化营销转变而来的更加精准有效的营销方式。截止到 2023 年 12 月，我国网民规模达 10.92 亿，互联网普及率达 77.5%。每天网民在互联网上的各种行为产生了海量的数据，这些数据是实时增加的。在这么多的大数据中很难找到企业的目标客户，但是，智能营销就能够做到。比如一个人可能在微信上叫小明，在微博上叫小刚，大数据技术可以知道两个名字是同一个人，系统中会给这个人起另外一个名字——一串唯一的数字来识别他。这样，这个人在网上的各种行为就被记录和整合起来了，根据这些数据就可以对他进行画像，描述出的画像可能是：男，30 岁，白领，刚有小孩，喜欢足球，爱喝酒，喜欢读历史书等等一系列标签。系统画像可能比你还懂你，这靠的就是人工智能。

当所有人都被画像了，被贴上标签了。那对于营销人来说，找人就容易了。系统知道你在网上搜索过什么信息，浏览过什么资讯，去过哪里，买过什么东西。不仅如此，还能推测出你的意图，比如你可能最近要买车，可能要买房，可能要出国留学，等等。不仅仅是找到你，还能找到能影响你的人，比如你喜欢刘德华，你最近想买路虎车，那么，在你看刘德华演唱会视频的时候会跳出来路虎车的广告。系统还能找到你的亲人、朋友、同事，通过影响他们来间接影响你。此外，智能洞察不仅能找人，还能洞察行业趋势、热点、竞争，还能分析品牌竞争、品牌发展、消费决策。

当有了洞察结果后，系统的人工智能就能自动给出在哪些媒体投、投多少钱、怎么投这样的策略，并且这个策略直接分发到投放系统中，不用翻译，因为给出的策略就是媒体投放系统能听懂的。

人工智能会自动生成内容：不仅能自动写文字，还能自动组合图片、自动生成视频。商家希望对于每个不同需求的消费者输出不同的富有个性化的广告内容，但消费者千人千面，如果靠人力为每个人制作不同的广告内容是不现实的，而人工智能可以做到，这样就大大解放了人力。这个技术，术语叫程序化创意。正是有了千人千面的创意内容，在投放时才能智能地识别面前的是什么人，然后给他符合他的内容，也就是找对人之后说对话。并且在这个过程中还能智能地调整说话的内容。

比如3个人同时搜索"宝马320"，看到的会是3个结果，第一个人看到的是弯道超车的海报，因为他关注操控感；第二个人看到的是一家三口在车里，因为他关注舒适；第三个人看到的是红色绚丽的车身，因为他注重外观。

比如我本来以为你是关注操控性的，跟你说了宝马320操控性强的话，发现你不太感冒，因为我给你的海报你不认真看，那下次你再来的时候，我就跟你说舒适性的话。我们假设一个场景，一个关注舒适性的用户看到了汽车广告，广告上有个拨打电话的按钮，他拨打了，然后销售人员的电脑上弹出了这个用户的画像和之前搜索的行为记录，还看到了系统给的建议话术，于是销售人员接听电话，第一句话就会说："先生您好，您是希望买更宽敞舒适的车，对吧？您每天要送孩子上下学，周末还要全家出游，我们这款车非常符合您的需求。"

此外，还有预算的智能调整，当系统发现关注操控性的人看得多、最终购买的少，而关注舒适性的人容易成交，那系统就可以自动把预算多分配给关注舒适性的人。

一、营销的定义

现代营销学之父菲利普·科特勒对市场营销的定义是：市场营销是个人或组织通过生产和制造并同别人或其他组织交换产品或服务以满足需求和欲望的一种社会和管理过程。

（一）营销的本质是"营造"与"销售"

1. 营销的首要目的是对于目标客群的引导

营销的出发点既然是商业，就需要为商业价值的实现而服务。营销的"营"往往起到排头兵的作用，通过整体氛围和需求感的营造，让目标顾客产生需求被满足的渴望、冲动，这是一个心理过程。

2. 营销的最终结果是完成销售

营销的价值不仅在于前面的引导和氛围的撩拨，更重要的是商品或服务的流动，而这个所谓的流动其实就是销售，销是一切营销策划的落脚点和归属。无论多么新颖、多么复杂的营销策划方案，最终都是要为销售服务，从而达成最终的商业目标。

教学互动 1.1

问：销售是营销吗？推销是营销吗？

答：销售和推销都不是营销，他们只能是营销的一部分，就像大象的鼻子不是大象，大象的耳朵也不是大象一样。

(二) "营"和"销"是营销的不同阶段

营销是将什么样的信息（What），在哪里（Where）以什么样的方式（How），传播给哪些人（Who）。如图 1.1 所示。

图 1.1 营销的路径图

可见，"营"和"销"同等重要，缺一不可，只有牢牢把握"营"和"销"的定义，以及推进的节奏要点，才能真正洞察营销的本质进而做好营销。

二、营销的发展变化

从以产品为中心的营销，到以客户为中心的营销，以及注重情感与体验的营销，进而到以数据为核心的智能营销，营销发生了翻天覆地的变化。

(一) 营销环境的变化

古往今来，人类为了能够在这个复杂多变的自然环境中更好地生存下来，从未停止过对自然的探索，从一开始学会使用简单的石器工具到驯服牛马，从绿皮火车到高铁飞机，从发明蒸汽机把人类带入工业时代，到发明计算机进入信息时代、互联网时代。每一次技术革命，都给人类带来了前所未有的发展机会，让人类从陆地探索到海洋、天空、太空以及虚拟的互联网世界。随着科技的发展，消费模式、营销渠道、客户需求等都在不断发生变化，营销模式也不得不发生变化。如图 1.2 所示。

图 1.2 营销模式的变化

1. "脚力"营销

原始社会，营销靠人力，统称"脚力"。这个时期的商人，营销比较简单，主要靠脚力，谁的人手多，走的路远，肩膀上扛得货物多，知道的需求信息多，在其他条件不变的情况下，自然赚钱就多。

2. "畜力"营销

农业社会，营销靠牛马，统称"畜力"。进入农业社会，人类适应自然的能力越来越强，开始了大面积的农作物种植，以及驯服牲畜、饲养家禽等，牛和马在农业生产和商业运输中得以应用。后来马车、驼队、船运等改变了运输方式，降低了运输成本，提高了运输效率和规模，淘汰掉了原始社会靠脚力的运输方式。

3. "汽力"营销

工业社会，营销靠轮子，统称"汽力"。人类从农业社会迈入工业社会，意味着蒸汽时代、电气时代的到来。

（1）1800年，第一次工业革命。蒸汽机的发明使机器代替手工；利用"汽力"，改变了"畜力"的运输方式，淘汰掉了农业社会靠畜力的运输方式。

（2）1900年，第二次工业革命。发电机的问世使电气代替机器，通过汽车、火车、轮船、飞机，更加降低了运输成本，提高了运输效率和规模，贸易得以拓展海内外。

4. "网力"营销

信息社会，营销靠电网和互联网，统称"网力"。

（1）1970年，第三次工业革命。信息技术的出现，致使市场对劳动者的素质要求不断提高，网络营销是网络信息技术的发展、消费者价值观的改变、激烈的商业竞争环境下的一种新型的市场营销方式，具有跨时空、多媒体、交互式等功能。

（2）2014年至今第四次工业革命。短短几年的时间，网络物理系统便将信息世界和物理世界前所未有地融合在了一起。大型主机、个人电脑为我们带来数字技术，移动技术的发明，社交媒体的出现以及云计算、5G、物联网、人工智能、3D打印、无人机、AR、VR、语音控制、区块链、无人驾驶汽车等这一切，意味着已经迭代进入了一个全新的数字世界。

（二）消费者需求的变化

社会的不同发展阶段决定了人们有不同的需求。

1. 制造为王的时代

20世纪80年代，产生了中国第一批非常有竞争力的制造业，大家熟知的美的、海尔、华为及联想等就是在那个阶段发展起来的。当时中国市场面临的是物资匮乏，需要不断生产这样的产品来满足市场的需求。

2. 物流为王、贸易为王的时代

进入20世纪90年代，因为物资的大量生产，物流运送、运输出现了瓶颈，渠道的传递得以被重视。

3. 互联网时代

到了2000年，电商成立，阿里巴巴等大型互联网商务网站的诞生很好地解决了那个时代"多快好省"的问题。更多的渠道、更多的地方可以挑选更好的产品，满足了人们对美好生活的追求。

4. 移动物联网时代

迈入2010年，4G通信逐渐成熟，智能手机横空出世，很多用户会从自己的移动端进行社交活动，进行交易下单。大多数用户这样的行为，促使企业制作自己的应用App，以便于更好地和所有的用户、客户进行沟通、交流，使他们产生黏性，在这个过程当中，更好地服务于客户。

5. 数字化时代

进入 2020 年，消费者的消费认知、心智和自主意识均有大幅提升和成熟，消费偏好也更加多元化、个性化，客户从被动式的地位转变为主动式的选择，更有话语权，因此，企业与客户的关系不再局限于单向的传播和影响，而是呈现双向互动，人工智能是这个时代的特征。

在今天，物资匮乏成为历史，购买渠道也非常广泛，自有平台、第三方平台、直销、代销……人们可以线上、线下做比较和选择。这个时代只有通过数字化营销才能真正地知道你的客户在哪里，你的产品是定位于哪些客户，客户画像是什么，从而最终进入一个以客户感受、客户体验为导向的时代。

三、数字营销的产生背景及特点

（一）数字化营销产生的背景

随着整个社会数字化进程的加速，一方面，企业营销环境正在发生着根本性变化：顾客需求瞬息万变；营销技术特别是数字化技术创新不断加速；产品生命周期不断缩短；市场竞争日趋激烈。另一方面，顾客行为的数字化越来越突出。数字化已经成为人们日常生活的一部分，它改变了顾客与企业之间的传统互动方式，顾客在互联网上花费的时间越来越多，并且更加频繁地使用社交媒体，顾客更多地使用智能手机、平板电脑等移动终端。因此，企业如不能适应客户"个性化营销""深度营销""微营销"等需求，不能比竞争对手更快地响应市场的变化，不能持续改善客户满意度，便不能生存与发展。这就要求我们打破传统的营销方式，从环境、界面、手段到决策等方面进行变革，使传统的市场营销积极利用现代计算机信息与网络所搭建的平台，向数字化营销转变发展。

（二）数字化营销的特点

所谓数字化营销，就是指借助于互联网络、电脑通信技术和数字交互式媒体来实现营销目标的一种营销方式。数字化营销将尽可能地利用先进的计算机网络技术，最有效、最省钱地谋求新的市场的开拓和新的消费者的挖掘，是基于明确的数据库对象，通过数字化多媒体渠道，比如电话、短信、邮件、电子传真、网络平台等数字化媒体通道，实现营销精准化，营销效果可量化、数据化的一种高层次营销活动。与传统的营销方式相比，数字化营销具有省时、高效、直接、费用低的特点，比传统的营销方式更节省资源。其主要特点有：

（1）时间上的全天候、空间上的跨区域为企业的发展创造了潜在的空间；

（2）及时、广泛、全面的信息采集，为生产、经营提供决策依据；

（3）交易结算的数字化，加速了企业的资金周转，提高了资金的有效利用率；

（4）有利于降低人员销售费用、仓储费用；

（5）企业利用网络发布产品信息有利于交易行为的有效实现，线上线下资源灵活高效整合，达到资源最优化配置。

四、传统营销与数字化营销的区别

经济全球化使得企业面对的市场环境由区域转向全球，随着商品贸易、市场信息收集与传递以及资金流动等活动的全球化与自由化，传统的营销理念和营销模式都有改变，所以仅仅依靠传统的营销方式显然已不可能。

（一）传统的营销理念与数字化营销理念的不同

营销理念是营销战略的重要组成部分，营销思想的创新是营销领域前进的动力和知识源泉。

多年来，营销理念不断创新、需求不断激发，百年营销，就是一部营销理念与技术的创新融合史。

1. 传统的营销理念

传统的营销理念是定位+4P（产品、价格、渠道、促销），定位就是企业营销人员在目标市场上为产品确定一个恰当的位置，用以标识自己的产品，以示区别于竞争者的产品。其核心内容包括产品必须能满足消费者的需求，即与企业的目标市场相吻合；企业的产品和竞争者的产品必须要有区别，即企业的产品要有自己独特的卖点。

 小知识 1.1

即使金融机构的金融产品存在着较强的同质性，各个金融机构依然可以根据自身优势进行产品定位。如交通银行利用其在外汇业务上的优势，开发出了"外汇宝"；招商银行利用自己在网络方面的优势推出了"一卡通"；中国太平洋保险公司推出的"神行车保"汽车保险，等等。

 案例透析 1.1

史玉柱脑白金

传统营销通常的做法就是为产品找准定位，取一个好记独特的名字，设计一条最洗脑广告语和视频，买断当地电视台黄金时间，重复重复再重复地播放。

为了定位，史玉柱亲自去公园找大爷大妈聊天，找到了"老人晚上失眠""儿女过节给老人送礼"的需求。然后给"褪黑素"取了一个"雍容华贵通俗易懂"且好记的名字——脑白金（假设广告上尬舞的两个老人唱的是"今年过节不收礼，不收礼呀，不收礼！收礼只收——褪黑素"，你会不会觉得这广告是疯了）。

史玉柱首先小规模试错，在营销策略和广告投放上，选三四线小城市做一轮测试，看效果后再大规模投放。经过测试，他们发现媒体里性价比最高的是当地报纸，于是在攻城略地的过程中报纸软文成了必备武器。在电视广告上，最开始是尬舞的两个老人真人，在广告播出后遭到当地市民的投诉，于是换成了卡通人物以及"今年过节不收礼，收礼只收脑白金"的轰炸式广告，其达到的效果就是说出上句你就能对下句。

后来，史玉柱利用超一流的软文能力进行再次宣传，当时克隆羊很火，于是史玉柱把软文包装成一篇科普专栏，先科普克隆羊攻破读者的第一层心理防线。然后再科普褪黑素是如何改变睡眠的，最后引出"脑白金"是如何感动美利坚的。受其轰炸式的营销的影响，如果读者经常失眠，就会有试一试这么好的产品的想法。

案例思考：分析史玉柱的营销思维。

2. 数字化营销新理念

思维决定行为，行为决定结果。人是意识的产物，要想发挥出其应有的作用，更应该更新观念，不局限于原有样式，以更开放的心态，更包容的文化，更新进化思维模式。数字化营销新理念体现在数据思维和用户思维方面。数字化营销不仅仅是一种技术手段的革命，而且包含了更深层的观念革命。是数字经济时代企业的主要营销方式和发展趋势。

某步行街上开了一家快餐店，生意非常好。如果没有具体的指标说明，可能大家根本不清楚好到什么程度。所以需要用几个数字量化一下：

每天店里的客流量达 500 人次，其中预约客人的平均到店率达 60%，客单均价 20 元，日营业额达 1 万元……这是一系列量化指标。接着再上 ERP 系统，每天的收入、支出、成本、费用……数据都被存储在系统中。

如果这些到店消费的客人在店里扫码办理了微信会员卡，店家就可以针对这些人的标签属性进行分析、进而推广，甚至邀请客人加入店内的社群，从而有针对性地向客人做广告宣推，这种营销模式就可以简单地理解为精准的数字化营销。

（1）数据思维。数字化思维营销是基于用户的行为数据分析其数字化品牌、用户体验、用户需求、产品创新和售后服务需求等，以做到在未来交易过程中最可能接近地预测客户的行为，以更好地提供自身产品并为用户创造价值的营销方式。这也是节省用户时间和提高用户效率的一种高效的营销方式。

第一，用户数据化。数字化营销通过收集并分析用户大量信息，精准描述用户画像，预测目标用户购买的可能性，进而有针对性地实施个性化精准营销。因此，数字化营销的前提是预先进行一定量的数据积累，同时要具备数据分析的能力，以构建最为"真实"的消费者画像，继而提供可靠的营销指导。

第二，用户行为数据化。在大数据时代，智能手机及各种传感器将人类的一举一动、一言一行都记录存储下来，用户每时每刻产生的数据，都将被场景营销产业链中各环节上的企业用于用户细分研究、用户行为研究、用户留存研究、用户媒介接触习惯研究等，从而更好地服务营销行为，提升营销效率。

如谷歌和亚马逊比你还了解你的喜好，医生利用数据分析做出正确诊断，政府、法院在推动信息公开的同时制定出有益于未来的制度和法案等。

如客户 A 在 B 企业官网停留多久，看了什么内容，在 B 企业公众号看了哪篇文章，转发了多少次，在某视频平台看了 B 企业官方号的哪个视频，参加了哪次 B 企业举办的线下活动，参加了哪些展会去了 B 企业的展台……这些都是客户的行为数据。

教学互动 1.2

问：线下的展会如何数字化？

答：数字化关键在于行为设计。企业可以在展会前期宣传，通过公众号优先 VIP 注册，然后展会现场的行为设计，如注册领矿泉水（展会刚需）；注册下载白皮书，注册参加专业论坛等，这些互动行为设计，都可以让线下活动客户数字化。

案例透析 1.2

比萨店

一家比萨店外卖电话响了，店长拿起电话。

店长：您好，请问有什么需要我为您服务的？

顾客：你好，我想要一份比萨。

店长：请问您是陈先生吗？

顾客：你怎么知道我姓陈？

店长：陈先生，因为我们联机的 CRM（客户关系管理）系统对接了三大通信服务商，看到您的来电号码，我就知道您贵姓了。

顾客：哦，我想要一个海鲜至尊比萨。

店长：陈先生，海鲜比萨不适合您，建议您另选一种。根据您的医疗记录，您的血尿酸值偏高……您可以试试我们店经典的田园蔬菜比萨，它低脂、健康，更符合现阶段您的饮食要求。

顾客：你怎么知道我会喜欢这种？

店长：您上周在一家网上书店买了一本《低脂健康食谱》，其中就有这款比萨的菜谱。我这边看到您家是在解放路东段 22 号，您名下登记有一辆车号为×××××的轿车，这辆车目前正距离您家不到两分钟车程的地方。如果您等不及，可以回家拿了现金，开车来店里取，这大概需要 10 分钟，正好是一个比萨出炉的时间。这样，您总共只需要花 15～20 钟就可以将比萨拿回家，比我们送货上门要快。

案例思考：分析比萨店的营销模式是什么。

（2）用户思维。传统思维是设计出来产品，然后告诉用户使用这个产品或者服务会有什么样的效果，营销的结果就是用户购买了即可，所以这是以产品为导向，这就决定了需要用户自己去判断该产品是否符合自己的需求。而用户思维则是从以下方面引导用户。

理解用户痛点和需求。即在产品设计之初充分做用户调研，站在用户角度直接描述产品利益点，产品销售出去后还要重视用户使用的体验，不断地进行沟通，让用户在很好地体验后进行表达和分享。简单地说，就是让用户不用思考，就能一秒判断。给用户一种"啊，这就是我想要的东西"的感觉。如图 1.3 所示。

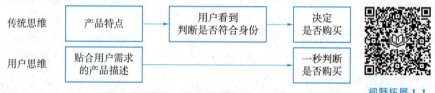

图 1.3　传统思维与用户思维

视野拓展 1.1
360 路由器

如"小米手机，就是快！"直接亮出产品给用户带来的利益点和价值点，一下子就抓住了用户急需解决智能手机卡顿的问题，使用户不至于在"高通芯片、摄像头是 1 500 万、屏幕尺寸 5.7 英寸①……"中徘徊。

进行精细化的用户洞察。传统企业同用户进行"面对面，心贴心"的交流，效率低、效果差，互联网时代用户行为留下的数据帮助发现用户场景需求，把一切营销行为量化下来，预测用户行为。将用户在平台内所产生的行为数据，分析提炼后可以生成具有差异性的特征就是用户标签，通过标签体系处理形成消费者全域画像，为之后精准营销特定针对的用户群体细分和筛选做准备。

---

①　1 英寸 = 2.54 厘米。

（二）传统的营销与数字化营销模式的不同

消费者的行为方式以及心理特征的翻天覆地变化，意味着在互联网传播环境下，谁能迅速有效地找到消费者、准确洞察消费者的需求，谁就率先占得先机和商机，而这种营销分析、洞察和判断正是建立在人工智能和大数据的营销基础上。

1. 传统的营销与数字化营销策略不同

传统营销策略主要围绕4P，即产品、价格、渠道、促销，以此制定公司发展和营销战略。

数字化营销策略与传统营销模式最大的差异是用户，企业不再以产品为中心闭门造车，而是根据用户需求开发产品，同时更关注与用户的沟通连接。

 小知识 1.2

数字营销场景中，用户从微信里领取一个红包，只需要轻轻点击一下即可跳转商品购买页，选好商品后线上直接付款，然后即可坐等商品送上门，其中的物流时间有可能是1个小时内的外卖，或是次日达的快递。

2. 传统营销与数字化营销场景不同

传统营销的整个销售过程是买卖双方面对面线下完成的，用户需要花费去商场的路途时间，再经过选择、确定、付款、取货，大件商品商家需要在不同区域选取地址，安排工作人员和货物派送，成本依然很高。

互联网产品的销售环节基本都在线上完成，数字化营销场景可能只是手机里的一个App，就可以扮演服务的功能或线上零售，电商类产品与物流配送紧密结合，工具型产品提升效率，内容类产品丰富生活，平台型产品连接线下线上的商家与用户。线上购物简化了购物成本，节省了用户时间和精力，去除了中间商的成本，消费者可以以更优惠的价格买到全球范围的商品。线上销售也节省了门店成本和其他维系开支，为避免用户去店里或商家购买完商品离店后与商家失去联系，最传统的联系方式是发展实体会员，引导用户再次到店消费。

用户在线上消费完成后并未结束与产品的联系，商家通过运营手段可以把用户继续维持在平台上，如可以通过微信群和朋友圈的社交场景进行营销，口碑推荐的速度远远大于线下的口口相传，营销效果将放大。

3. 传统营销与数字化营销方式不同

传统营销方式依靠大量铺开门店，销售人员向顾客直接推销或通过大批量投放广告提高知名度占据用户心智，洗脑式的教育加满大街方便的门店售卖方式来承接用户，提升销售。

数字化营销均在线上开展，搜索引擎营销、即时通信营销、邮件营销、病毒营销、事件营销、新闻网媒营销、口碑营销、场景活动营销等层出不穷。线上传播速度快，成本低，获客容易。

 小知识 1.3

越来越多的传统企业也加入数字化营销中，如注重线下体验的红星美凯龙、宜家开设了自己的网上商城，经营自己的微信公众号，维系自己官方的社群等。

4. 传统营销与数字化营销渠道不同

传统营销模式有代理商营销模式、经销商营销模式、直营模式，通过这3种方式深入各区域铺设门店，总部提供货源，各渠道分销商进货售卖。同时也会开设网销渠道，但以门店销售为主。

数字化营销均为线上销售，除了主 App 外，还会有 M 站、小程序、微信服务号、微博、支付宝等第三方平台接入服务，加入开放平台可以在各个网络渠道铺设服务入口。线上销售通过各流量入口触达用户，营销活动页面吸引流量，红包优惠券承接转化用户，通过产品个性化推荐和绑定账号的积分特权增加客户黏性，全流程线上化。

5. 传统营销与数字化营销商业模式不同

传统营销与数字化营销最大的不同是商业模式，传统营销场景注重的是如何把产品快速卖给用户获得企业利润的最大化。数字化营销场景通过满足用户需求获取大量的用户来实现其商业目标。

有用户的产品永远不愁变现，只是采取什么样的变现模式的问题。传统营销模式下的盈利方式是制造和售卖商品，赚取扣除成本外的差价即为利润。企业在基于市场合理定价情况下，保持成本最低，扩大销售则可以让盈利最大化。

数字化营销模式有个很明显的特征是免费，通常企业前期需要投入很大的成本去获取用户、免费使用产品和大额补贴，如共享单车不仅要补贴 C 端用户，还需要补贴 B 端制造单车的厂家。传统行业思考产品创新，互联网行业还需要思考商业模式创新。互联网产品的主流商业模式分为订单销售类，如京东；免费+增值服务类，如 QQ 会员；流量曝光类，如墨迹天气；平台抽佣类，如美团外卖和淘宝，很多产品的商业模式不仅仅是一种，未来还会有更多的商业模式的创新。

传统的营销与数字化营销模式两者并不是替代关系，而是处于同一经济环境下不同的营销方式，而且将长期存在甚至走向融合。随着科技进步，数字营销的选择也越来越多，数据也越来越精准，且相对于传统营销能降低成本、提高精度，也是企业界的宠儿，但是一个成功的营销，不能够偏废任何一边。传统营销也是有不可取代的地位，例如办线下活动等，受众还是想看到真实的营销活动。能够结合各种不同的营销手法才是长远的方法。

视野拓展 1.2
数字化营销的意义

🔍📖 **教学互动 1.3**

问：对于数字化营销的说法以下 4 种哪种是正确的？

①数字化营销是通过一些数字化的工具管理市场部活动。

②数字化营销是网络推广。

③数字化营销是数字化精准触达用户，获取流量。

④数字化营销是把线下的营销活动搬到线上。

答：以上回答都不全面。①是针对新营销工具的应用和流量管理；②是相当于传统营销方式（电视、广告等）；③是数字化营销带来的红利，通过数据进行精准监测和预测；④是活动角度、渠道的变化。

第二节 市场营销战略

 **情境导入 1.2**

龟兔重赛与战略运筹

兔子与乌龟赛跑输了以后，反骄破满，总结经验教训，并提出与乌龟重赛一次。赛跑开始后，乌龟按规定线路拼命向前爬，心想：这次我输定了，不过比赛不是目的，只要我尽力而为，赢不赢都达到了锻炼自己的目的。可当它到了终点，却不见兔子，正在纳闷之时，只见兔子气喘吁吁地跑了过来。乌龟问及缘由："兔老兄，难道又睡觉了?"兔子哀叹道："睡觉倒没有，却跑错了路。"原来兔子求胜心切，一上路就埋头狂奔，恨不得三步两蹿就到终点。估计快到终点了，它抬头一看，发觉竟跑在另一条路上，不得不返回岔道口重新奔跑起来，因而还是落在了乌龟之后。

这则寓言故事深刻地说明：竞争道路上，哪怕你的能力过硬、条件再好，也要依赖于明智的战略指导。可以说，战略决定胜负，这对我们的企业具有重要的借鉴意义。

从一定意义上来说，今天的企业已进入战略竞争的年代，企业之间的竞争，在相当程度上表现为企业战略思维、战略定位的竞争。有报道说，国外的企业家花在战略思考、战略研究上的时间占全部工作时间的60%。好的战略战术能使企业摆脱困境，起死回生，制胜千里，而一个企业战略的失误往往是致命的，难以挽回的。有鉴于此，企业经营者应该增强战略意识，强化战略思维，花大力气搞好企业战略研究与战略设计，并根据形势的变化，适时调整企业的战略重点，从而把企业引向胜利的彼岸，创造辉煌的业绩。

从"营"和"销"的角度来看营销，能让我们对于营销目标的树立以及具体的分工更加简单和清晰，并且有了整体的视野。营销的目标和分工就是营销的战略和策略。战略是方向，策略是方案。

在西方，战略（Strategy）一词源于希腊语strategos，意为军事将领、地方行政长官。后来演变成军事术语，指军事将领指挥军队作战的谋略。在中国，战略一词历史久远，战指战争，略指谋略、施诈。

将战略应用于企业管理领域是从欧洲开始的，最早可以追溯到20世纪40年代。经过几十年的理论发展，整个战略管理理论体系在20世纪80年代开始逐步形成成熟的理论体系，并随后被各大企业研究和实践应用。春秋时期孙武的《孙子兵法》被认为是中国最早对战略进行全局筹划的著作。但

小知识 1.4

战略和策略都具有目标导向，都追求目标的实现，同时也体现了两者最显著的差异，即战略更关注规划，而策略更关注方法；战略是具有全局性和决定性意义的长远规划，而策略则是为了达到战略目标而使用的具体方法，它具有阶段性、局部性和灵活性的特征。

例如，你要卖一个产品，策略就是告诉你这个产品要如何卖，给你N种执行方案，你可以选择一个最优解。而战略是在策略之前，考虑这个目标是否正确，或者是否能达到最终目标，有没有其他选择。

是就应用于企业管理而言,战略管理体系在国内企业的认识和应用却相对比较晚。

视野拓展 1.3
数字化营销三大要义

市场营销战略是指企业市场营销部门根据公司总体战略与业务单位战略规划,在综合考虑外部市场机会及内部资源状况等因素的基础上,确定目标市场,选择相应的市场营销策略组合,并予以有效实施和控制的过程。营销战略领域当中的 3 个核心环节,可以叫作 STP,也就是市场细分、目标市场选择和定位。如图 1.4 所示。

图 1.4　营销战略的核心

教学互动 1.4

问:企业为什么要细分市场、选择目标市场和进行产品定位?

答:由于消费者需求差异的客观存在,任何一个企业也无法满足一个广阔市场上的所有消费者的需求。所以,要研究某些特定市场的特性,根据消费者需求的差异性进行市场细分,选择适宜的特定的消费者群作为企业服务的目标市场。

一、市场细分

市场细分是指营销者通过市场调研,依据消费者的需要和欲望、购买行为和购买习惯的差异,把某一产品的市场,整体划分为若干消费者群的市场分类过程。每一个消费者群就是一个细分市场,每个细分市场都是具有类似需求倾向的消费者构成的群体。

假如市场是块蛋糕的话,那这个蛋糕对应的就是上文中的"某一产品的市场"。

这个"蛋糕"可大可小,蛋糕的大小要根据自身的实力。切蛋糕时,要切的是"某一产品的市场",而不是整个"市场"。

教学互动 1.5

问:为什么市场细分不是针对整个市场?

答:企业由于自身的资源限制,不可能提供能够满足市场上所有客户需求的产品或服务,也不可能以同一种营销方式来吸引市场上所有的客户。且市场上的客户数量众多,需求、心理、购买动机也不尽相同,企业在不同细分市场中的能力也有所差异,这就需要企业把某些方面类似的客户细分出来,选择最有利可图的细分市场,集中企业资源去开发新产品或服务。通过这样做,企业可以更好地制定和定位其产品和服务,以满足每个细分市场的需求。

（一）市场细分的标准

市场细分最终还是根据消费者的需求进行的，但是需求这个词非常抽象并且难以衡量，所以大部分公司还是按以下标准细分：

1. 地理标准

地理位置的不同往往导致人们的生活方式和消费习惯有所差异，使人们对企业的产品有着不同的需求偏好，而且不同地理环境中的消费者对企业所采取的营销组合策略也会存在不同的反应。如国家或地区、省（市县）、城市规模、气候等。地理环境相对于其他因素表现得比较稳定，属于静态因素，容易辨别。

视野拓展 1.4
区域经济

2. 人口标准

人口的不同变量（年龄、性别、收入、职业、教育水平、家庭规模、家庭生命周期阶段、宗教、种族及国籍等）比其他变量更容易认知和测量，所以一直是细分市场的变量。

视野拓展 1.5
人口细分

3. 心理标准

消费者的心理特征会直接影响他们的购买行为。

随着社会的发展，心理因素如消费者的个性、爱好、兴趣、生活方式和价值观、社会阶层等对市场进行划分。如客户的生活方式可以表现为追赶时髦，或讲究经济实惠等。

视野拓展 1.6
个性、社会阶层和利益

4. 行为标准

由于行为因素是最直接相关的市场细分因素，所以是市场细分的最佳起点。一个产品或服务能带来多重利益，但不同的消费者，看待各个利益的重要程度不同。

企业按消费者购买或使用产品的时机、所追求的利益、使用的情况、对产品的使用率、忠诚度、待购阶段等变量来细分市场。

（二）有效市场细分的特征

进行市场细分的目的是通过对顾客需求的分类，来获取经济效益。进行市场细分的方法多种多样，但是并不是所有的市场细分方式都是有意义的，有些市场细分方式是无效的。无论企业使用何种方法进行市场细分，有效的市场细分应具备以下特征：

1. 可衡量性

可衡量性是指细分之后的市场规模、市场购买力与市场构成必须是可测量的。如果某些细分标准难以测量，就会导致细分市场无法界定，从而失去细分的意义。通常客观的标准，如年龄、性别、地理位置、收入等，都易于确定，差异比较明显，统计数据也易于获得。但主观的标准，如性格和心理等方面的标准，就比较难以界定，很难判断一个人是理性的还是感性的，因为可能通常都是二者兼具，所以这个细分标准就很不合适。

邮币卡和字画古董收藏的投资市场，以分散的民间活动方式为主，不容易获得足够、准确的信息，其资料的可获得性较差。

2. 可进入性

可进入性是指企业能够进入细分市场并接触目标客户，以便于为其提供产品或服务。细分市场的特征和行为应该有助于企业确定满足这些细分市场的最佳方式。如票据业务细分市场很难出现在现金交易盛行的地方，而在金融市场发达成熟的地区较为盛行。此外，垄断性行业和政策限入业务会影响市场的可进入性，如证券公司为客户理财，提供的金融产品不能包括储蓄和借贷业务，在储蓄倾向较强的地区，可能会排斥一大批客户，使得市场规模难以扩大。

3. 可盈利性

可盈利性是指细分市场的规模和获利空间要足够大，这样才值得企业去开发新产品或服务，以及营销计划。例如，当我国私人财富处于以"万元户"为骄傲的阶段时，开展私人银行业务是不可能挣钱的。

4. 可操作性

可操作性是指企业能够设计出有吸引力的且具备成本效益的产品或服务以及营销活动，以吸引并服务目标客户。虽然企业可能识别出多个细分市场，但可能因为企业资源有限而无法为每个细分市场来开发产品，又或者某个细分市场中的客户不具备购买力等，这样细分的市场是不具备可执行性的。例如，一家银行的社区支行发现了七大有吸引力的细分市场，但是它的雇员太少，难以对每个细分市场单独制定市场营销方案，即使有了方案，也没有能力去实施，只好放弃。

5. 差异性

差异性即每个细分市场的差异应该是明显的，每个细分市场应对应不同的、具体的营销活动，对不同的促销活动有不同的反应。

二、目标市场选择

"弱水三千，我只取一瓢饮。"目标市场的选择（Targeting）就是要找到属于你的那个"瓢"，怎样找"瓢"，即在选择的过程当中，选择对企业有利的战场，就是目标市场选择。

（一）目标市场选择模式

目标市场选择就是企业决定要进入的那个市场部分。我们还是以切蛋糕为例，如果这个"蛋糕"是教育市场，你想切最大最厚的一块的话，那可以考虑选择基础教育领域；如果你想切富含奶油的那一块，或许你可以选择留学考试这个领域。如果这个"蛋糕"没那么大，只是对应职业培训这个领域，那你可以选择信息技术培训，或选择这一块里更小块的软件开发培训。

企业在决定为多少个子市场服务时，有以下3种选择，3种模式各有利弊。

> **小知识 1.5**
>
> 目标市场的选择因不同金融机构、不同环境而异，如有的金融机构把中高层收入者作为目标市场，有的金融机构把老年人作为目标市场，有的把房地产作为目标市场，如银行推销功能单一的借记卡，只要设计密码系统、ATM布置、发展广泛的特约商户，以单一产品、单一价格、单一促销方式和单一分销渠道就可满足需要。但能否选择合适的目标市场会对金融机构的经营活动产生很大的影响。

1. 无差异性目标市场选择

该策略是把整个金融市场视作一个大目标市场，以整个市场共同的金融需求为目标，在营销活动中强调客户需求的相似性或共同点，而忽视不同客户需求的差异性。采取这种目标市场策略时，只需推出单一的产品和标准化服务，设计一种营销组合策略即可。

例如，信用卡结算业务的差异程度小，干脆就由专业公司——中国银联代理清算业务；同样低差异程度的汇兑业务，通常由总行统一办理或让专门机构代理，如西联汇兑一类的公司办理；常规储蓄存取统一用 ATM 操作等。上述这些产品都是采取无差异市场策略。

这些以提供某一专门服务见长的金融机构，往往是其所在细分市场中的佼佼者。

由于这种策略经营品种少、批量大、市场调研费用低，可降低管理成本和营销支出，有利于用低价格争取客户，具有规模优势。这种市场策略的缺点是忽略了同一顾客群不同层次的需求差异，提供的产品与营销手段过于单一，不一定能适应复杂多变的市场需要。

> **小知识 1.6**
>
> 通常大细分市场竞争日益激烈之后，许多公司转而追求市场中其他较小的细分市场，不再采取无差异性的营销策略。例如，银行从借记卡到信用卡、联名卡以及各种各样的个性化的卡，就是一个不断从无差异大众市场逐步细化为小众市场的过程。同样，保险市场也在发生类似变化。

2. 差异性目标市场选择

差异性目标市场选择是指企业决定同时为几个子市场服务，设计不同产品，并在渠道、促销和定价方面都加以改变，以适应需要。

如通用汽车公司"为每一个钱包、目的和人格，分别生产一种汽车"。

差异性营销具有明显的优点。因为面对多个细分市场，有多样的产品，能较好地满足客户的不同需求。但由于经营品种较多，对客户需求的调研、产品的开发促销等费用大，营销成本会增加，还可能分散经营注意力。

> **小知识 1.7**
>
> 一些专业性的金融机构往往都倾向集中市场的策略，如信用卡公司、汇兑公司、房地产金融公司、社区信用社等。保险机构财产保险、寿险的分工，也在一定程度上体现了集中性目标市场经营理念。这些以提供某一专门服务见长的金融机构，往往是其所在细分市场中的佼佼者。

3. 集中性市场选择

集中性市场战略又称单一细分营销、密集型市场战略，它既不面向整个市场，也不把力量散布到若干个细分市场，而是集中力量进入一个或少数几个细分市场，提供高度专业化的产品和服务。

集中性市场策略有许多优点，通过对少数几个甚至是一个细分市场进行"精耕细作"，对目标细分市场有较深入的认识，更能建立特殊的声誉。由于设计、销售和推广的专业化，金融机构能享受许多经营上的规模经济性，往往能获得较高的投资回报率。

集中性营销的风险相对较大。因为选择的产品和市场较为集中，一旦该市场发生不利变化，或者突然进入一家新的竞争者（如果回报很高，可能会吸引其他企业进入该市场），企业将会因缺少回旋余地遭受重创而难以复原。因此，一些企业宁愿退而求其次，采取差异性营销策略，在几个细分市场中做多样性的投入以分散风险。例如，美国一家专为现役和退役军人及其家庭提供保险的公司——USAA，采取了集中性市场策略，成为美国最好的前 100 家公司之一；美国通用金融公司，专门做以通用车型为主的汽车融资服务，以专业化的汽车金融闻名全球。

（二）目标市场选择需考虑的因素

决定目标市场就是决定顾客群，企业做出目标市场决策时，要根据自身资源、产品特点、产品生命周期、市场特点、产品在其生命周期所处的阶段、竞争者的市场策略等几方面的因素综合考虑决定。

1. 自身资源

如果企业人力、财力、物力资源充足，实力强大，可以采用无差异营销策略。当资源有限时，最好采用差异性策略或集中性策略。

2. 产品特点

对于需求弹性比较小，或高度同质性的产品和服务，可以采取无差异策略。而对于产品差异较大的贷款业务、财务咨询等产品，或者需求弹性较大的产品和服务，则采取另两种市场策略为宜。

3. 市场特点

如果大多数交易者的需求和嗜好比较接近，而且每个时期内购买商品的数量或交易额变化不大，对营销的刺激反应不明显，或者相反有比较趋同的反应，则应选择无差异营销策略。如果市场内顾客群体差异比较大，则应采取差异性或密集营销的策略。

4. 产品在其生命周期所处的阶段

当推出一项新产品或服务时，由于处于投入期，主要解决客户初次拥有产生的满足，而不是多样化、差异化的需求，推出一种规格、型号、式样就可以了。如果一下子推出多种产品，企业的连续开发能力有限，用户也不容易全部接受。但如果产品和服务趋于成熟、定型，用户也熟悉了，需求有了进一步深化发展的必要，同时竞争也空前激烈，则应该采取差异性或集中性营销策略。

5. 竞争者的市场策略

一般而言，企业在市场竞争中可采取的竞争策略大致有两种：针锋相对或避实就虚。如果竞争者采用差异性或集中性的营销策略，企业仍然采取无差异营销策略，则无异于自杀。应该避其锋芒，采取与其类似的策略，寻找适合自己的细分市场，或抢先深度发展。当竞争者采用无差异性营销时，企业既可以采用无差异性营销策略去抢地盘、争份额，也可以采用差异性或集中性的营销策略，向市场深度发展，在更高层次上满足用户需求。

视野拓展 1.7
澳大利亚的
目标市场选择

三、产品定位

在确定目标市场后，企业就须考虑如何使自己的产品适合目标市场的需要，也就是说给自己的产品定位。所谓产品定位就是要在消费者心目中塑造自己产品的独特个性，使它与具有同种效用的竞争产品有所区别，从而使产品在产业总需要量中能引起选择性的需要。产品定位有时亦称竞争性定位。

进行产品定位的方法主要有以下几种：

（一）产品特色定位

产品特色常用来体现与竞争者之间的差异，如果产品的一个特色表明了对目标市场有重要的利益，那么它就能成为市场定位的基础。如 M&M 巧克力的"只溶在口，不溶在手"的产品定位，很巧妙地将产品特色展示出来，从而很好地与市场中其他同

> **小知识 1.8**
>
> 通常进行产品定位时，首先让目标市场消费者指出他们认为最重要的产品特性是什么，从中选出几个产品特性，然后按照消费者对同类产品其他品牌在这些特征上的知觉，在产品特性图上标出其位置。根据竞争品牌在图上的位置，来考虑本企业的产品定位应当定在什么位置上，以与竞争品牌相区别。

类产品区隔开来。

（二）产品利益定位

产品可以根据它所能提供的利益来进行定位，但必须注意当这一利益是由产品的某些特性产生时，产品定位强调的是对使用者的利益而不是具体的产品特性。

例如，P&G 的海飞丝洗发水的产品定位所强调的产品利益是去头屑；飘柔洗发水的产品定位所强调的是洗发、护发二合一，令头发飘逸柔顺。

（三）使用者类型定位

根据人口统计因素，生活方式或使用频率可以细分出不同的使用者类型。在进行产品定位时可以采用集中营销策略，专攻某一细分市场，吸引某些特殊使用者，实现自己的产品定位。例如，全新糖猫 T2 "会讲故事的儿童电话手表"。

（四）与竞争品牌对比定位

如果市场上有畅销的"第一名牌"，产品定位此时可以利用强势品牌在市场中的地位来建立自己的品牌形象。这一策略的经典例子是 Avis 开展的 "我们加倍努力"（We try harder）广告运动。这一广告强调：Avis 是第二大汽车出租公司，然而，他们比最大的汽车出租公司 Hertz 更关注消费者的满意程度。其实，当时美国出租汽车公司除了 Hertz 这一巨人之外，其他的是混作一团。由于 Avis 这样的产品定位，使得其从美国汽车出租业中脱颖而出，成为真正的第二大汽车出租公司。

（五）价格定位

价格是品牌的一个特征，用价格来为产品定位可以认为是产品特色定位的一个特例。同时，在利用低价格定位时，强调相当低的价格也可以认为是产品的利益定位。高价定位策略可通过高价与高质量联系起来，例如，P&G 在广州市场推出海飞丝洗发水，就是采用 "高价格高质量" 的产品定位，以与当时广州市场上众多洗发水品牌明显地区分开来。

（六）综合定位

公司在给自己产品定位时，有时不只采用上述一种方法，而是综合利用以上方法来定位。虽然综合定位可以满足消费者的多种需求，但利用综合法给产品定位时存在一个弊病，那就是如果使用不当，就会导致目标市场没有清晰的品牌印象，导致品牌定位失败。

视野拓展 1.8
香港保险公司

（七）产品类别游离定位

采用这一产品定位方法，要强调自己品牌"不是什么"。告诉消费者新产品"不是什么"比告诉消费者"是什么"更容易让他们理解和接受。如第一辆汽车被称为"不用马的马车"。消费者可以用原来形成的概念来理解新概念，在头脑中形成鲜明的印象，这样有助于新概念的形成。在产品定位时若能较好地利用这一策略，将会获得成功。

 教学互动1.6

问：市场定位与目标市场选择有什么不同？

答：市场定位与目标市场选择是两个不同的概念，市场定位包括目标市场的选择，而目标市场的选择则是市场定位的一个重点。

第三节　市场营销策略

情境导入 1.3

不打无把握之仗

兵书上说：不打无把握之仗。军师会研究决定战争胜负的相关因素从而做出应对策略，例如，骑兵作为古代战争中的关键作战手段，可以改变一场战争的胜负；枪阵挡住了骑兵的冲击，成为决定战争胜负的因素；机枪的出现，让枪阵变得毫无意义；坦克的出现，又让机枪的战略作用降低……

同样，营销人也要去研究决定顾客选择的相关因素如何变化，因为顾客的选择永远是占领市场的关键。因此，"准备"同样至关重要，许多产品在推向市场之后获得成功，在很大程度上得益于对市场行情的了解。营销人员要想让自己的营销事业获得成功，首先应该具备一定的营销策略。

战略是目的、核心和理论，战术是方法、手段和技术，即使用的策略。

毛泽东曾经说过："在战略上我们要藐视一切敌人，在战术上我们要重视一切敌人。"意思是说在整体上我们一定要藐视它，在一个一个的具体问题上我们一定要重视它。

教学互动 1.7

在战略下起到配合、支撑作用的各种手段，就是营销策略。市场营销策略是企业市场营销部门根据公司总体战略与业务单位战略规划，在综合考虑外部市场机会和内部资源状况等因素的基础上，确定目标市场，选择相应的市场营销策略组合，并予以有效实施和控制的过程。

策略，即策划、谋略。尤其在面临选择时，面临行动前，策划、谋略尤为重要，对战略的成功实施起着决定性的作用，否则一旦选择错了，或选择时机不当，或选择顺序有差，均会导致战略的实施不力。

小知识 1.9

随着市场环境的变化，在 4P 的基础上加上了权力（Power）与公共关系（Public Relations）发展为 6P 理论以及 4C 理论，即：客户、成本、便利、沟通（Consumer、Cost、Convenience、Communication）。

市场营销策略是企业市场营销部门根据公司总体战略与业务单位战略规划，在综合考虑外部市场机会和内部资源状况等因素的基础上，确定目标市场，选择相应的市场营销策略组合，并予以有效实施和控制的过程。早在 20 世纪 60 年代，美国的麦卡锡教授提出了产品（Product）、价格（Price）、促销（Promotion）、渠道（Place）四大营销策略作为营销学的基础，被称为 4P 策略。

实际上 4P 理论最终输出的是整套组合拳，而组合拳锚定的就是公司届时的目标。产品策略输出产品组合，渠道策略最终输出的是最符合当前公司目标的渠道组合，价格策略输出产品价格组合，促销策略输出的是促销方法组合，如图 1.5 所示。

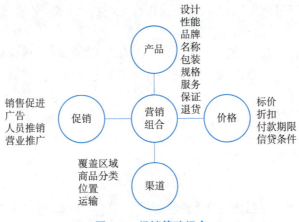

图 1.5　促销策略组合

一、产品策略

产品策略主要是指企业以向目标市场提供各种适合消费者需求的有形和无形产品的方式来实现其营销目标。其中包括对同产品有关的品种、规格、式样、质量、包装、特色、商标、品牌以及各种服务措施等可控因素的组合和运用。从一定意义上讲，企业成功与发展的关键在于产品满足消费者的需求的程度以及产品策略正确与否。企业的产品策略是其市场营销组合策略中的重要组成部分。

（一）产品组合策略

有时企业推出的不是单个产品，而是系列产品，因此，还需要考虑产品线的组合问题，即产品组合的宽度、深度、长度和关联度。产品组合包括所有产品线和产品项目。

（1）产品线。产品线是许多产品项目的集合，这些产品项目之所以组成一条产品线，是因为这些产品项目具有功能相似、用户相同、分销渠道同一、消费上相连带等特点。企业可以利用不同的产品或产品线，满足企业的不同目标，来赢得市场竞争。比如，用哪些产品来打价格战，用哪些产品来获取高额利润，用哪些产品来塑造品牌形象、获得领先认知……

（2）产品项目。产品项目即产品大类中各种不同品种、规格、质量的特定产品，企业产品目录中列出的每一个具体的品种就是一个产品项目。

（二）新产品开发策略

新产品开发策略的类型是根据新产品策略的维度组合而成，产品的竞争领域、新产品开发的目标及实现目标的措施三维构成了新产品策略。新产品除包括因科学技术在某一领域的重大发现所产生的新产品外，在生产销售方面，只要产品在功能和或形态上发生改变，与原来的产品产生差异，甚至只是产品从原有市场进入新的市场，都可视为新产品；在消费者方面，则是指能进入市场给消费者提供新的利益或新的效用而被消费者认可的产品。按产品研究开发过程，新产品可分为全新产品、模仿型新产品、改进型新产品、形成系列型新产品、降低成本型新产品和重新定位型新产品。

（三）产品生命周期策略

产品从投入市场到最终退出市场的全过程称为产品的生命周期，该过程一般经历产品的导入期、成长期、成熟期和衰退期 4 个阶段。

在产品生命周期的不同阶段，产品的市场占有率、销售额、利润额是不一样的。导入期产品销售量增长较慢，利润额多为负数。当销售量迅速增长，利润由负变正并迅速上升时，产品进入了成长期。经过快速增长的销售量逐渐趋于稳定，利润增长处于停滞，说明产品成熟期来临。在成熟期的后一阶段，产品销售量缓慢下降，利润开始下滑。当销售量加速递减、利润也较快下降时，产品便步入了衰退期。研究产品生命周期对企业营销活动具有十分重要的启发意义。

（四）品牌策略

产品是否使用品牌，是品牌决策要回答的首要问题。品牌对企业有很多好处，但建立品牌的成本和责任不容忽视，故而不是所有的产品都要使用品牌。如市场上很难区分的原料产品、地产地销的小商品或消费者不是凭产品品牌决定购买的产品，可不使用品牌。如果企业决定使用品牌，则面临着使用自己的品牌还是别人品牌的决策，如使用特许品牌或中间商品牌。对于实力雄厚、生产技术和经营管理水平俱佳的企业，一般都使用自己的品牌。

（五）服务策略

顾客服务是伴随主要提供物一起提供给消费者的附加利益与活动。顾客服务的目的是使消费者在购买和使用产品的过程中，获得更大的效用和满足。产品越复杂，消费者对各种附加服务依赖性越强。

为消费者提供的服务内容根据企业和产品特征而定。但总的宗旨是，实施顾客满意的服务战略。通常包括以下内容：接待来访和访问用户；提供业务技术咨询与服务；质量保证承诺；产品安装和调试；维修和备品配件供应；信用服务；定期为用户进行产品检查、维修和保养服务；还可根据用户的特殊要求提供服务。

（六）产品包装策略

可选择的包装策略包括类似包装策略、等级包装策略、配套包装策略、附赠品包装策略等。

教学互动1.8

问：虽然说酒香也怕巷子深，但是把酒做香了，香飘到巷子外边是不是就可以了？

答：酿酒师和营销师的思路不同，酿酒师考虑的是如何把酒做得更香（但如果客人不来喝，酿酒师做得再香人家也不知道）。营销师是解决"如何在客人不喝的情况下，也让其觉得酒很香"的问题。

二、价格策略

价格策略主要是指企业以按照市场规律制定价格和变动价格等方式来实现其营销目

标，其中包括对同定价有关的基本价格、折扣价格、津贴、付款期限、商业信用以及各种定价方法和定价技巧等可控因素的组合和运用。价格策略的制定关乎企业的盈利能力。

（一）新产品定价策略

新产品定价策略主要有撇脂定价策略、渗透定价策略和满意定价策略。

1. 撇脂定价策略

撇脂定价是一种高价格策略，是指新产品上市初期，价格定得高，以便在较短时间内获得最大利润。这种定价策略因类似于从牛奶中撇脂而得名。它是用高于一般市场价格出售商品的策略。此种策略可在下述情况下实行：经营的商品是竞争对手搞不到的；在市场上居于垄断地位的商品；商品的信誉很高，经营的是名牌、创新产品；设置高级的服务设施，提高服务质量以及同竞争对手达成了价格协定的时候。

例如，同是一瓶可口可乐饮料，在一般商店卖价是3元左右，而到了歌舞厅则卖价达30元左右，高出近10倍，但这对消费者来讲，在歌厅能喝上这种价格的饮料，才与他们的身份相称，除了得到高质量的服务以外，还得到了心理上的满足。

2. 渗透定价策略

渗透定价是一种低价格策略，即新产品投入市场时，价格定得较低，以便消费者容易接受，很快打开和占领市场。薄利多销是一种着眼于在大量的销售中获得盈利而不在单位产品中贪图高利的定位策略，它是加快资金周转的一种较好的价格策略。商店长期低价销售商品，有利于国家，符合消费者的利益，还可以使商店名利双收，在市场上占有较大的竞争优势。

3. 满意定价策略

满意定价是一种介于撇脂和渗透之间的价格策略，所定的价格低，而比渗透价格要高，是一种中间价格，这种定价策略由于能使生产者和消费者都比较满意而得名，有时又称"君子价格"或"温和价格"。

（二）心理定价策略

心理定价策略是一种根据消费者心理所使用的定价策略，是运用心理学的原理，依据不同类型的消费者在购买商品时的不同心理和不同需求来制定价格，以诱导消费者增加购买，扩大企业销量。具体包括以下几种：

1. 尾数定价策略

尾数定价策略是指在商品定价时，取尾数而不取整数的定价方法，使消费者购买时在心理上产生大为便宜的感觉。例如，一双袜子定价9.8元，比定价10元对消费者更有吸引力；对于有信仰或图吉利的消费者来讲，定价应有个吉数，如一件裙子64元，不如定价为66元。

2. 整数定价策略

整数定价策略即在定价时把商品的价格定成整数，不带尾数，使消费者产生"一分价格一分货"的感觉，以满足消费者的某种心理，提高商品形象。对于名优产品、紧俏产品可采取整数定价策略。例如，一架尼康相机定价9 998元，不如定价10 000元，对于有能力者来讲，多付2元钱根本不在意。

3. 分级定价策略

分级定价是指在定价时，把同类商品分为几个等级，不同等级的商品，其价格有所不同。这种定价策略能使消费者产生货真价实、按质论价的感觉，因而容易被消费者接受。

4. 声望定价策略

声望定价指在定价时，把在顾客中有声望的商店、企业的商品价格定得比一般的商品要高，是根据消费者对某些商品某些商店或企业的信任心理而使用的价格策略。

（三）产品组合定价策略

组合定价策略是指处理本企业各种产品之间价格关系的策略。企业通常都开发产品系列，在定价时必须考虑产品系列中各个相关产品间的成本差额，顾客对这些产品的不同外观的评价以及竞争者的价格等。

1. 产品线定价策略

产品线是指由不同等级的同种产品构成的产品组合。企业在对产品线定价时，可根据产品间的成本差异、顾客对各等级产品评价及竞争者的产品价格，来决定各个相关产品之间的"价格阶梯"。如果它们之间"价格差额"小，购买者就会购买更先进的产品，从而会使企业的利润增加；反之，如果"价格差额"大，顾客当然只好购买较差的产品。

2. 连带产品定价策略

连带产品又叫互补产品。对这类产品要有意识地降低互补产品中购买次数少、消费者对降价反应又较敏感的产品价格。另一方面，提高消耗最大、需要多次重复购买、消费者对其价格提高反应又不太敏感的产品价格。

3. 附属产品定价策略

以较低价销售主产品来吸引顾客，以较高价销售备选和附属产品来增加利润。

4. 捆绑定价

将数种产品组合在一起以低于分别销售时支付总额的价格销售。

5. 系列产品定价策略

对于既可单个购买，又可配套购买的系列产品，可实行成套购买价格优惠的做法。这样就可以节省流通费用，又可扩大销售、加快流通和资金周转，从而有利于提高企业的经济效益。

（四）其他定价策略

1. 折价策略

折价策略是为了吸引顾客来购买商品而采取的一种策略。一般有以下几种形式：①批量折扣；②季节折扣；③内部折扣；④团体购买折扣。

2. 阶段价格策略

阶段价格是一种根据商品生命周期定价的一种策略。一种商品根据它的导入期、成长期、成熟期、衰退期这4个阶段组成。消费者对同一种商品在生命周期的不同阶段的效用评价有很大区别。因此，在一定时期内，对于某一特定商品要实行灵活的区别定价。

3. 减价策略

减价策略是对经营的商品实行有计划的减价的策略。在西方国家，每到节日或在重大社会活动期间都搞减价销售，以此来刺激顾客的购买欲望，促进商品销售。

4. 竞争价格策略

这是一种因竞争需要而采取的策略。西方国家一些大型商店设有价格调查员，专门调查了解市场和同行业的价格变动情况，发现有的商店降价出售商品对自己有威胁时，立即研究对策，把价格降下来，防止顾客流向其他商店。

三、渠道策略

当你在偏远山村的小店喝到娃哈哈纯净水，在逛街的时候从自动贩卖机取出可口可乐，在环游世界的时候坐在气氛相同、快速便捷的麦当劳餐厅时，你会体会到分销渠道的价值。没有渠道，你要喝到"天堂水，龙井茶"得专程跑一趟杭州；没有渠道，想喝一杯可口可乐，你得买一张前往美国的机票；没有分销，你的钱再多，也只能拎着钱袋到分布在世界各地的厂家采购你想要的东西。

渠道策略（Place）也叫分销策略，是指各个厂商或者公司将自己的产品或者服务输送到客户的方法。比如，销售玩具的厂商可以通过批发市场，外贸商家可以通过国际互联网来销售产品。

视野拓展 1.9
建设银行的市场细分

分销渠道是 4P 中最难管理的一个要素。因为前 3 个 P 都可以在相当大的程度上为企业所主导和控制，唯有最后一个 P 不为企业所控制，它包括经销商、代理商、终端零售商等，是社会合作资源。渠道的管理需要企业具有强大的号召力和组织协调能力。在营销变革中，它的变数是最大的。当然，渠道管理做得好，也会获得意想不到的营销优势和突破。

渠道策略要重点考虑产品与消费者行为的特性，比如日用快销品水、香烟，这一类产品最好的渠道在便利店，因为便利，随手可得，就是消费者对这类产品最重要的渠道要求。那么如何最大限度覆盖便利店，就是渠道策略的设计方向了，这个时候我们要通过调研找出渠道链条，将渠道描绘出来。再比如，对于化妆品、清洁用品、衣服等非大件消费品，消费者更注重性价比、美观度，这些在网络电商平台上，就更容易实现了，可以进行无限制对比，可以听从他人口碑评价，可以看销售数量，并且物流基本三日必达，所以电商平台渠道就发展起来了。

 小知识 1.10

产品再好，没人宣传，也会被埋没在市井之中。如果想到把酒搬到巷子口以解决巷子深的问题，那么这就是渠道建设（Place）。

四、促销策略

促销（Promotion）的目的是赢得潜在客户、产生利益、激发客户的购买渴望、刺激客户的购买行为。在整个产品营销过程中，尤其是在现在社会商品极大丰富的时代背景下，促销策略已经成为企业经营成败的核心关键要素了。

视野拓展 1.10
英国金融产品分销渠道

 教学互动 1.9

问：促销就是降价吗？

答：促销包括多种形式，降价只是其中一种策略，广告、人员推销、网络营销、营业推广和公共关系等这些手段共同作用，旨在影响消费者的态度和行为，而不仅仅是单纯的降价。

（一）广告促销

广告指企业通过宣传媒体直接向客户介绍、展示产品和服务，并树立企业良好形象的促销活动。

1. 广告的实施策略

确立广告主题是指以产品还是以企业形象作为主要宣传内容，这主要取决于企业目标及其产品和服务的特点。

企业为了达到在消费人群中树立良好声誉的目的，就会选择以企业形象为主题的广告宣传；企业为了扩大近期销售额则会选择以产品为主题的广告宣传。

2. 广告的实施步骤

（1）确立广告主题。产品广告由于产品自身的特点，容易引起人们注意，并成为客户的购买理由，以此作为广告宣传的主题，可以起到促销作用。做好产品广告的关键在于：一是要尽可能地将产品和服务的特色充分地加以展现介绍；二是要根据不同客户的需求，突出产品质量和服务优势；三是要选择好广告投放的时间和地点，力求达到"先入为主"的宣传效果。

例如，在美国旧金山街头有一家保险公司的摄影广告题为"You are in good hands"（你在一双手的呵护中）。画面中央是一双稳健有力的男性之手，小心翼翼地捧着一颗心形钻石，背景是一片幽兰，隽永的意境尽在不言中。又如，中国民生银行的广告语"服务大众，情系民生"是银行经营态度的充分表达。"服务大众"直接点明服务对象，使人们一看就知道自己也是这家银行的服务对象，无形中拉近了不少距离。"情系民生"，更是一语双关，自有妙处。一方面，现在社会越来越关注"民生问题"，越来越重视人的价值，民生银行"情系民生"，就是一家经营管理中始终重视服务于老百姓的人性化需求，始终不忘解决社会民生问题的企业；另一方面，老百姓和企业也"情系民生银行"，愿意支持和帮助民生银行更好发展，为民生银行的发展创造良好的外围环境。

（2）明确对象。为了达到广告效果，企业在设计广告和内容时，必须了解分析有兴趣购买产品的个人、家庭或组织的类型，并且要判定谁能做出购买决策。由于对象不同，企业机构在选择广告媒体、进行内容设计时应做相应的调整，如果不区分客户对象（如以社会公众为宣传对象），或仅在专业刊物上做广告是难以引起目标客户注意的。

（3）提出构思。富有创意的广告构思主要表现在以下3个方面：①创设一种现代化的标识、符号和图案；②运用生动形象的画面，包括运用动画手段和聘请明星；③运用使人可信的广告语，并根据时代特征加以改变。

例如，美国圣保罗联合银行在《芝加哥论坛报》上刊出一则广告，标题用语是"What goes up must go higher"（追求高效），并且下面还有一个大字"Garanty"（保证）。原来美国有一句谚语："What goes up must come down."意思是"上去的必然下来"。这里却反其意而用之，"上去的必然更向上"，即暗指存款利率一直升，而且有"保证"，这怎么会不吸引人呢？

（4）选择媒体。广告媒体是指广告信息传播的载体。其主要分为印刷媒体，如报纸、杂志、书籍等；电子媒体，如电视、广播等；邮寄媒体，如产品说明书、宣传手册、产品目录，服务指南等；户外媒体和其他媒体。四大媒体是指广播、电视、报纸、杂志，其他媒体是指户外、邮寄等。不同的广告媒体在传播空间、时间、效果、广告费用等方面具有不同的特点。

例如，你需要购买一辆汽车，早晨打开手机刷微信朋友圈，收到一条广告：某新款汽车 A 上市，凭该广告可以享受优惠。之后，你吃早餐时翻开报纸，发现报纸的半版广告都是庆祝 A 汽车上市，凭该广告可以获得 50 元油费优惠券。接着，你开车去上班，看到高速公路旁有一个户外广告，上面写着：某经销商为庆祝 A 汽车上市，特别推出了抽奖计划，欢迎新老客户到店参与活动。车里的收音机也在播报 A 汽车的广告。到达单位，你打开邮箱看到的第一封邮件便是关于 A 汽车的促销优惠券。工作休息期间，你点开微博，发现自己喜欢的明星正在与 A 汽车品牌互动……于是这个周末，你决定带着全家人一起去 4S 店购买 A 汽车。

以上就是当今的顾客做出购买决策的典型场景，企业很难判断是哪个具体的广告或渠道给这款汽车的销售带来了最大贡献。企业已经进入一个全媒体融合互动的时代，营销负责人需要构建的是融合媒体的全链路整合投资模型。

除投放广告以外，新的传播现实使顾客越来越多地成为品牌声音的一部分。过去是企业拍广告，现在是顾客自己创造内容。这时的传播就不再是简单的单向传播，而是实时的客户沟通。这种沟通互动是融合了企业产生的内容、顾客产生的内容和专家评论的综合性的内容营销。所以，推广是企业塑造品牌和获取顾客的关键工作，也是很多企业在面对营销新现实中最明显的一个转型领域。

视野拓展 1.11
花旗银行的"长尾巴"

（二）营业推广

营业推广是企业为了刺激需求而采取的促销措施，即利用各种刺激性促销手段吸引新客户以及回报老客户。新客户可以分为两类：一类是尚未接受服务的潜在客户；另一类是已接受过同类产品的客户。

1. 营业推广的基本策略

（1）确立营业推广目标。由于目标市场和产品生命周期不同，营业推广所达到的具体目标也不相同。例如，对于传统产品，企业应鼓励客户重复购买；而对投放市场的新产品，则应吸引客户尝试购买，尤其鼓励反季节性购买。

（2）选择营业推广方式。为了实现促销目标，企业应根据市场需求和竞争环境选择适当有效的营业推广方式。例如，营业推广目标是抵制竞争促销，企业可采取赠送礼品、有奖销售等措施。

（3）制定营业推广方案。企业制定方案要本着费用少、效率高的原则，可具体规定营业推广的范围、途径、期限和成本等。

2. 营业推广的主要方法

（1）赠送礼品。赠送礼品是企业运用较多的促销方法之一。例如，新设网点开业典礼时赠送礼品，或是为了鼓励长期合作而向老客户赠送礼品等。

（2）有奖销售。这主要用于储蓄、信用卡购物等方面。例如，在 20 世纪 80 年代后期，国内各专业银行纷纷推出各种住房有奖储蓄，有的 1 年开一次奖，有的 1 年开几次奖。

（3）免费服务。当市场竞争加剧时，为了推广业务、招揽客户，企业往往会采取免费服务的促销方法，例如，信用卡持有者免付会员费等。

（4）陈列展示。企业通过实物展示、展板解说等形式以吸引客户购买。

（三）人员推销

人员推销是指营销人员以促成销售为目的，通过与客户进行言语交谈，以说明其购买产品和服务的过程。具体可以采取以下4种策略：

1. 目标区域策略

即把企业的目标市场划分为若干个区域，每个推销人员负责某个区域的全部推销业务，这样既有利于核查推销人员的工作业绩，激励其工作积极性，也有利于推销人员与其客户建立起良好关系，节约促销费用。

2. 产品分类策略

即将产品与服务分成若干种类，每一个或几个推销人员结为一组，负责推销一种或几种金融产品，该策略尤其适用于类型多、技术性强的产品促销。

3. 客户细分策略

即把目标客户按其产业特征、人口变量、状况加以分类，每个推销人员负责向其中一类客户进行推销。该策略有利于推销人员深刻了解客户需求，从而有针对性地开展好促销活动。

4. 综合组织策略

即当产品类型多、目标客户分散时，企业应综合考虑地域、产品和客户等因素，并依据诸因素的重要程度以及关联情况，分别组成产品-地域、客户-地域、产品-客户等不同的综合组织形式，开展人员推销。

（四）公共关系促销

公共关系促销是通过一系列活动，向客户传递理念性和情感性的企业形象以及产品和服务的信息，从而改善企业与客户的业务往来关系，增进公众对企业的认识、理解与支持，树立良好的企业形象。

企业开展公共关系促销的方法主要有以下3种：

1. 通过新闻媒体宣传机构形象

即企业通过与新闻界建立良好关系，将有新闻价值的相关信息通过新闻媒体传播出去，以引起社会公众对产品与服务的关注。报纸、杂志、广播、电视、网络等新闻媒体是企业与社会公众进行沟通、扩大影响的重要渠道。新闻报道在说服力、影响力、可信度等方面要比商业广告所起的作用大得多，也更容易被社会公众所接受和认同。当然，只有企业不失时机地策划出价值高、可予报道的新闻，才能引起新闻媒体的关注，成为传媒追逐的热点。

2. 积极参与和支持社会公益

参与社会公益活动是一种深入承担社会责任的活动，企业对公益事业的热情能赢得社会公众的普遍关注和高度赞誉，可以最大限度地增加营销机会，现已成为它们开展公关促销的主要方法之一。

3. 与客户保持联系

通过诸如个别访谈、讲演、信息发布会、座谈会、通信、邮寄宣传品与贺卡等方法，主动与客户保持沟通联系，促进客户对机构的了解，从而使其形象能长期保留在客户的记忆中。这种公关促销活动对维系老客户、吸引新客户具有良好的作用，尤其是对于稳定老客户作用更大。

 综合训练

一、概念识记

数据思维　用户思维　市场细分　目标市场选择　产品定位　市场营销策略　产品策略　价格策略　渠道策略　促销策略

二、单选题

1. 市场营销的核心是（　　）。

A. 生产　　　　B. 分配　　　　C. 交换　　　　D. 促销

2. 甲和乙都是做装修服务的，但是甲的服务是为客户量身定做，且会最大程度地满足客户的需求，而乙则是店大欺客，大多数都是公版，客户最后选择甲。这是客户的（　　）。

A. 认同感　　　B. 熟悉感　　　C. 信任感　　　D. 附加值

3. （　　）是指企业利用各种信息载体与目标市场进行沟通的传播活动，包括广告人员推销、营业人员推销、营业推广与公共关系等。

A. 产品　　　　B. 定价　　　　C. 促销　　　　D. 分销

4. 服务是一方向另一方提供的，基本上是（　　），并且不导致任何所有权的产生。

A. 有形产品　　　　　　　　　B. 无形的任何活动或利益

C. 物质产品　　　　　　　　　D. 实体产品

5. （　　）差异的存在是市场细分的客观依据。

A. 产品　　　　B. 价格　　　　C. 需求偏好　　　D. 细分

6. （　　）是市场营销组合中唯一能创造收益的因素。

A. 价格　　　　B. 渠道　　　　C. 促销　　　　D. 服务

7. （　　）是指商品从生产领域向消费领域运动的过程中要经过的一系列中间环节。

A. 销售　　　　B. 营销渠道　　　C. 运输　　　　D. 存储

8. 古往今来营销模式变化的顺序是（　　）。

① "脚力" 营销

② "畜力" 营销

③ "汽力" 营销

④ "网力" 营销

A. ①②③④　　　B. ①④②③　　　C. ①②④③　　　D. 附加值①③④②

9. （　　）不属于互联网思维。

A. 中心化的思想　　　　　　　B. 开放的思维

C. 分享的思维　　　　　　　　D. 去中心化的思想

10. 顾客度过了最开始消费期待的兴奋之后，基本就不会再主动与你联系了，这个时期是（　　）。

A. 活跃期　　　　B. 沉默期　　　　C. 遗忘期　　　　D. 流失期

11. 自古至今许多经营者奉行"酒好不怕巷子深"的经商之道，这种市场营销管理属于（　　）。

A. 推销观念　　　B. 产品观念　　　C. 生产观念　　　D. 市场营销观念

12. 市场营销的中心是（　　）。

A. 市场　　　B. 顾客需求　　　C. 利润　　　D. 产品

13. 某企业以高价格和高促销费用向市场推出了一种新产品，这种营销策略通常属于（　　）。

A. 快速撇脂　　　B. 缓慢撇脂　　　C. 快速渗透　　　D. 缓慢渗透

14. 全聚德烤鸭店几乎无人不知，这是指企业的（　　）。

A. 知名度高　　　B. 美誉度高　　　C. 职工素质好　　　D. 烤鸭质量好

15. 一般情况下，下列（　　）商品更适合通过零层次渠道进行分销。

A. 电池　　　B. 自行车　　　C. 笔记本电脑　　　D. 商品房

16. 下列网络营销方式中，出现最早、发展较为完善的是（　　）。

A. 企业-企业模式　　　　　　　B. 企业-消费者模式

C. 消费者-消费者模式　　　　　D. 消费者-政府模式

17. 相比较而言，下列（　　）媒体广告的信息传播速度快、受众广、成本低，而且不受时间、版面的限制。

A. 电视广告　　　B. 交通广告　　　C. 邮寄广告　　　D. 互联网广告

18. 在产品生命周期的（　　）阶段会采用快速渗透策略。

A. 引入期　　　B. 成长期　　　C. 成熟期　　　D. 衰退期

19. 好酒也怕巷子深，这说明了企业注重（　　）。

A. 真诚的原则　　　B. 全局的原则　　　C. 传播的原则　　　D. 服务的原则

20. 引导公众舆论向积极、有利的方向发展，属于公共关系的（　　）。

A. 协调沟通功能　　　　　　　B. 传播推广功能

C. 收集信息功能　　　　　　　D. 提供服务功能

三、多选题

1. 促销组合是（　　）等手段的综合运用。

A. 广告　　　　　　　　　B. 人员推销

C. 公关　　　　　　　　　D. 产品开发

E. 营业推广

2. 市场细分的客观依据主要在于（　　）。

A. 市场产品供应的多元　　　　B. 消费者生活水平的日益提高

C. 市场需求的差异性　　　　　D. 市场需求的同类性

E. 购买行为的经常性

3. 传统的营销思维是（　　）。

A. 产品　　　B. 价格　　　C. 渠道　　　D. 促销

4. 互联网思维有（　　）。

A. 用户思维　　　B. 数据思维　　　C. 产品迭代思维　　　D. 核心思维

5. 互联网营销的特点有（   ）。

A. 广泛性　　　　　B. 经济性　　　　　C. 交互性　　　　　D. 针对性

6. 人员推销方式的不足之处在于（   ）。

A. 需要培训专职的推销人员　　　　B. 信息反馈不及时

C. 费用开支较大　　　　　　　　　D. 一般不适用于工业用户

E. 不易促成交易

7. 公共关系策划的特征有（   ）。

A. 目标性　　　　　　　　　　　　B. 思想性

C. 创造性　　　　　　　　　　　　D. 程序性

E. 灵活

8. 确定广告主题要尽可能避免（   ）。

A. 泛化　　　　　　　　　　　　　B. 浅显易懂

C. 分散　　　　　　　　　　　　　D. 共享

E. 独特个性

9. 广告主题的构成要素有（   ）。

A. 广告目标　　　　　　　　　　　B. 信息个性

C. 信息共性　　　　　　　　　　　D. 消费心理

E. 生产心理

10. 按照组织类别，公共关系危机分为（   ）。

A. 产品危机　　　　　　　　　　　B. 服务危机

C. 非营利组织公共关系危机　　　　D. 政府公共关系危机

E. 企业公共关系危机

11. 细分消费者市场的标准有（   ）。

A. 地理环境因素　　　　　　　　　B. 人口因素

C. 心理因素　　　　　　　　　　　D. 行业因素

E. 行为因素

12. 无差异营销战略（   ）。

A. 具有成本的经济性　　　　　　　B. 不进行市场细分

C. 适宜于绝大多数产品　　　　　　D. 只强调需求共性

E. 适用于小企业

13. 细分市场的基本原则是（   ）。

A. 可衡量性　　　　B. 可进入性　　　　C. 可盈利性　　　　D. 可操作性

14. 除了对某些同质商品外，消费者的需求总是各不相同的，这是由消费者的（   ）等差异所决定的。

A. 个性　　　　　　　　　　　　　B. 文化背景

C. 地理位置　　　　　　　　　　　D. 购买行为

E. 年龄

15. 公共关系工作的主要目标是（   ）。

A. 塑造良好的组织形象　　　　　　B. 树立良好的个人形象

C. 做好广告宣传　　　　　　　　　　D. 促进产品销售

16. 公共关系的功能有（　　　）。

A. 收集信息　　　　　　　　　　　　B. 辅助决策

C. 传播推广　　　　　　　　　　　　D. 协调沟通

E. 提供服务

17. 对于产品生命周期衰退阶段的产品，可供选择的营销策略是（　　　）。

A. 集中策略　　　　　　　　　　　　B. 扩张策略

C. 保护策略　　　　　　　　　　　　D. 竞争策略

E. 榨取策略

18. 企业针对成熟期的产品所实行的市场营销策略，具体包括的途径为（　　　）。

A. 开发新市场　　　　　　　　　　　B. 开发新产品

C. 寻求新用户　　　　　　　　　　　D. 巩固老用户

E. 改进老产品

19. 企业往往不只经营一种产品，由此形成了产品组合，界定产品组合的主要特点为（　　　）。

A. 宽度　　　　　　　　　　　　　　B. 长度

C. 高度　　　　　　　　　　　　　　D. 深度

E. 关联度

20. 产品进入成长期后，企业营销策略可具体实行（　　　）营销策略。

A. 提高产品质量　　　　　　　　　　B. 适当降价

C. 加强渠道建设　　　　　　　　　　D. 加强产品促销

E. 突出知名度宣扬

四、判断题

1. 企业有限的资源和市场竞争的需要是进行市场细分的主要动机。（　　　）

2. 选择目标市场的主要依据是细分市场的吸引力以及选择细分市场是否与企业的目标和资源匹配。（　　　）

3. 某公园普通门票为10元，60岁以上的老人免费，1.2米至1.5米的儿童票价为5元，则该公园采用的是差别定价法。（　　　）

4. 公共关系与广告、新闻、外交等活动既有联系，也有区别。（　　　）

5. 市场包含3个主要因素：即有某种需要的人、为满足这种需要的购买能力和购买欲望。（　　　）

6. 一般来讲，市场细分的标准是静态的，主要是为了营销政策的稳定性。（　　　）

7. 公共关系广告就是商业广告。（　　　）

8. 社会组织开展联谊活动的目的是为了联络感情，增进友谊。（　　　）

9. 公共关系等同于具体的经济效益。（　　　）

10. 公共关系的实效在于取信于公众。（　　　）

11. 差异市场策略就是推出一种产品，实施一种市场营销组合手段，包括单一型号、包装、价格、品牌长期不变，进行规模和内容相似的宣传，采取广泛的分销渠道。（　　　）

12. 尾数定价策略和整数定价策略都属于心理定价策略。（　　　）

13. 客户需求的异质性是市场细分的内在依据。 （　　）

14. 策略是实现目标的方法、步骤。 （　　）

15. 传统营销是一种交易营销，强调将尽可能多的产品和服务提供给尽可能多的顾客。

（　　）

16. 哪里有尚未满足的需求，哪里就有市场营销机会。 （　　）

17. 撇脂定价就是高价厚利。 （　　）

18. 互联网思维的一个关键要素，就是从用户的需求出发去思考问题。 （　　）

19. 市场=人口+购买力+购买欲望。市场的这 3 个因素是相互制约、缺一不可的，只有三者结合起来才能构成现实的市场，才能决定市场的规模和容量。 （　　）

20. 传统的营销需要发布广告，更多的价钱是花费在物料上面，无论是户外广告，还是电视广告都比网络媒体贵。 （　　）

五、简答题

1. 互联网营销思维有哪些内容？

2. 小米初期零预算做广告，在做法上有以下 3 点。

（1）极致单品：从 MIUI 到小米手机再到全系列产品，每个阶段小米都将单品做到了极致，每一款单品都有让人尖叫的点，通过体验提升档次和格调，通过价格感动用户，让用户产生口碑传播的意愿。（用户思维）

（2）社群迭代：前期先找到种子用户，培养参与感，让种子用户参与到产品的研制过程中，根据社群的反馈进行快速迭代，不断积累产品势能。在"粉丝"的需求不断被满足和超越的过程中，促成口碑传播。（迭代思维）

（3）口碑传播：有了（1）（2）的基础，通过事件营销、网络渠道，持续与"粉丝"互动，让用户来参与营销过程。一个忠实用户在小米手机预售阶段会自己抢手机，或让亲戚朋友帮忙抢手机，无形之中介绍了产品也扩散了用户。用户购买到产品后由于兴奋和喜悦，也会在朋友圈进行分享和扩散。当然，口碑传播一定要做到自愿传播，利诱下的口碑传播并不是真正的口碑传播，顶多算病毒传播。（数据思维）

启发思考：分析小米在实施快速迭代中的互联网思维主要体现在哪些方面。

六、实战演练

通过图 1.6、图 1.7 分析传统金融思维与互联网思维的不同。

其中，用户是这个系统的核心，云包括云计算以及构建在云之上的数据服务、征信平台等基础设施，端则代表了大量的应用场景以及与场景紧密相连的产品。

在这个系统中，一种金融产品或服务的产生首先源自用户的需求，当某种需求在某个场景中被发现后，再反向进行相应的产品开发，并最终将产品嵌入场景中，将金融化于无形，体现出从大工业时代的思维方式到信息时代的思维方式的转变。

图 1.6　传统金融思维

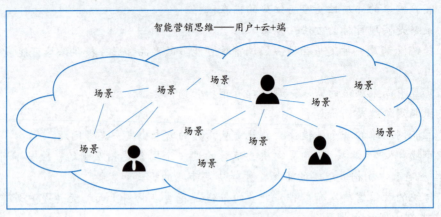

图1.7　智能营销思维

第二章 金融产品

【职业知识】

掌握金融产品的特点；了解金融产品体系

【职业能力】

会对金融产品设计和开发

【职业素养】

具有热情积极和勇于探索的创造精神

第一节 金融产品的特点

情境导入 2.1

10年之前，中国商业银行的发展普遍是以产品为中心的，即先设计标准化的产品，然后再将其销售给客户。在这种思路下，客户在与银行的互动中处于相对被动的地位。

10年之后，商业银行的发展方式和经营思路发生巨变，从以产品和销售为中心，真正转向以用户为中心。客户的需求被放在更重要的位置上，而能否提供更好的客户体验成为双方合作的关键因素。

从这个角度来看，银行的产品观已经悄然发生改变。无论是看得见的产品功能升级与服务迭代，还是看不见的价值观和理念都已经与以往截然不同。

近期，招商银行薪福通就是这种大变革之下的一个缩影。秉承方便、快捷和移动化的设计理念，招商银行薪福通的发票云功能可以通过拍照、扫码等方式，通过微信、邮箱等渠道录入发票信息，对接发票核验系统自动进行发票查验，还可实时监控发票使用状态，这样一来大大减轻了财务人员的工作压力，让工作效率大幅提高。

为了更好地适应企业需要，招商银行薪福通发票云致力于打造全方位企业发票数字化服务，现为企业量身推出适合轻量级报销的"群收票"功能。具体来说，收票二维码支持设置票种、开票时间范围、是否收取原件等，规则灵活设置。全票种支持增值税电子发票、增值税普票专票、火车票、飞机行程单等等，发票采集自动核验真伪，系统还能进行自动防重复检查，为企业带来更便捷的报销收票服务。

随着增值税电子发票电子化报销、入账、归档的推动，发票收取线上化势在必行。为了帮助企业在发票报销方面进行数字化升级，招商银行薪福通发票云能自动生成发票报表统计和代发数据，纸质发票生成结构化数据，可随时查看，更方便系统管理。这样一来，面对企业的报销工作，财务人员"月底再也不用天天加班啦"！

一、金融产品的含义

金融产品也叫金融工具，是指在信用活动中产生的能够证明资产交易、期限、价格的书面凭证，它对于债权债务双方所应承担的义务与享有的权利均有法律约束意义。

（一）金融产品称谓要看其内涵和具体情况

金融产品根据不同的使用者、不同的目的、不同的作用等，有金融产品、金融资产、金融工具和有价证券4种名字。因为它们是在金融市场可以买卖的产品，故称金融产品；因为它们有不同的功能，能达到不同的目的，如融资、避险等，故称金融工具；在资产的定性和分类中，它们属于金融类的资产，故称金融资产；它们是可以证明产权和债权债务关系的法律凭证，故称有价证券。

以股票为例，对市场而言，股票是金融产品；对发行者而言，股票是融资的工具；对交易者而言，股票是投资或投机获利的工具；对公司财务而言，股票是金融资产或有价证券。

 小知识 2.1

金融工具指的是人们可以用它们在市场中，尤其是在不同的金融市场中发挥各种"工具"作用，以期实现不同的目的。比如企业可以通过发行股票、债券达到融资的目的。股票、债券就是企业的融资工具等。强调的是运用金融产品的过程目的，强调动词效应。金融市场供求因素的变化衍生金融工具的增加，金融工具的增加就会产生不同的金融产品。它们本来就是相生相成的。

（二）金融产品给人们带来的是财富上的收益

在商品市场中，我们买卖的是有形的物品，购买商品主要是因为它们对我们有用，比如我们购买食品是因为食品可以充饥。而在金融市场中，人们交易的是金融产品，并通过金融产品的买卖实现资金的融通，购买金融产品的目的是赚更多的钱。

银行存款就是最原始、最基本的金融产品，银行作为卖方推出一年期定期存款产品，储户作为买方存入（购买）银行100万元一年期定期存款这一金融产品。在这一交易中，储户付出的代价是将自己这100万元资金未来一年的使用权交给银行，储户的收益就是到期后从银行得到的一笔利息。

 教学互动 2.1

问：举出金融产品的例子。

答：银行的一款理财产品，5万元起，至少存7个工作日，年化收益率为5%。这就是一个金融产品。

二、金融机构提供的产品其本质是服务

服务与商品最根本的不同在于服务的无形性。商品是"一个物体，一台设备，一个东

西"，而服务是"一种行为，一种性能，一种努力"。服务是无法触摸的：它们不能被看到、感觉、品尝或者接触，而有形的商品则可以，因此，如果服务很难从精神上加以领会，也就难以进行评价。

（一）金融产品与普通产品不同

（1）金融产品具有无形性。金融产品没有物理存在，尽管在金融世界中经常使用"产品"这一词汇，但并不是完全意义上的产品，股票、债券、活期存款账户可以被"生产"出来，但不可触知，你无法用双眼或双手触摸活期账户或是检查其外观，客户买同一种股票、买完全一样的保险产品得到的预期也是不同的。

（2）金融产品的质量具有不确定性。同样牌子的红酒味道和外观看起来没有什么不同，在购买一台手机时，买家不会好奇机器出自哪个工厂的工人之手。但是在金融行业，由于各部门职员为客户提供的服务千差万别，那么，客户对同一部门的服务也就会产生不同的感受。顾客在购买金融产品之后也只是获得了一种消费经历。如前往银行办理资金结算业务的顾客，只有到服务结束才能完全感知服务质量。

 教学互动 2.2

问：举例说明无形性服务与实体产品的不同。

答：与在实体店亲自试用手机不同，服务一般是没有办法部分试用的。如2018年8月14日，国航A350大型客机从北京到上海首航，要想体验这个服务需要购票，旅程结束方可形成对服务的评价。

（3）金融产品具有易消失性。在购物中心夏季依然销售羽绒服，因为产品具有可库存性（商家可以打折销售）。服务则不同，当保险经纪人工作一天却没有顾客时，当天的服务机会就永远消失，无法保存。所以，服务行业里顾客忠诚度十分重要，以营销手段建立情感联结及信任，服务企业可增加顾客黏性，确保服务需求的连续性，从而抵御服务易消失性的影响。

（4）金融产品与服务是一个不可分割的有机整体。由于服务是过程化的或者是被体验的，从而导致了其不可分割性，服务是消费者与供应者合作产生的一种效果，由于生产与消费基本上同时进行，只有顾客亲自到服务场所或金融机构员工到顾客家中与顾客接触，顾客才能接受与体验服务。如办理现金存款业务的顾客，需要把现金带到营业网点并按规定填写存款凭条，服务人员经过清点现金、审核单据、签发存单等程序后将存单交给顾客，整个服务过程才结束。

（二）金融服务与服务营销的联系与区别

金融服务是服务的一个分支，其关系就好像胎儿与母体的关系一样，胎儿既承传了母体相同的DNA，又同时具有自己的特征。

（1）同一行业的各金融机构所提供的服务是同质的。同一个人做同一道菜，做的味道会不一样；每个设计师都有自己的风格，同样的材质由不同人设计搭配会出不同的效果。而相对于其他种类的服务行业而言，在客户看来，同一行业的不同金融机构所提供的服务是同质的，利率、汇率都一样，在哪里办理业务的机会成本基本上都是相同的，他们选择金融机构的标准是基于便利原则。这导致了两个后果，从金融机构的角度来看，它提出了如何处理非标准化的问题；从客户的角度来看，它增加了购买金融产品的不确定性。

 小知识2.2

金融服务业不完全像服务业。因此，金融服务业的分支机构数量就需要庞大的销售网络。像中国银行，它的分支机构遍及海内外，在国内，从总行到各省的分行，到城市的各大支行，再到支行下辖的营业网点，一级一级呈金字塔式分布。银联的出现、证券公司和保险公司的跨地区客户服务、POS终端销售系统、ATM自动提款机、自助银行、网上银行的普及，都是为了满足客户对金融服务随时随地的要求。因此，金融服务营销不仅比其他服务行业需要更多的网点支持，而且还需要更广泛的科技应用，以此来构成强大的客户服务系统。

（2）金融服务具有互动性。金融服务不仅仅是一次性的买卖，而是在长时间内一系列的双向交易，如对账、处理账务、拜访分支机构、使用自动提款机等。这种互动的交互方式使得金融机构能够收集到关于消费者账户余额、账户使用、储蓄和贷款行为、信用卡购买、储蓄频率等有价值的信息。

（3）金融产品有更强的复杂性、专业性。相对于一般的服务产品（比如航空旅行），普通消费者缺乏金融专业知识，需要更多的市场教育。因此，在服务营销中，内容的重要性不可忽视。内容的易懂性及趣味性，是消除消费者对金融产品的神秘感，促进购买的关键。

理发师剪出的难看造型，熬两个月就过去了，但一次失败的投资可能意味着家庭财务的崩溃。所以用户的购买选择会比较谨慎，对服务质量及效果更加挑剔。在营销中，金融产品对消费者有更重大的影响力，金融企业需要传达出权威性和极高的可信度。

三、金融产品质量的判断标准

跟其他商品一样，金融产品也存在质量的问题。判断一个金融产品的质量优劣可以从质量指标和适宜指标两方面来考虑。质量指标用于衡量一个金融产品本身的内在属性的优劣，适宜指标用于衡量一个金融产品对于特定的投资者的适宜程度。

（一）金融产品的质量指标

（1）收益率。收益率是金融产品的核心要素，也叫回报率。它表示该产品给其持有者带来的收入与其投资的比率。

投资者的目的在于取得收益，收益率在金融产品质量指标中的重要地位是不言而喻的。在其他条件相同的情况下，金融产品的收益率越高，其质量越好，越受投资者的欢迎。但是，需要强调"在其他条件相同的情况下"这一前提条件，这是因为在现实中，收益率高的金融产品，在其他方面的条件都往往比较差。因此，投资者不能贪图高收益而忽略金融产品的其他条件。

（2）风险。金融产品的投资风险是由于对未来的不确定性而产生的预期收益损失的可能性。

小知识2.3

所有金融产品都是有风险的，这个风险就是你买了这个金融产品，可能赚不了钱，甚至亏损。但是，有些金融产品的风险比较小，如银行存款、国债等；而有些风险比较大，如股票、期权、期货等。

1年期的银行存款与10年期的银行存款都是金融产品，但是1年期存款的风险就比10年期存款的风险小，因为10年以后银行可能倒闭，而银行倒闭后存款就没了，这就是风险。在回报率一样的情况下，应该买风险小的金融产品，所以，如果1年期的银行存款与十年期的银行存款利率都是10%，当然应该买1年期。

在金融活动中，收益显然是以风险作为代价的。要获取高的收益，就必须承受高的风险，高收益必然伴随有高风险。但是，这并不是说一个高风险的金融产品肯定可以给其持有者带来高收益。高风险意味着损失的可能性大，或者潜在的损失额大，或者两者兼而有之。在其他条件相同的情况下，金融产品的风险越小，质量越好；风险越大，质量越差。因此，如果有两个金融产品的收益率相等，风险低的应当是优先考虑的投资对象。

（3）公开性。公开性是指金融产品发行企业的信息公开性。如果一个企业向社会提供的信息不完全，那么它的金融产品的质量是会受到影响的。

例如，有的现金贷借款利率只有 20%，但是它们还要收取手续费、服务费等杂七杂八的费用，把这些费用加起来后，借款利率能达到 100%，甚至 500%。这些隐性费用就是不透明的。

（4）流动性。对金融产品的交易来说，流动性是影响决策的重要因素。这是因为，人们在购买某种金融产品时，是期望在未来进行逆交换（向该金融产品的出售者要求兑付，或出售该金融产品）时可以得到更多的货币收益。而如果逆交换的对方到时不能履行，而且购买者也难以向其他投资者"转售"该产品，则该金融产品便丧失了流动性。

对一般金融产品，流动性是买入或卖出该产品的便利程度和对市场买卖条件的冲击程度。

如果一个金融产品的每日成交量很大，任何投资者想买都能买到，想卖都能卖出，并且，这一金融产品的市场价格不因其买卖活动而发生大的波动，那么，这一金融产品的流动性就好。如果一个金融产品每天的成交量很小，投资者想买而找不到卖主，想卖而找不到买主，并且买的时候会大幅度地推动价格上涨，卖的时候导致价格大幅度下跌，那么，这样的金融产品的流动性便不好。金融产品的流动性的大小可用为交易本身所支付费用的大小来衡量。所付费用越大，其流动性越小；所付费用越小，其流动性越大。

（二）金融产品的适宜指标

一个金融产品的本质特征在于其风险与收益的关系，在金融产品的适宜性选择上，经常作为投资者考虑的因素也是其风险与收益的关系。因此，金融产品的适宜性除了产品本身的特性，还要考虑的是投资者特性。

（1）投资者的风险偏好。选择金融产品时的特性主要有投资者的风险偏好。有一些投资者倾向于本金的保值和收益的稳定，他们强调规避风险，因而通常投资于国债、高等级公司债等。一些投资者在重视本金保值的同时追求较高的收益，他们有着承受一定程度风险的准备和能力，但不愿意冒高风险，因而通常投资于股票、中等级公司债等。还有一些投资者特别强调在运作中获得高额收益，他们勇于冒险，甚至损失本金也在所不惜。因此，通常投资于期货、期权、低等级证券。

视野拓展 2.1
招银理财旗下的
理财产品系列

（2）具体构成要素的适宜。金融产品的适宜性也包括其具体构成要素的适宜。如果一个投资者无法在技术上运用某一金融产品，那么，即使这一产品对别人很适宜，但是对他也是没有用的。

教学互动 2.3

2021 年 1 月 15 日，银保监会、人民银行联合印发《关于规范商业银行通过互联网开展个人存款业务有关事项的通知》。具体来看，该通知明确要求商业银行依法合规通过互联网开展存款业务，不得通过非自营网络平台开展定期存款和定活两便存款业务。

问：自营网络平台和非自营网络平台指哪些？

答：自营网络平台是指商业银行根据业务需要，依法设立的独立运营、享有完整数据权限的网络平台。除了商业银行自己设立的比如官网、App 等渠道，其余的都是非自营网络平台，比如支付宝、京东金融客户端等。

四、合法金融产品和合法金融交易

合法性原则是判别金融交易和金融产品是否可以参与的首要标准，换言之，非法的金融产品和交易都不能参与。正规合法的金融产品有下列特征：

（一）交易的经纪机构或者金融产品的管理人是所谓持牌金融机构

这些机构的成立经过金融监管机构甚至是国务院的审批，发给相应的许可证，主要有银保监会监管的银行、信用社、信托公司、保险公司，证监会监管的证券公司、基金公司、基金子公司等。

视野拓展 2.2
不可参与的金融交易
和金融产品的特征

至于在中国证券投资基金协会注册的私募管理人机构，由于协会事实上根据中国证监会的授权对私募机构取得了监管权，且私募产品按照要求也必须登记注册，如另安排有金融机构托管的，一般情况下也是合法合规运营的。但有例外的是，在中基协注册的产品，有所谓的"其他类基金"，其中有债权类基金，实际上就是集资贷款。这类从事贷款业务的基金，风险很大，只适合类似银行、机构以自有资金出资投资，不适合一般投资人投资。如果这类基金面向社会小散投资人募集资金，则可以被认定为不可参与。

（二）交易平台是由国务院审批或者由三大监管机构审批并监管的交易所

这类合法平台主要有三大证券交易，一个黄金交易所，五大商品和期货交易所。

（1）证券交易，包括上海证券交易所、深圳证券交易所、股转系统（新三板）。

（2）贵金属交易，指上海黄金交易所。除了上海黄金交易所，其他的贵金属交易所几乎都是地方政府审批的，只有天津贵金属交易所情况例外。天津贵金属交易所是根据国务院关于《推进滨海新区开发开放有关问题的意见》的政策精神，经天津市政府批准成立的。

（3）商品和期货交易所。真正经过国务院批准的期货交易所只有 4 家：上海期货交易所、郑州商品期货交易所、大连商品交易所、中国金融期货交易所。上海国际能源交易中心是由中国证监会批准，由上海期货交易所出资设立的面向全球投资者的国际性交易场所。

第二节　金融产品体系

情境导入 2.2

花旗从 20 世纪 70 年代正式引入营销，率先从消费品公司的领袖宝洁引入营销经理制，树立起营销理念。在金融产品创新的基础上，寻找新的竞争武器，如进行市场细分，为不同的目标市场提供不同的产品，花旗银行能提供多达 500 种金融产品给顾客。花旗服务已如同普通商品一样琳琅满目，任人选择。

1997 年，花旗与旅行者公司的合并，使花旗真正发展成为一个银行金融百货公司。在 20 世纪 90 年代的几次品牌评比中，花旗都以它卓越的金融服务位列金融业的榜首。今天，在全球金融市场步入竞争激烈的买方市场后，花旗银行更加大了它的银行服务营销力度，同时还通过对银行服务营销理念的进一步深化，将服务标准与当地的文化相结合，在加强品牌形象的统一性时，又注入了当地的语言文化，从而使花旗成为行业国际化的典范。

企业在规划产品体系的时候，意味着立刻颠覆原有格局，不应为了划分而划分，传统的管理单元亦有其存在价值。产品体系建设需要因地制宜，循序渐进，企业要在实际探索的过程中，找到适合自己的方法和节奏。有了合理的产品体系之后，企业就可以基于产品生命周期，进行精细化的投入产出分析，更好地管理财务预算和业务经营，从而在数字化时代立于不败之地。

从长期视角看，要审慎设计组织的管理单元。无论是业务创新探索，还是科技系统打造，不同的单元模块都需要有专人去思考其框架和建设，由此打造高响应力组织，从而快速应对复杂多变的市场环境。

在不同语境下，产品这个词的意思也存在差异，会引起不同的理解。在金融组织的工作场景中，高频出现的产品相关概念，包括可售产品、业务产品、数字产品、运营产品。

一、可售产品

可售产品可以被视为金融产品的最小颗粒度，通常指金融机构销售的具备金融属性的各款产品，具有在监管机构备案的产品号，比如定期存款、某款投资理财、个人住宅按揭贷款分期等。银行提供的有些服务看似无法归入产品的范畴，比如投资银行相关的债券承销、并购融资等业务，但这些交易都会在银行内部财务统计映射为一条编码，因此抽象来看，与可售产品是同样的概念。

通常在产品报备、资金户/托管户动账、财务

小知识 2.4

在售、可申请产品是可售产品的一部分，2021 年 10 月 16 日上海银行在售银行理财产品共有 5 款，平均收益率 4.20%，其中保本型产品 5 款，平均收益率 4.20%。

从产品期限来看，1～3 个月产品 3 款，平均收益率 4.07%；3～6 个月产品 1 款，平均收益率 4.40%；6 个月以上产品 1 款，平均收益率 4.40%。

记账等场景出现的"产品",就是这里所说的可售产品。可售产品的出现,主要是满足财务、售后、企业日常运作等视角下,进行精细化管理的最细颗粒度要求。

教学互动 2.4

问:什么是建行定期卡转出账户可售产品?

答:建行定期卡转出账户可售产品的意思,就是你的银行卡是可以在上面定期兑换产品的。

二、业务产品

对一个金融机构而言,可售产品的数量通常很多,为上千个可售产品设置上千个产品经理的行为,显然既不现实又不经济。因此,为了便于业务管理,需要对可售产品进行归类与抽象。

在诸多可售产品的基础上,对其进行一定程度的归类和抽象,根据不同抽象程度,可以划分出不同层次的业务产品。如果把个人贷款作为一类业务产品,它可以涵盖针对个人的所有贷款类产品。如果把个人信用贷款作为一类业务产品,它的抽象程度就比个人贷款低。因此,业务产品是分层的。

以银行产品为例,业务产品可以被理解为银行业内经常提及的"金融产品"。打个比方,某类业务产品是保温杯,归属这个范畴的可售产品就是各种形状、容量、性能的保温杯。具体在银行业务领域,就像某款针对中小微企业的融资产品,虽然对不同类型企业的利率和额度有差异,但其业务属性是一致的:都针对中小微企业,都是资产类业务,适用同一套业务流程。这些适用于同一套业务流程的产品,可以进行归集管理,也就是一类业务产品。一类业务产品适应一套业务流程,可能包含许多具体的可售产品,可售产品涉及的相关属性(如利率、额度、期限、合约等)一致,但具体赋值有所差异。图 2.1 就是业务产品的层次关系。

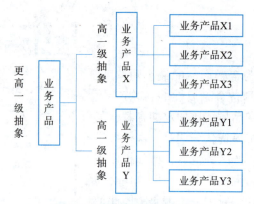

图 2.1　业务产品的层次关系

银行针对中小微企业推出的各种供应链金融产品和公司金融产品,如表 2.1 所示。

表2.1　供应链金融产品和公司金融产品

业务产品	公司金融产品	现金管理	库存现金	次一级抽象业务产品
			银企直联	
			智能存款	
		授信业务	贷款业务	
			国内信用证	
			票据业务	
		支付结算	代理收付业务	
			委托收款	
			托收承付	
	供应链金融产品	应收类产品	国内保理	
			反向保理	
			融资租赁保理	
		预付类	未来货权质押	
			保兑仓	
			先票/款后货	
		现货类产品	非标准仓单	
			现货质押	
			标准仓单	

三、数字产品

与业务产品和可售产品的视角不同，数字产品是为了支撑业务产品的销售和服务，从而进行的相关科技能力建设。

数字产品作为科技交付能力的基础单元，其管理目标是利用技术手段，持续优化业务价值交付的效率。

单个系统可以视为组成能力单元的组件。数字产品和业务产品之间，大多也是多对多的关系，不同数字产品的组合，可以支撑不同的业务产品。

举例来说，前面提到的供应链金融产品，从客户是供应链中核心企业的上游或者下游的角度，可以区分出两类业务产品。但从银行内部管理的视角看，不管是上游企业还是下游企业，对接过程大同小异，调用的是同一套科技交付能力单元。因此，我们将两类业务产品背后的能力单元，视为一款数字产品，其数字化特征体现在银行与客户的互动过程。相较于传统的线下申请、人工层层审批授信的模式，取而代之的是全流程在线操作——在线收集客户信息等相关数据，系统模型在线跑批贷款额度与利率水平，在线放款，贷前贷中贷后风控体系在线监控，等等。

再比如，被高频提及的手机银行 App，也是典型的数字产品。对内同时对接许多不同的系统，面向外部客户，提供发生业务往来的数字化平台，具备支撑业务价值快速实现的科技能力。手机银行 App 如图 2.2 所示。

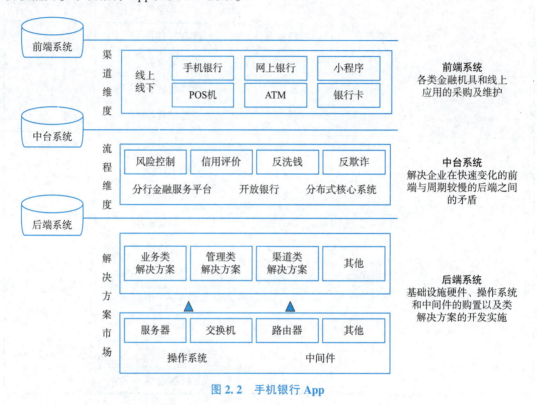

图 2.2　手机银行 App

四、运营产品

业务产品的经营，很大程度上依赖于组织内各方面的配套支持。除了数字产品之外，合规风险管理、网点厅堂服务等运营服务，我们称为运营产品。

 教学互动 2.5

问：运营产品是业务产品的运营吗？

答：运营产品和业务产品的运营，是两个不同的概念。运营产品指为业务创造共通的基础环境，独立于具体的业务产品之外。业务产品的运营，则是基于业务产品的生命周期，通过某些活动来激发产品与客户之间的良性互动，从而满足客户需要和实现业务目标，包含于业务产品的考量之内。

视野拓展 2.3
银行产品划分

运营产品的作用，主要是改善外部客户体验，同时为银行内部管理创造便利性。为了达成这个目标，需要有专门的产品经理负责其规划管理，有时也需要相关数字产品进行支撑。比如，针对厅堂服务这一运营产品，就需要考虑客户习惯，设计服务动线，并尝试运用哪些数字产品（科技能力），可以升级客户体验和管理效率。可售产品、业务产品、运营产品、数字产品的关系如表 2.2 所示。

表 2.2　可售产品、业务产品、运营产品、数字产品的关系

金融产品	产品范围
可售产品	偏财务、监管侧面的概念；精确记录客户购买的产品；数量繁多，往往有唯一产品编号
业务产品	偏业务、市场侧面的概念；从业务角度思考能力建设的单元；从市场角度思考对客宣传、营销的单元；和可售产品有一对多关系，可包含多个运营产品；数字化时代大部分业务产品需要数字产品支持运作；是可售产品的一种抽象，根据业务需要归类统计
运营产品	偏客户门店侧面的概念；支持核心业务与客户经营；不产生营收，但直接影响客户体验；部分运营产品可脱离数字产品运作
数字产品	偏科技侧面的概念；从科技角度思考能力建设的单元；用户可以是内部员工或外部客户；和业务产品可能是多对多的关系；数字产品和系统也可能是多对多的关系；越来越多的业务产品需要数字产品的支持才能完成交易

第三节　金融产品的设计和开发

 情境导入 2.3

花旗银行信用卡业务概况及产品设计特征

花旗银行在美国市场将其信用卡分为四大类，回赠型、实用型、商用型以及学生专用型。其中各类信用卡产品之下又进行细分（回赠型 20 种、实用型 5 种、商用型 6 种、学生专用型 7 种）。花旗银行在信用卡产品设计中主要表现出以下特征：

1. 花旗银行在以客户为导向的理念指导下，充分掌握市场需求，从而对产品进行细分。花旗银行充分认识到客户是银行赖以生存和发展的基础，因为客户需要银行提供质量越来越高的差异性金融产品，因此，银行要在竞争中立于不败之地，就必须用战略的眼光分析客户的潜在需求，解决客户的现实需要，并将为特定客户群体量身定做的金融产品推销给客户。花旗银行这四类信用卡产品类别体现了解决客户现实需要这一思想，回赠型信用卡持卡者持卡消费或满足某项条件便可以获得现金、商品航空旅程、回扣、红利等实质性的回馈；实用型信用卡充分考虑到重视信用卡实用价值而不重形式的客户心理；商用信用卡与学生专用卡则满足了一般客户之外的特殊客户群体（企业与学生）的需要。

2. 在产品细分的基础上注重使产品兼有其他类别的功能，扩大适应客户需求的范围。

花旗银行在对产品进行细分时，并没有使一种信用卡只具备该类别信用卡单一的特点，而是在此基础上对信用卡的功能进行复合，创造出更多的信用卡种类，满足在同类客户中再次进行细分时不同客户的需要。在产品的细分和产品的覆盖范围上做到极致，也充分体现了花旗的创新意识。例如，花旗银行礼享卡这种信用卡既属于回赠型，又属于大学生专用型；而白金、万事达、学生卡同时属于回赠型、实用型和大学生专用型。

3. 对细分的产品辅以适当的服务来满足客户需求，对市场客户群的细分就要求银行服务也随之体现差异特色服务，花旗银行对其市场定位中的不同客户群采取不同服务措施，比如，为花旗银行白金、万事达卡的持卡者提供免费网上服务，为花旗银行商务卡持卡者提供季度/年度账户需要服务。并允许持卡者为雇员申请附卡。并设置信用额度，而作为花旗银行白金卡、万事达、学生卡的学生客户，不仅可以尽早地建立自己的信用记录，同时还可以获得特别学生待遇。通过为客户提供便利性的服务，一方面为花旗银行自身的产品树立良好的品质形象，另一方面增强客户的忠诚度。

在商品市场中，厂家会不断开发并制造新的产品，推销给消费者。在金融市场中，银行、证券公司等金融机构通过金融创新，也会不断开发新的金融工具与金融产品。

我国金融产品的生产商和经销商主要有银行、证券公司、保险公司、信托公司四类金融机构，生产和经销的金融产品种类繁多。

一、金融机构营销与普通企业营销的比较

与普通企业的营销活动相比，金融机构的营销具有以下的特点：

（一）宏观环境比较严格

普通企业的营销活动只须避免不正当竞争，不触犯法律，所受到的其他限制相对较少，宏观环境比较宽松；而金融机构营销活动则受到货币信贷政策、金融业务制度以及金融监管等的限制，宏观环境比较严格。

（二）营销产品相互联动

普通企业产品的关键因素是质量和价格，而金融机构产品的关键因素则是所能提供的配套服务内容。金融机构产品的这种联动性特点使金融机构的总体协调显得尤为重要。

（三）营销渠道短而直接

普通企业产品渠道的环节一般比较多，与中间商联系较多，不直接面向最终消费者；而金融机构产品的营销渠道短而直接，一般都直接面向客户。因此，设立直接的经营机构、营业网点是金融机构以往扩大业务、占领市场通常采用的分销渠道策略。这一特点，也使得从业人员的素质直接影响到金融机构的形象。

（四）营销创新的独占性非常有限，竞争周期加快

普通企业的产品和技术创新的独占性程度由于存在法律保护而比较强。相反，金融产品和信用服务的创新因没有法律保护（金融产品专利法尚未出台）其独占性非常有限，金融机构之间可以相互模仿、采用，从而缩短了产品的市场生命周期，加剧了竞争。所以，一家金融机构若要长期维持其产品和服务特色的优势，就需要不断创新。

二、金融产品设计和开发需考虑的因素

金融机构如果利用市场上的可用机会，在短时间内按客户需求开发出简单和安全的产品，则可以提高金融机构在同行中的竞争优势，金融产品盈利能力的关键因素如下：

（一）设计目的明确

设计和开发金融产品时要考虑实现的目标。从明确的目标入手，设置金融产品的项目准则，并衡量金融产品项目的进度，以及将目的传达给项目团队和员工。目标涉及确定新的客户需求或要解决的市场挑战。

（二）设计过程简化

简化过程就是创建一种单一产品，以最简单的方式满足不同客户的不同需求，以便于客户理解和使用。

（三）设计方案安全

安全性是客户对金融产品最关注的问题之一，客户当然希望确保自己的资金和个人信息安全，因此，金融机构应该采取实现安全的各种机制，以防止未经授权访问客户端数据，避免欺诈发生。通常金融机构会与专门研究金融系统安全的第三方公司合作，以解决金融产品安全知识不足的问题。

（四）设计独特的功能

金融产品通过提供强大的功能，这些功能可以像 24 小时×7 天（提供全天候、不间断的服务）支持一样简单，也可以是收集反馈的通信渠道。使用户享受到意想不到的方便。

三、金融产品的框架图

金融市场中的金融产品五花八门，对于货币收益的需求，进一步可衍生为对收益率、流动性和风险的需求。三者结合起来形成用户最终能得到的实际收益，而三者之间是一种相互影响的关系。

购买金融产品最关注的就是风险与回报的关系，收益性、风险性和流动性是产品的 3 个特征（如图 2.3 所示），立足于金融产品的特征本身，把握共性找出个性，才能采取相应的营销策略。

流动性就是某种资产变成现金的速度，速度越快流动性越好，速度越慢流动性越差。风险性即不确定性，收益越高，风险越高（存在风险溢价）。收益性是指投资某种金融产品，在未来某时间段，可能获得收益大小的程度，收益是一种预判和推测。如何在收益率、流动性和风险之间取得平衡是金融产品设计的核心。

图 2.3 金融产品的特征

（一）收益性、风险性、流动性三者不可能同时满足

现实生活中很难找到收益高、风险小、流动性又好的产品，这就是金融产品的"不可能三角"。

能满足流动性好且低风险的，必然收益低；能满足低风险且收益好的，必然流动性

差；能满足收益且流动性好的，必然高风险。因此，市场上最终能够被投资者接受的金融产品具有以下两个方面的特征：

（1）低收益/低风险/高流动性。这种类型的金融产品，属于类固定收益率产品，比如银行理财/货币基金/债券等产品。这种金融产品的代价是牺牲"收益率"。

（2）高收益/高风险/高流动性。这种类型的金融产品，包括一级市场的天使投资/创投/风投，二级市场的各种投资，它们的高收益来自承担了高风险，可能承担很大的回撤甚至损失。这也是传统的资本资产定价模型（CPAM）中所揭示的原理，这种策略的代价是"牺牲风险"。

视野拓展 2.4
金融服务充当减少信息
不对称程度的工具

（二）金融产品设计的核心是在金融铁三角中找到平衡点

高收益往往意味着低流动性和高风险，高流动性往往意味着低收益率和高风险，高风险往往意味着高收益率和高流动性。

从资产配置的角度看，为客户进行多类资产的配置，平衡风险、收益、流动性 3 个因素才是正解。结合投资者的风险偏好和风险承受能力，合理地为客户配置一定比例的固定收益产品和结构化、股权型产品，才能更好地满足高净值客户的财富管理需求。

（1）产品收益。用户对于金融产品的根本需求在于产品所能带来的收益，多种形式的收益，如货币、实物、服务甚至心理上的奖励，取决于用户在具体场景下的需求。在购买并持有金融产品之余，投资者往往会享受到一些配套的金融服务，如理财建议、产品咨询、客服回访等。而这些服务的核心目是满足用户对产品的需求，其本身并不是最重要的，因为，金融业的本质在于撮合筹资和融资双方的需求，金融产品正是达到这一目的的手段。

（2）用户行为。对于任何用户而言，购买金融产品都必然会通过投资决策环节购买并持有金融产品。任何一款产品都可以通过其中一个或两个环节影响用户体验。对于投资决策而言，可分为价值判断和信心这两部分。

价值判断部分主要看基本面和政策面。投资者信心受投资理念和信息渠道的影响。投资理念会影响决策信息的过滤和吸收，并影响其对价值判断的作用效果；信息渠道影响信息的接受程度。

视野拓展 2.5
信息渠道分类

（3）投资者信心。投资者信心为一系列因素影响后所得到的结果，并进一步反映到投资者的投资决策中。如对房地产价格的看涨会导致楼市价格上涨，预期得到实现，从而进一步增强投资者信心，使得房地产价格进一步偏离价值判断的合理区间。

四、开发可持续金融产品的步骤

在实际业务设计的过程中，主要考虑机构本身能够提供哪些交易功能，是否能更好地管理对手的信用风险、结算风险，以及整个业务的交易成本。

（一）想法的概念化

开发新产品是一种挑战，这些挑战包括在市场中发现的差距以及内部销售人员的消费者需求或驱动力。开发新产品需要灵感，无论灵感来源是什么，都需要花费时间并想象产品将如何满足已确定的需求，并考虑目标客户是谁、现有解决方案有哪些，新产品的独特性是什么、有什么样的潜在风险以及如何解决这些问题。概念化的目的是对最终产品有清晰的认识。

（二）产品设计开发

在此阶段，需要选择最佳的项目团队与之合作，并清晰地传达产品创意。该团队可以包括财务专家、法律专业人士、战略经理和技术团队。团队的作用是将创意转化为可正常使用的产品，以合理的价格提供产品，并为业务创造足够的收入。此阶段涉及产品路线图的定义，构想的实施，测试和审查。

（三）确认本地和全球法规

金融业受到本地和国际上的各种监管。如果要开发新的跨境产品，则需要确认它既符合全球金融标准，又符合将使用该产品的国家/地区中各个地方当局定义的准则。此阶段的重要性是确保遵守有关产品适用性和利益冲突的所有法律方面的规定。

例如，在美国 FINRA（金融业监管局）中，定义了开发复杂的金融产品以保护消费者和投资者免受损失的规则。

（四）确认新产品的可操作性

此阶段涉及确认所有交易或流程都可以在新产品平台上执行，并对风险进行评估和管理，即确定此类风险的控制措施，培训公司的产品用户和检查客户沟通/报告渠道。

（五）产品注册

在开始使用新产品之前，需要在相应机构中注册新产品。注册还可能包括获得产品的许可证。注册的好处是可以防止他人窃取新产品的想法。

（六）产品营销与分销

这包括树立对产品的意识，并就新产品的可用性和好处对客户进行培训。在此阶段，准备营销内容并选择正确的营销策略以达到目标客户群至关重要。分销可能涉及选择将要出售产品的第三方，为产品定价以及确定如何补偿第三方卖方的方法。

视野拓展 2.6
基础资产与产品设计

（七）推出产品

通过新闻发布、媒体简报和社交网络以及其他可用渠道在产品发布前引起关注，以提高产品的知名度。通过清楚地解释新产品的目标、收益、可持续性和风险状况，利用发布机会吸引投资者、客户和公众。

（八）产品盈利能力和合规性审查

这涉及对各种参数的持续评估，例如，针对预期的获利能力的销售收入，预测新的威胁或风险，以确定产品的适用性或产品改进的需求。在此阶段还必须检查与运营和分销过程有关的法律合规性。合规团队也应及时了解新出现的法规，以确保产品始终不受到法律投诉。

教学互动 2.6

问：设计两个投融资产品的基本框架。

答：存款—银行—贷款，存款人获得利息，贷款人付出利息，银行获取息差；余额宝购买人—天弘基金—银行—融资人，余额宝购买人获得收益，银行付出利息，同时又收取融资人支付的融资费用获得利差。

案例透析 2.1

河北银行"个人享贷"产品亮相

河北银行"个人享贷"产品针对传统银行消费信贷业务客户提供资料多、审批流程长、客户体验度低、人工成本高等痛点，引入外部大数据、搭建网贷处理平台，建立风控等各种模型，并借助无纸化、电子签名、人脸识别等技术，实现信用类消费贷款申请、审批、合同签订、放款、还款全流程线上化，在同类型银行中具有一定的先进性。

1. 审核快——科技应用确保全流程自动化

客户仅需登录手机银行在线办理，从申请到最终资金到账最快 30 秒，全流程无任何纸质资料、无人工干预，科技应用确保快速、安全、合规。

（1）整个流程涉及行内外 10 余个系统，100 余项指标，通过设置系统交互流程、指标校验顺序、数据有效期限等，实现系统快速响应，最快 5 秒钟完成审批。

（2）所有授权书、合同文本的签订、保存均借助无纸化及 CFCA 电子签名认证实现。

（3）放款前引入人脸识别，通过引入人脸识别实现刷脸即贷，安全、合规、客户认可度高。

2. 体验好——大数据应用，实现自动化审批

"个人享贷"产品整合河北银行存量 4 款信用类消费贷款产品，分别针对 4 类不同人群。系统统一入口、统一流程，根据设置的产品调度顺序逐个调用 4 款产品审批模型，在客户无感的情况下，确定客户最终的贷款金额、期限、利率，不需要客户进行产品选择，大大提升了客户体验度。

3. 风险低——四类模型应用，兼顾风险与效率

（1）准入模型。准入模型定位于校验申请人是否符合产品准入要求，主要包含年龄校验、是否在白名单中、是否已有未结清信用贷款、未结清贷款当前状态是否逾期、是否系关系人等，任一指标不符合，则申请被拒绝，用于过滤不符合产品准入的申请人。

（2）反欺诈模型。反欺诈定位于校验申请人是否存在司法涉案、多头借贷、涉及中高风险人群等重大不良信息，指标数据来源于行内数据、行外汇法网及百融金服大数据公司，命中任一指标，则申请被拒绝，用于过滤存在重大不良信息的申请人。

（3）审批模型。审批模型主要参考申请人的年龄、学历、征信逾期情况、名下负债情况等给予打分，其中征信记录较差的直接被拒批，在预审批的最高可贷额度下计算最终可贷额度。

（4）定价模型。结合客户的资产负债情况、征信逾期情况等，执行差别化利率政策，引入定价模型，更加契合风险定价原则。

案例思考：河北银行"个人享贷"产品的亮点有哪些？

综合训练

一、概念识记

金融产品　合法性原则可售产品　业务产品　数字产品　运营产品

二、单选题

1. 在金融企业市场定位中，必须以（　　）为中心。

A. 金融企业　　　　B. 客户　　　　　C. 产品　　　　　D. 竞争对手

2. 现代银行服务营销理念的核心是以（　　）为中心。

A. 利润　　　　　　B. 银行　　　　　C. 产品　　　　　D. 客户

3. 关系营销即把营销活动看成是一个企业与消费者、供应商、分销商、竞争者、政府机构及其他公众发生互动作用的过程，其核心是（　　）。

A. 树立自我形象　　B. 建立稳定关系　C. 留住顾客　　　D. 扩大市场占有率

4. 金融企业主要的外部关系主要有与地方政府部门的关系、与金融同业之间的关系和与（　　）的关系。

A. 顾客　　　　　　B. 新闻媒体　　　C. 社会大众　　　D. 外国使者

5. 当金融企业推出新产品或有新服务举措时，应及时通报给客户，这是一种（　　）。

A. 差别维护　　　　B. 超值维护　　　C. 扩大销售　　　D. 产品跟进

6. 金融产品具有（　　）。

A. 互动性　　　　　B. 不可分割性　　C. 无形性　　　　D. 丰富性

7. （　　）期是金融产品获得利润的黄金时期。

A. 投入期　　　　　B. 成长期　　　　C. 成熟期　　　　D. 衰退期

8. 金融客户是指（　　）。

A. 金融企业的服务对象　　　　　　　B. 金融企业与投资机构

C. 金融市场的大宗客户　　　　　　　D. 金融市场的基本客户

9. 金融行业是指（　　）。

A. 商品货币关系发展的必然产物

B. 经营金融商品的特殊企业

C. 为物质资料的生产流通提供融通资金服务

D. 制定目标，充分了解客户需求的导向下才实现

10. 影响金融产品销售的主要因素是（　　）。

A. 消费者收入水平　B. 国民收入　　　C. 人均国民收入　D. 个人可支配收入

11. 构成文化的诸因素中，影响人的需求构成及对产品的评判能力的因素是（　　）。

A. 宗教信仰　　　　B. 风俗习惯　　　C. 民族特征　　　D. 知识水平

12. 用户需求设计金融产品关键的是（　　）。

A. 很多的知识和信息　　　　　　　　B. 客户的需求

C. 投资可行性　　　　　　　　　　　D. 运营可行性

13. 金融产品设计的核心部分是（　　）。

A. 收益性　　　　　　　　　　　　　B. 流动性

C. 风险性　　　　　　　　　　　　　D. 收益性、流动性和风险性取得平衡

14. 以下说法正确的是（   ）。

A. 高收益意味着低流动性和高风险   B. 高流动性意味着低收益率和高风险

C. 高风险意味着高收益率和高流动性   D. 以上都对

15. 定期存款、某款投资理财、个人住宅按揭贷款分期属于（   ）。

A. 可售产品   B. 业务产品

C. 数字产品   D. 运营产品

16. 手机银行 App 属于（   ）。

A. 可售产品   B. 业务产品

C. 数字产品   D. 运营产品

17. 合规风险管理、网点厅堂服务等运营服务属于（   ）。

A. 可售产品   B. 业务产品

C. 数字产品   D. 运营产品

18. 金融营销的主体是（   ）。

A. 金融产品   B. 金融市场   C. 金融机构   D. 金融营销

19. 金融服务产品生命周期的 4 个阶段中，销售量在（   ）达到最高。

A. 导入期   B. 成长期   C. 成熟期   D. 衰退期

20. 金融服务产品不具有（   ）特征。

A. 无形性   B. 可分割性   C. 广泛性   D. 增值性

三、多选题

1. 不管对于什么金融产品，用户的根本需求在于产品所能带来的收益，收益可以是以下（   ）形式。

A. 货币   B. 实物   C. 服务   D. 心理上的奖励

2. 金融产品的特征有（   ）。

A. 收益性   B. 风险性   C. 流动性   D. 稳定性

3. 金融产品盈利能力的关键因素有（   ）。

A. 设计目的明确   B. 设计过程简化   C. 设计方案安全   D. 设计独特的功能

4. 金融机构的营销具有以下（   ）的特点。

A. 宏观环境比较严格

B. 营销产品相互联动

C. 营销渠道短而直接

D. 营销创新的独占性非常有限，竞争周期加快

5. 金融产品体系包括（   ）。

A. 可售产品   B. 业务产品   C. 数字产品   D. 运营产品

6. 金融产品的特性有（   ）。

A. 金融产品具有无形性

B. 金融产品的质量具有不确定性

C. 金融产品具有易消失性

D. 金融产品与服务是一个不可分割的有机整体

7. 以下说法正确的有（   ）。

A. 它们是在金融市场可以买卖的产品，故称金融产品

B. 它们有不同的功能，能达到不同的目的，故称金融资产

C. 它们是可以证明产权和债权债务关系的法律凭证，故称有价证券

D. 以上说法都不对

8. 客户购买某一金融产品的总成本包括（   ）。

A. 货币成本   B. 时间成本

C. 精神成本   D. 体力成本

E. 机会成本

9. 客户购买某一金融产品的总价值包括（   ）。

A. 产品价值   B. 服务价值

C. 形象价值   D. 人员价值

E. 品牌价值

10. 金融产品与产品的不同表现在金融产品具有以下特征：（   ）。

A. 有形性   B. 不可分割性   C. 易逝性   D. 差异性

11. 金融服务的营销特点是（   ）。

A. 金融的特殊性   B. 金融的重要性

C. 金融企业的一般性   D. 不可分离性

12. 以下不属于服务文化的核心是（   ）。

A. 服务机制   B. 服务价值   C. 服务创新   D. 服务理念

13. 以下不属于金融产品品牌定位主要策略的是（   ）。

A. 根据金融产品属性和功能定位   B. 根据消费定位

C. 根据品牌定位   D. 根据信息定位

14. 以下说法错误的是（   ）。

A. 金融行业是商品货币关系发展的必然产物

B. 金融行业是经营金融商品的特殊企业

C. 金融行业为物质资料的生产流通提供融通资金服务

D. 金融行业制定目标，要在充分了解客户需求的导向下才实现

15. 以下表达错误的是（   ）。

A. 网上银行又被称为自助银行   B. 网上银行又被称为虚拟银行

C. 网上银行又被称为独立银行   D. 网上银行又被称为便捷银行

16. 以下（   ）不是网络银行提供的基础服务。

A. 各类信息   B. 在线交易   C. 新型服务   D. 网上支付系统

17. 金融服务产品生命周期的长短不取决于（   ）。

A. 金融企业的技术水平和管理水平   B. 企业对经济效益的分析

C. 国民经济的发展和科技的进步   D. 能否满足目标客户的要求

18（   ）被称为品牌四度。

A. 品牌知名度   B. 品牌认知度

C. 品牌美誉度   D. 品牌忠诚度

E. 品牌好感度

19. 金融服务失误的原因可能包括（　　　　）。

A. 服务质量在不同时间存在差距

B. 客户参与失效

C. 不满意客户中"坏口碑"的形成与传播

D. 随机因素

E. 服务质量在不同员工之间存在差距

20. 网络金融是以网络空间中的货币形式作为交易媒介和管理对象所进行的各种信用活动、金融交易及风险管理活动。包括：（　　　　）。

A. 网上银行   B. 网上证券   C. 网上结算   D. 网上支付

四、判断题

1. 金融服务的无形性可能比一般服务业（如酒店、航空）更加突出。   （　　　）

2. 购买一项服务，如理财咨询，服务业者的素质和服务产品本身（如理财产品的回报），几乎同等重要。   （　　　）

3. 收益性、风险性、流动性三者不可能同时满足。   （　　　）

4. 金融服务产品是指金融市场上交易的对象，即各种金融工具。   （　　　）

5. 金融服务新产品的开发策略有：产品扩充型开发策略、产品差异型开发策略以及提高金融产品竞争力策略。   （　　　）

6. 金融营销具有营销客体的无形性、金融产品的可储存性、交易的持续性、买卖双重营销等特点。   （　　　）

7. 发展中国家某些地区市场也可能对金融产品和服务需求很大。   （　　　）

8. 服务产品的生产依赖于服务人员的参与，但服务人员和服务产品是两个独立的个体。

   （　　　）

9. 金融企业品牌推广主要通过人员推广、广告、公共关系、公共宣传等方式及其组合来推动。（　　　）

10. 知识水平高的地区，复杂的金融产品会有很好的销路。   （　　　）

11. 在我国，金融企业之间的各类服务存在很大的雷同性，在竞争日趋激烈的前提下，"增值"服务便成为品牌竞争的核心内容。   （　　　）

12. 金融品牌营销，就是指金融机构通过对金融产品的品牌的创立、塑造，树立品牌形象，以利于在金融市场的竞争。   （　　　）

13. 品牌美誉度是品牌力的组成部分之一，它是市场中人们对某一品牌的好感和信任程度。   （　　　）

14. 一个品牌最持久的含义应该是它的价值、个性和文化，它们确立了品牌的基础。

   （　　　）

15. 对于金融营销人员来说，经营活动必须适合当地的文化和传统习惯，才能得到当地人的认可，金融产品才能被人们所接受。   （　　　）

16. 银行向客户提供差异化服务就是要在服务态度上区分好坏。   （　　　）

17. 银行客户经理在积极营销银行产品和服务的同时，作为银行风险管理工作的重要参与者，还负有一定的风险防范和控制的职责。　　　　　　　　　　（　　）

18. 在与客户签订完合作协议后，银行客户经理的服务营销工作就结束了。　（　　）

19. 销售出去的银行产品和服务，客户不会操作和银行没有关系。　　　（　　）

20. 金融产品与普通产品的相同之处表现在金融产品具有有形性、易逝性、差异性的特征。　　　　　　　　　　　　　　　　　　　　　　　　　　（　　）

五、简答题

1. 金融产品与普通产品的不同有哪些？

2. 金融服务与服务营销的联系与区别有哪些？

六、实战演练

金融机构如何设计一款融资投资金融产品？

学习目标

【职业知识】

掌握金融产品定价的特点及目标；了解金融产品定价模型

【职业能力】

会对金融信用风险计量

【职业素养】

细心严谨具有风险意识

第一节　金融产品定价的特点及目标

 情境导入 3.1

日本寿险产品原价公开引争议

寿险产品原价公开，行业内部不满四起

寿险产品的价格是如何计算出来的？所有寿险公司都将其作为该公司的一种企业核心机密从不向外界公开，因为寿险产品的原价计算方式一旦公开，该寿险公司的经营手法和赚取的利润将一览无遗，既为世人所共知，也为同行所知悉，对公司的经营将带来极为不利的影响。而各国的监管机构在制定企业信息披露或公开的法律和行政规定时，一般不要求寿险公司向社会公开自己的企业核心机密。

日本寿险界在寿险产品价格原价计算方面，在既无金融监管当局的要求，也无相关的法律法规之下，谁也不愿将自己的核心机密向社会公开。原本一直相安无事，但最近却发生了一件引爆寿险业界的事，那就是日本一家寿险公司通过网络，向社会公开了该寿险公司所销售的寿险产品的原价。此事轰动了日本寿险界。虽说，这仅仅是少数寿险公司的行为，但是这种公开产品原价的做法，将寿险界长期的企业经营的老底向社会公开了。因为，尽管各家寿险公司各有所长，运用自己的智慧来经营寿险，会有自己企业的诀窍，但是，各家寿险公司的经营方法并非风马牛不相及，寿险经营的基本理念和原理相同，寿险产品的风险预测与费率计算的方式也大致相同，因此，虽说公开的是自家的寿险产品的原价，但等于将整个行业的机密向社会公开，这引起了许多业界人士的不满。

寿险产品原价揭秘，公司挣钱秘法曝光

投保人（消费者）所缴纳的寿险保费，其实在寿险经营中将其分为两个部分。一部分被称为"纯保费"，另一部分被称为"附加保费"。第一，"纯保费"是将来有可能支付给保险金受益人的那部分储备用的费用。其实，这部分是和投保方将来的保障真正有联系的部分。"附加保费"的部分，实际上是使用于保险公司经营费用开支的部分。其中包含，保险营销员的营销费用，保险代理等中介公司的代理费用，以及保险公司的一部分收益在内。

由于在寿险行业内"纯保费"的费率的计算方式大致相同，因此，各家寿险公司所设定的费率并无大的差异。问题就在"附加保费"之中。来自行业内部的信息认为，各家寿险公司的"附加保费"的费率可以说是大相径庭。高低的差距可以达到数倍。

这种差异可以通过以下的一个实例进行说明。

例：30 岁男性，加入以死亡保险金 3 000 万日元的 10 年期的定期保险。

甲大型寿险公司的保费为每年 8 万日元，其中纯保费为 3 万日元，附加保费为 5 万日元。

乙网络型寿险公司的保费为每年 4 万日元，其中纯保费为 3 万日元，附加保费为 1 万日元。因其无保险营销员进行营销，公司经营的成本大幅度下降，附加保费用于公司经营的费用大大下降，因此，该公司的附加保费可以是甲公司的 20%。

由此可见，寿险公司经营中如何核算成本的秘密一旦公开，消费者就会掌握保险公司之间的价格差异，从而在保障内容相同的情况下，自然会选择"价廉物美"的产品，而不会去走高端路线，故意送钱给价格高的保险公司。

因此，寿险产品原价的公开，是将大型寿险公司如何挣钱的秘密向社会公开，而原价低的寿险公司在市场价格竞争中，会得到广大消费者的支持，导致大型寿险公司将来在竞争激烈的销售市场中将处于不利地位。正因为如此，一般寿险产品的原价向社会公开后，才引发了许多寿险公司和一些业内专家的反对。

金融产品定价是指金融机构在某个时刻将金融产品对于客户的价值及时地用货币表现出来。定价是价值创造的核心环节，金融产品的定价将直接关系到产品的销售成败与金融机构的利润高低。不同的金融机构所提供的产品不同，但不同金融产品在制定价格上遵循基本的原理。

金融产品是可以进行公开交易或兑现的非实物资产，具有经济价值，就是说，金融产品就是金融市场的买卖对象，供求双方通过市场竞争原则，形成金融产品的价格，最终完成交易，达到资金融通的目的。

金融产品的价格波动规律，与经济学的价格波动规律，本质上是一致的，都是价格围绕价值上下波动，也就是价值规律，或者说是均值回归，但在定价方式上二者有不同。

一、金融产品定价的特点

金融产品（如股票/期货/外汇/期权/CFD 等）的价格或波动幅度等盈利关键指标，受很多因素影响综合而成，具有多样性和特殊性。

（一）金融产品的价格因金融产品的不同而有着不同的名目

价格是金融产品的核心要素，金融产品种类的繁多决定了其价格形式的多样性，在金融产品的价格上，区分票面价格和市场价格，由金融企业收取的和非金融企业收取的两大类。

1. 票面价格和市场价格

（1）票面价格。票面价格是合同中规定的名义价格。债券的票面价格通常相当于本金，与票面利息率一起构成每期利息额的依据。股票的票面价格在企业的资产负债表中用于计算企业的注册资本额。

视野拓展 3.1

汇丰用"上海利率"

作为金融产品定价依据

（2）市场价格。市场价格是金融产品在市场上的成交价格，相当于认购者实付，发行者实收的价格。

市场价格还有一级市场价格和二级市场价格的区分。一级市场的价格和票面价格有一定的联系。如债券的票面价格与市场价格之间的关系取决于票面利率与市场利率的差别、债券的偿还方式、债券的偿还期限长短等因素。但在二级市场上，市场价格的变动不再受票面价格的限制。

2. 金融企业的定价和非金融企业的定价

（1）金融企业的定价。金融企业向顾客收取的费用表现为利息、手续费、保险费、股票佣金等。

① 利息。利息是指金融机构向贷款人借出资金而获得报酬，是金融机构尤其是银行利润的主要来源之一。

② 手续费。手续费是指金融机构通过为客户办理支付结算、基金托管、咨询顾问及担保等服务而收取的费用，是金融机构满足客户需求的同时为自己创造的重要利润来源。手续费与各金融机构积极拓展的新业务、金融创新产品有较大关联。

③ 保险费。保险费是保险公司向投保人提供的为其提供保险保障而收取的费用。

④ 股票佣金。股票佣金是证券公司为客户提供股票代理买卖服务收取的费用。

（2）非金融企业的定价。在金融市场中，还存在一些与前述不同的金融产品的价格，如股票价格。

① 一级市场价格。股票的发行市场被称为一级市场，股票的发行对于企业而言是一次性行为。由于企业的股票是由企业而不是由证券公司提供的，因此股票在公开发行时，投资者认购股票的资金并非进入证券公司的口袋。证券公司在其中起到的作用是帮助企业发行股票。对证券公司来说，在此过程中的顾客是即将上市的企业，因此，证券公

 小知识 3.1

金融产品定价与普通商品定价最核心的区别在于前者主要是针对风险的定价，后者主要是针对价值的定价。从交易属性上来讲，金融产品交易是就标的资产的损益权进行交换，普通商品交易是就商品的所有权、使用权进行的交易，标的资产的损益是存在波动的，而商品的使用权是确定的。对于风险资产的定价主要的方法是运用预期未来现金流贴现的方法，普通商品的定价则可采用特征价格模型，针对每一部分的特征进行隐含价格定价，再进行综合。

司是对企业进行收费。尽管证券公司对企业的收费往往与股票总金额挂钩（按股票总金额的一定百分比收取），但股票发行所获资金却并非归证券公司所有。

② 二级市场价格。二级市场是指流通市场，即对已发行股票进行买卖交易的场所。股票的发行一经上市，就进入二级市场。投资人在流通市场根据自己的判断和需要买进和卖出股票，其交易价格由买卖双方来决定。投资人在同一天中买入股票的价格是不同的。因此，证券公司对股票的价格是没有任何影响的。不过，由于证券公司为顾客提供股票代理买卖服务，因此，证券公司会按成交金额的比例收取一定的费用，即为股票佣金。

（二）金融产品定价需考虑的因素具有特殊性

金融产品定价是一项十分复杂的系统工程，在确立定价目标之后，还必须考虑其他一系列因素，这样才能制定出符合自身目标并被市场接受的合理价格。

和其他企业相同，成本是金融企业能够为其产品设定的底价。每一项金融服务、每一种金融产品其实都包括了一定的固定成本与变动成本。一般来讲，金融产品的价格应该能够补偿其固定成本与变动成本，并要有一定的赢利空间，除非出于特殊原因考虑，比如，新产品推出时想吸引更多客户而压低价格，甚至低于成本价。其实，在后一种情况下，非盈利性产品的成本应该由其他产品的利润来弥补。总之，成本的测定对于合理定价具有十分重要的意义。除此之外，一般来说，金融企业定价所要考虑的主要因素如下（以银行理财产品为例）。

1. 期限

每一款产品都会有一个期限，这个期限对银行来说就是封存期，对于购买者来说就是赎回期。假如你买了一款产品，产品规定 3 年后你才可以赎回，这个 3 年就是期限。

期限与收益率、认购门槛密切相关。银行在设计产品时对于期限的考虑一般分为短期、中期、长期。短期一般有 7、14、30、60 天不等，中期一般 1~3 年，长期的在 3 年以上。通常是期限越长，收益率越高。

2. 利率（预期收益率）

利率是金融机构收取利息与借出资金的比例。对于银行来说，你购买产品，银行需要付给你收益，这个收益就是资金的使用价格即利率。也就是你购买产品，银行使用你的资金，所以银行需要付给你利息。对于你来说，就是预期收益率。假如你购买产品的时候，你预期收益 5%，正好有款产品的收益率就是 5%，那就满足了你的需求。

视野拓展 3.2
贷款市场
报价利率（LPR）

当然银行在设计产品收益率的时候考虑的因素非常多，还涉及很多计算模型。（见本章第二节）

视野拓展 3.3
阿尔巴尼亚的
高息揽储危机

3. 金额（产品的价值、认购门槛）

金融产品面值，简单地说就是在认购时最低的金额。比如，认购每份是 1 万元，收益率 5%，那你就可以认为这款产品最基本的价值就是 1 万元，你赎回时银行给你 10 000+10 000×5%＝10 500（元），不考虑期限的情况下，多出的 500 元就是超过产品面值的收益部分。所以，金融产品在定价的时候会考虑好认购起点和期限的问题，也就是要考虑这款产品最基本的价值问题，不能太低，也不能太高。如果基本的价值太高的话，就会设定相对应的期限。对金融机构来说，高的认购起点能带来一些高净值客户，遵循二八定律，金融机构只要维护好这部分 20% 的高净值客户，就能创造出 80% 的利润。

4. 客户

客户最终决定着金融产品的定价是否正确。金融企业的经营活动必须以客户为中心，金融产品的定价更要注重客户因素。反映客户需求变动对价格变化的灵敏程度的量化指标是客户需求的价格弹性，它从数量上反映了价格变动所引起的需求量的变化程度。如果客户需求的价格弹性小，说明客户对产品的价格变动反应不强烈，需求量的变动幅度小于价格变动的幅度，金融企业对产品提价能够增加收入；如果价格弹性较大，表明客户对产品的价格变化比较敏感，需求量的变动幅度超过价格的变动幅度，此时，金融企业降价会因需求量增加而使总收入增加。不同的客户对价格的敏感程度是不同的，如低收入的客户对价格变化就比较敏感，对于这类客户，金融机构就要推出一些价格低廉、风险较小的产品；而收入水平高的客户一般对金融产品价格变动的反应就不如前者明显，这类客户往往更看重服务的质量和效果。因此，在了解产品成本的基础上掌握客户需求对合理制定价格非常重要。

二、证券投资收益率

金融产品获取收益的方式主要有两种：一是"利息和分红收益"，比如，一个银行理财产品投资了股票，股票如果分红就会给理财产品贡献收益；如果投资了债券，那么，债券付利息也会给理财产品贡献收益。这就好比你投资一只小母鸡，长大以后下的蛋就可以理解为"利息和分红收益"。二是"价差收益"，比如，一个银行理财产品投资了茅台的股票，买入的时候茅台股价 1 000 元，涨到 2 000 元的时候卖了，那么，这个理财产品在茅台股票上就赚了 100% 的价差收益。如你投资一只小母鸡，长大之后卖掉，中间赚的钱就是"价差收益"。

视野拓展 3.4
证券投资收益

一般来说，低风险的金融产品主要靠"分红和利息"收益来赚钱，高风险的金融产品主要靠"价差收益"来赚钱。

证券投资收益的计算方法有两种：一是单利法，二是复利法。西方各国银行多采用复利计算法，我国银行则采用单利计算法。

（一）债券收益率的衡量指标

债券收益率的衡量指标有票面收益率、本期（直接）收益率、持有期收益率、到期收益率等，这些收益率分别反映了投资者在不同买卖价格和持有年限情况下的实际收益水平。

1. 票面收益率

票面收益率又称名义收益率或票息率，指债券票面上注明或发行时规定的利率，即年利息收入与债券面额之比率。投资者如果将按面额发行的债券持有至期满，则所获得的投资收益率与票面收益率应该是一致的。

票面收益率只适用于投资者按票面金额买入债券持有直至期满并按票面金额偿还本金这种情况，它没有反映债券发行价格可能与票面金额不一致的情形，也没有考虑投资者中途卖出债券的可能性。

例如，一张面值100元的2014年国债，期限2年，票面利率为13%，到期利随本清。这样，债券的名义收益率就是13%。

由于债券的市场价格随着时间的推移经常会发生变化，受通货膨胀等因素的影响，其实际收益率往往与名义收益率有很大的差异，通常情况下是实际收益率低于名义收益率。

2. 本期收益率

本期收益率也称债券即期收益率、当前收益率、直接收益率，指的是债券的年利息收入与买入债券的实际价格之比率。由于买入时间不同，债券的买入价格可以是发行价格，也可以是流通市场上的当期交易价格，它可能等于债券面额，也可能高于或低于债券面额。

公式：直接收益率=票面金额×票面利率/实际买入价格×100%

例如，某债券面额为1 000元，票面利率为5%，投资者以950元的价格从市场购得，则投资者可获得的直接收益率为：（1 000×5%/950）×100%，其收益率是5.26%。在本例中，投资者以低于债券面额的价格购得债券，所以其实际的收益率高于票面利率。（不考虑其他成本，以下同。）

本期收益率反映了投资者的投资成本所赢得的实际利息收益率，这对那些每年从债券投资中获取一定现金利息收入的投资者来说很有意义。本期收益率也有不足之处，它是一个静态指标，和票面收益率一样，不能全面地反映投资者的实际收益，因为它忽略了资本损益，既没有计算投资者买入价格与持有债券期满按面额偿还本金之间的差额，也没有反映买入价格与到期前出售或赎回价格之间的差额。

教学互动3.1

问：一张1 000元面值的债券，票面年利率为10%，年利息收入为100元，投资者买进市场价格为1 050元。则本期收益率是多少？

答：本期收益率=（1 000×10%/1 050）×100%=9.52%

3. 持有期收益率

持有期收益率是指买入债券后只持有一段时间，并在债券到期前将其出售而得到的收益率，它考虑到了持有债券期间的利息收入和资本损益。

公式：债券持有期间的收益率=(卖出价格−买入价格+持有期间的利息)/(买入价格×持有年限)×100%

例如，一个债券面额1 000元，期限为5年，票面利率为10%，以950的发行价向社会公开发行，这个投资者认购后持有至第三年年末以990的价格卖出，问债券持有期的收益率。

债券持有期间的收益率=(卖出价格−买入价格+持有期间的利息)/(买入价格×持有年限)×100%
=[（990−950+1000×10%×3)/（950×3)]×100%= 11.93%

持有期收益率比较充分地反映了实际收益率。但是，由于出售价格只有在投资者实际出售债券时才能确定，是一个事后衡量指标，在事前进行投资决策时只能主观预测出售价格，因此，这个指标在作为投资决策的参考时，具有很强的主观性。

教学互动 3.2

问：某银行于 1 月 1 日认购了一张债券，价格为 900 元，面值为 1 000 元，期限是 5 年，票面利率为 5%。第三年年末该银行以 960 元的价格卖出，则该债券的持有期收益率是多少？

答：持有期收益率=[（960−900+1 000×5%×3）/（900×3）]×100%=7.78%

4. 到期收益率

货币是具有时间价值的，假设我们认为其每年应产生 5% 的收益，那么，100 元钱 1 年后的价值应为 105，相应的，一年后的 105 元，在 5% 的贴现率下，现在的价值为 100 元。更简练的说法是，1 年后的 105 元在 5% 的贴现率下现值为 100 元。即理解为这种情况下"真实的收益率是多少"。

理解了这一点。债券的到期收益率就很好懂了。债券到期收益率即为使持有到期债券未来产生的所有现金流的现值之和等于其购买价格的这个贴现率。

例如，一张债券面值 1 000，息票率 8%，年付息 1 次，还有 3 年到期，现价为 861。则可据上述定义，有如下关系：

$861=8/(1+r)+8/(1+r)^2+8/(1+r)^3+1\,000/(1+r)^3$。解出 $r=6\%$，这就是到期收益率。

到期收益率是指银行在二级市场上买进二手债券后，一直持有到该债券期满时取得实际利息后的收益率。该指标是银行决定将债券在到期前卖掉还是一直持有到期日的主要分析指标。

公式：到期收益率=[（到期利息总额+债券面值−债券买入价)/买入价×持有年数]×100%

例如，一张面值为 1 000 元的债券，2015 年 1 月 1 日发行，期限是 5 年，票面年利率为 10%，银行于发行后第二年 2016 年 1 月 1 日买入，买入价格为 960 元，则到期收益率为：

[（1 000×10%×4+1 000−950)/960×4]×100%=11.46%

以上公式适用于单利计息债券的收益率计算，如果是采用复利计息的债券，通常要采用现值法。

（二）股票投资收益率的衡量指标

1. 股票收益的来源及影响因素

股票收益是指投资者从购入股票开始到出售股票为止的整个持有期间的收入，由股利和资本利得两方面组成。股票收益主要取决于股份公司的经营业绩和股票市场的价格变化，但与投资者的经验与技巧也有一定关系。

2. 股票收益率的计算

股票的收益率来源于股息或红利、市场买卖价差和股票增值 3 个方面。

实际收益以股息（或红利）和市场价差为主，股票增值来源于企业历年分配结余和伴随物价上涨使企业原有资产升值的部分。

（1）股票价格。由于投资者身份不同，人们对银行利率影响投资价格的看法也不同。一般个人投资者往往用同期银行存款利率去评价股价的高低并决定是否投资。

如果经测算，银行存款所获利息可以高于或等于股票投资所获股息，那么，投资者选择银行存款，因为，存款的偿还性和风险性大大低于股票。而银行进行证券投资则要看贷款利率，如果贷款利率大大高于证券投资，银行则可能放弃或减少证券投资的数量。

例如，已知银行现行一年期放款利率为14%，某公司股票年红利水平为15%，则该股票价格为(15%×100)/14%＝107(元)。

如果银行利率（贷款利率）调整为16%，则该股票的价格为(15%×100)/16%＝93(元)。

如果利率（贷款利率）降低到11%，则该股票价格为(15%×100)/11%＝136(元)。如此时股票价格超过136元，银行则应放弃购买，如低于136元，则将有利可图。

（2）市盈率。市盈率是指某种股票市价与该种股票上年每股税后利润（红利）的比率。这是银行确定是否投资的一个重要参考指标。

$$市盈率＝股票每股市价/每股税后利润$$

股票市盈率是个倍数，其高低对投资者的影响不同。市盈率高，倍数大，意味着股票的实际收益较低，不适宜长期投资。但市盈率高又反映了投资者对该股票投资的前景抱有信心，并愿意为此而付出更多的资金，意味着该股票的市场价格将呈进一步上涨趋势，短期投资可望获取较大收益。但市盈率过高，也意味着投资风险的进一步加大，以稳健经营为特征的银行不宜购买。

（3）股票的收益率。任何一项投资，投资者最为关心的就是收益率，收益率越高获利越多，收益率越低获利越少。投资者正是通过收益率的对比，来选择最有利的投资方式的。银行从事证券投资的目的是为了保持银行经营的流动性和盈利性。因此，除了保留一部分信誉可靠的国债做长期投资外，银行也十分重视股票短期价格的涨落变化，力求通过机会和时间的选择，低买高卖，赚取投资差收益。

股票收益率是指收益占投资的比例，一般以百分比表示。其计算公式为：

$$收益率＝[（股息+卖出价格-买进价格）/买进价格]×100\%$$

例如，一位获得收入收益的投资者，花8 000元买进1 000股某公司股票，一年中分得股息800元（每股0.8元），则：

$$收益率＝[（800+0-0）/8 000]×100\%＝10\%$$

一位获得资本得利的投资者，一年中经过多次买进卖出，共买进30 000元，共卖出45 000元，则：

$$收益率＝[（0+45 000-30 000）/30 000]×100\%＝50\%$$

 教学互动3.3

问：一位投资者为收入收益与资本得利兼得者，他花6 000元买进某公司股票1 000股，一年内分得股息400元（每股0.4元），一年后以每股8.5元卖出，共卖得8 500元，那么，他的收益率是多少？

答：收益率＝（400+8 500-6 000）/6 000×100%＝48%

三、金融产品定价的目标

金融机构产品定价的目标是指通过对自己所经营的金融产品和业务制定相应水平的价格，并凭借价格所产生的效用而达到的预期目标。金融产品的定价目标是金融机构营销目标体系中的具体目标之一。当金融机构的营销目标确定以后，产品定价目标会作为营销组合目标而具体分解到各个不同的金融产品价格上，因此，其必须服从于金融营销的总目标，同时也要和其他营销目标相协调。根据经营条件的不同，金融机构的产品定价目标大致可分为以下几种：

（一）追求利润最大化的定价目标

作为微观经营金融产品和金融服务的金融机构，利润最大化，即在一定时期内获得尽可能多的盈利总额，成为其在营销活动中追求的首要目标，这也是维持金融机构生存和发展的前提条件。但是，由于金融产品具有同质性、易于仿效性、价格统一性等特点，致使金融机构所追求的利润最大化可能并不是通过制定最高售价来实现的，而可能是通过制定合理的价格及合理定位的优质服务所推动产生的较大的产品需求量和一定的销售规模来实现的。

（二）扩大市场份额的定价目标

市场占有率一般是指某金融机构的产品与服务在同行业市场总量中所占的比重。金融机构可以通过降低产品价格来提高和扩大产品在市场上的份额和占有率，以实现其经营目标。但是，由于金融机构及其所从事产品和业务的特性，决定了金融机构有时难以完全依靠降价手段来达到扩大市场占有率的目标。因此，对于金融机构而言，提高其金融产品和服务的市场占有率及扩大市场份额，应从充实金融机构本身的资本实力着手，提高其筹资、融资及投资的能力，建立良好的金融文化环境，优化金融产品和服务，进而提高金融机构的地位和竞争能力，从而达到提高和扩大市场份额和市场占有率，并最终达到享有长期利润最大化的目的。

（三）根据金融机构不同时期的经营特点确定具体的产品定价目标

（1）以获取一定的投资报酬率作为定价目标。金融机构的预期效益水平占其投资额的比例为金融机构的投资报酬率。以此为产品定价的目标，需要基于所期望的投资回报而定价。选择该定价目标，金融机构一般必须具备一定的优越条件，如产品或服务拥有专利权或其服务在竞争中处于主导地位等。

（2）以稳定产品价格作为定价目标。为了避免不必要的价格竞争，增加市场的安定性，处于市场领导地位的金融机构往往通过各种方式，将其价格稳定在一定的水平上。其优点在于：当市场需求发生巨变时，产品价格不至于发生大的波动，从而有利于处于领导地位的金融机构稳定地占领市场，长期为市场提供该产品或服务。

（3）以应付和防止竞争作为定价目标。这是指提供同类产品或服务的竞争性金融机构，在产品定价之前，与同业所提供的产品和服务的质量和价格进行比较分析，从有利于竞争的目标角度出发制定价格，以低于、等于或高于竞争者的价格出售其产品或服务。因此，金融机构需要明确其一定时间内的营销目标与定价目标，并采用合理的定价方式与方法，使产品定价能够为其营销服务。

第二节　金融产品定价模型

 **情境导入 3.2**

赌局的解：凯利公式如何解？为什么你永远赢不了？

为什么赌徒永远赢不了赌场呢？是因为运气不够好呢，还是因为赌场出老千呢？

其实都不是。

赌徒赢钱，靠的是菩萨保佑的运气，而赌场赢钱，靠的是客观的数学逻辑。凯利公式，就是赌场信奉的准则之一。

通过凯利公式，赌场可以算出一个最佳投注比例，以实现长期获得最高盈利的目的。

假设有这样一个赌局，扔硬币下注，如果硬币是正面，你就可以赢到 2 元，如果硬币是反面，你就得输掉 1 元，押注金额任意决定。你的总资产是 100 元，你会选择怎么赌呢？

如果你喜欢冒险，可能会一次性押上全部的 100 元。

结果也只有两种可能，一是你很幸运，硬币是正面，赢了 200 元，那么可喜可贺；二是你很倒霉，硬币落在反面，那你就把 100 元都输光了，只能节哀顺变。

如果你比较保守，你会这样想，在排除硬币有被做手脚的情况下，硬币正反面出现的概率是五五开的，那就按小额赌注 1 元慢慢玩吧，就看是赢的次数多还是输的次数多。

可是细想一下，别人下注 20 元的，一次就赢了 40 元了，而你下注 1 元一次赢 2 元的龟速，得赢上 20 次才能追上人家赢一次赚的钱。

既然赌太大不理智，赌太小不划算，那该赌多少呢？难道这是一场无解的纯粹运气对赌游戏吗？

当然不是，赌场要是跟赌徒玩感性的运气游戏，早就关门倒闭了。其实这赌局并非无解，凯利公式就是这个赌局的解。

（注：凯利公式的基本形式是：$f=(bp-q)\div b$ 其中，f 代表应下注的比例，b 代表下注的赔率，p 代表成功的概率，q 代表失败的概率）

硬币正反面的概率都是 50%，也就是说获胜概率 p 和失败概率 q 都是 0.5。

而赔率就是回报率 $b=$ 期望盈利÷可能亏损 =2 元盈利÷1 元亏损，也就是 2。

套用凯利公式可以算出，$(bp-q)\div b=(2\times50\%-50\%)\div2=25\%$。

也就是说，凯利公式给出的下注比例是 25%，如此才能使这场赌局达到利益最大化。

那么，是不是搞懂了凯利公式，就能玩转赌局了呢？

怎么可能？现代赌场程序方面的设计，集中了概率、级数、极限多方面的高级数学设置。

论数学，你肯定没赌场学得好；论本钱，你肯定也没人家多呀！还没等到赢的那一把，你就已经输个精光了。

所以，遇到赌局，你还是三十六计，走为上策吧！

金融产品定价模型很多，常用的有以下几种：

一、IS-LM

一般的商品，比如说苹果、菠萝，它们的定价是通过供求关系决定的。对苹果、菠萝的供求均衡点就决定了市场价格。供求均衡点通常用 IS-LM 模型表示。要了解 IS-LM 模型，我们需要先了解 IS 曲线和 LM 曲线。

（一）IS 曲线

IS 曲线是反映利率和收入间相互关系的曲线。

（1）IS 曲线上所有点表明产品市场均衡，即总收入（总需求）＝总产出。

（2）IS 曲线上的每一点又表明在产品市场均衡条件下的利率和国民收入关系，即总投资（I）＝总储蓄（S）。

（3）由于利率的上升会引起投资支出的减少，从而减少总支出，最终导致均衡的收入水平下降，所以 IS 曲线是下斜的；

（4）如果某一时期利率和国民收入组合点不在 IS 曲线上，表明产品市场失衡。曲线左边的任何一点表明投资大于储蓄（商品需求大于供给）；曲线右边的任何一点表明投资小于储蓄（即，商品需求小于供给）。

图 3.1 的 IS 曲线代表这个时候产品市场处于均衡状态，即总需求＝总产出，总投资（I）＝总储蓄（S）；m 和 n 点相对应为：利率 r 由 4→3，则 Y 变化为 1 500→2 000。

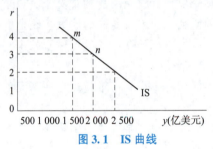

图 3.1　IS 曲线

（二）LM 曲线

LM 曲线是一条用来描述货币市场均衡状态时国民收入和利率之间相互关系的曲线，在 LM 曲线上，每一点都表示收入与利率的组合，这些组合点恰好使得货币市场处于均衡。如图 3.2 所示。

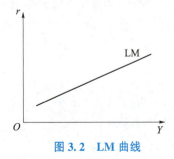

图 3.2　LM 曲线

　小知识 3.2

IS 曲线是所有满足产品市场上均衡的收入与利率的组合点的轨迹。IS 曲线的斜率主要取决于投资相对于利率的敏感性和乘数的大小。IS 曲线右上方点表示产品市场上过剩供给，左下方的点表示产品市场上存在过剩需求，只有在 IS 曲线上的点才满足产品市场上的总供给与总需求相等的要求。

LM 曲线模型是所有满足货币市场上的均衡所需的收入与利率水平的组合点的轨迹。LM 曲线的斜率主要取决于货币需求相对于收入和相对于利率的弹性之比，货币需求相对于收入的弹性越小，相对于利率的弹性越大，则 LM 曲线就越平坦。

在平面直角坐标系中，其横轴为总产出 Y，纵轴为利率 r，LM 曲线是一条向右上方倾斜的直线。说明资金的供求关系决定了市场的均衡利率。资金的需求，即投资是利率的减函数，利率越低投资越高；而资金的供给，即储蓄是利率的增函数，利率越高，储蓄的收益越高，居民和企业储蓄的资金也会越多。只有位于 LM 曲线上的收入和利率的组合，才是货币需求等于货币供给的均衡组合。

（三）IS-LM 模型分析

产品市场均衡时收入与利率之间呈反向变化，而货币市场均衡时收入与利率之间呈正向变化的关系。但是，仅从单个市场来看，单独考察产品市场或单独考察货币市场并不能最终解决均衡收入和均衡利率的问题，因为，产品市场和货币市场不是孤立的，而是相互影响的。只有把产品市场和货币市场联系起来，即把 IS 曲线与 LM 曲线放在一起考察，建立 IS-LM 模型，才能最终解决均衡利率和均衡国民收入的问题。如图 3.3 所示。IS-LM 模型所显示的是产品市场和货币市场达到自身均衡时利率和收入关系的 IS 曲线和 LM 曲线。主要研究的是货币市场，以利率为纽带，将货币的需求（IS）与货币的供给（LM）联系在一起，从而确定均衡利率 r。

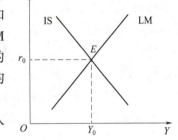

图 3.3 IS-LM 模型

（1）IS 不均衡，指不在 IS 曲线上，$I \neq S$，将导致收入变动。

投资大于储蓄，收入增长；投资小于储蓄，收入减少。

（2）LM 不均衡，指不在 LM 曲线上，$L \neq M$，将导致利率变动。

货币需求 L 大于货币供给 M，利率上升；货币需求 L 小于货币供给 M，利率下降。

（3）收入增加会引起货币需求增加，货币供给不变的情况下，利率会上升；收入减少引起货币需求减少，货币供给不变的情况下，利率会下降。

假设在一个只有家庭和企业的两部门经济中，消费 $C = 100 + 0.8Y$，投资 $I = 150 - 6r$，实际货币供给 $M = 150$，货币需求 $L = 0.2Y - 4r$（单位均为亿美元）。

（1）求 IS 曲线和 LM 曲线方程。

（2）求产品市场和货币市场同时均衡时的利率和收入。

答：

（1）先求 IS 曲线方程，根据两部门产品市场均衡条件 $Y = C + I$，其中 $C = 100 + 0.8Y$；$I = 150 - 6r$，将相关变量代入均衡条件得：$Y = 100 + 0.8Y + 150 - 6r$，整理后 $Y = 1\,250 - 30r$ 即为 IS 曲线方程。

再求 LM 曲线方程，根据货币市场均衡条件 $L = M$，其中 $L = 0.2Y - 4r$；$M = 150$ 将相关变量代入均衡条件得：$0.2Y - 4r = 150$，整理后 $Y = 750 + 20r$ 即为 LM 曲线方程。

（2）当产品市场和货币市场同时均衡时，IS 和 LM 曲线相交于一点，该点上的收入和利率可通过求解 IS 和 LM 曲线方程的联立方程得到，即：

$$\begin{cases} Y = 1\,250 - 30r \\ Y = 750 + 20r \end{cases}$$

解得 $r = 10$，$Y = 950$（亿美元）。

二、无套利定价方法

（一）无套利分析方法产生

供给和需求的一般均衡是经济学里边最基本的分析框架，从金融均衡分析法来看，乍看之下它与经济学中的供求均衡分析相类似，开始的时候，很多学者也想用这种方法给衍生品定价，但是发现很困难。如图 3.4 所示。纵轴 r 表示利率，横轴 Y 表示货币量。

LM 曲线这 3 个区域被分别称为凯恩斯区域、中间区域、古典区域。LM 曲线向右上倾斜的假定条件是货币需求随利率上升而减少，随收入上升而增加。如果这些

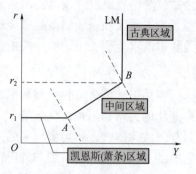

图 3.4　LM 曲线的 3 个领域

条件成立，则当货币供给既定时，若利率上升，货币投机需求量减少（即人们认为债券价格下降时，购买债券从投机角度看风险变小，因而愿买进债券而少需要持币），为保持货币市场上供求平衡，货币交易需求量必须相应增加，而货币交易需求又只有在收入增加时才会增加。于是，较高的利率必须和较高的收入相结合，才能使货币市场均衡。如果这些条件不成立，则 LM 曲线不可能向右上倾斜。

1. 供给曲线非常模糊

金融市场与普通商品市场的一个重要区别就在于它没有明确的供给方和需求方之分。除了金融产品的最初供应者，金融市场上的任何一个市场主体都随时可能在供给方和需求方之间切换，加上金融市场中的卖空机制、套利活动和金融产品的可复制等特性，金融市场上的供给在很多时候都可以认为是无限的，金融市场上的供给曲线在很多时候都是水平的。简单地说，金融产品和香蕉、苹果不一样，水果市场上买卖香蕉、苹果的人，一般是两拨人，在金融市场上，买股票和卖股票的常常是同一拨人，供给方也是需求方，所以效用最大、利润最大就不好衡量了。很明显，传统的供求分析在解决金融市场的问题时碰到了困难，这就导致了传统的供给需求曲线非常模糊。在这样的情况下，显然供给分析是无法也没有必要进行的，于是，金融研究者的目光不得不转向金融市场的需求方。

2. 需求曲线非常难画

（1）水平的 LM 曲线。凯恩斯认为：当利率很低，即债券价格很高时，人们觉得用货币购买债券风险极大，因为债券价格已这样高，从而只会跌，不会涨，因此买债券很可能亏损，就不肯去买债券，公众持有货币的机会成本小到可以忽略不计，这时，货币投机需求成为无限大，从而使 LM 曲线呈水平状态，由于这种分析是凯恩斯提出的，所以水平的 LM 区域称为凯恩斯区域。在水平线阶段的 LM 曲线上，货币的需求曲线已处于水平状态，货币需求对利率敏感性极大。

（2）垂直的 LM 曲线。古典学派认为，人们需要货币，只是为了交易，并不存在投机需求，即货币投机需求为零，在这样的情况下，LM 曲线就是一条垂直线。

在垂直阶段，LM 曲线斜率为无穷大，呈垂直状态表示不论利率怎样的变动，货币的

投机需求均为零。垂直的 LM 区域称古典区域。

　　介于垂直线与水平线之间的区域则称为"中间区域"。例如，证券是高度可替代的，买苹果公司股票的人只在乎股票的回报和风险，只要另一只股票能够提供和苹果公司一样的风险和收益率，投资者就特别容易将其取代。但是买苹果手机的人不一样，其更看重的是产品本身。

视野拓展 3.5
套利风险

　　在金融学均衡分析方法中，金融产品的价格决定并不需要进行供求双方的共同分析，在这里金融产品的供给方似乎消失了，而只要对需求方进行研究就足以推出均衡状态和均衡价格。既然数量-价格机制和供求分析不起作用，研究者们必然不断寻求其他方法，与供求均衡分析方法迥异的无套利分析方法应运而生，金融市场上最基础的均衡（想买的等于想卖的）就代替了生产者和消费者独立的均衡。经济学家提出的一套完全不依靠供求分析框架的"无套利定价"，也就成为金融学里面定价的基本原则。

（二）无套利定价原理

　　无套利均衡被用于对金融产品进行定价。金融产品在市场的合理价格使得市场不存在无风险套利机会，这就是无套利定价原理。讲无套利之前，先说说什么是套利。

1. 套利定价模型（APT）

　　套利是指利用同一金融产品在不同市场上或不同金融产品在同一市场上存在的价格差异，通过低买高卖而获取利润的行为。一种最简单、明显的产生套利机会的情形是：某种相同金融产品在两个市场上的价格不同，此时，投资者只需在价低市场买入该产品并同时在价高的市场卖出，就可从中获取一个正的差价收益，而且这种套利无风险。

　　很明显，无风险的套利机会一旦被发现，投资者就会利用它进行套利，这样，即使是少数几个（甚至一个）套利者的套利行为都最终会消除价格差异。因为，这种无风险套利机会的存在对任何一个投资者（无论他是否厌恶风险）来说都是有利的，只要投资者发现这种机会，他就会力图通过在两个市场上不断地低买高卖，来实现套利收益的巨额增加。但另一方面，在套利者进行买卖的同时，两个市场上对同种证券的供需会发生变化，如套利者在证券交易所不断卖空证券 A 导致供给增加，从而使 A 的价格下降；而在中间商处不断地买入证券 A 使需要增加，从而使 A 的价格上升，当同等的上升与下降调整到使套利机会不再存在时，套利者就会结束其套利行为。如果不考虑交易费用，那么，同种证券 A 在两个市场上的价格最终将处于同一水平。这种相同证券在不同市场（或同类证券在同一市场）的定价水平应相同的原理就叫价格同一律。价格同一律的成立意味着套利机会的消失，相反，价格同一律的违背就预示着套利机会的存在。一般来讲，一个完全竞争、有效的市场总是遵循价格同一律的。

2. 无套利分析法（CAPM）

　　既然数量-价格机制不存在，无法从均衡数量推导出最优价格参数，无套利分析方法就不再考虑价格运动后面的数量变化，而是将市场价格作为输入变量；既然金融产品之间具有高度的可替代性，投资者随时可以在供给方和需求方之间切换，他们关心的只是各种金融产品之间的相对价格水平，无套利分析方法就以"相对定价"为核心，寻求各种近似替代品价格之间的合理联系，通过对"无套利"目标的追求确定合理的市场价格。

无套利分析法的基本思路其实非常简单，两个未来现金流一样的金融产品，就应该定价一样，否则就会存在确定的低买高卖机会，即"无风险套利机会"。

假设你有1万块钱，你可以用这1万块钱买股票、买债券或者存银行。总之不管你干什么，在无套利情况下，最后的收益都一样。既然这样，就可以把买股票与买国债划等号，而国债的收益是已知的，白纸黑字已经写明白了，那么，这个方程中剩下的就是股价这一个未知数，经过计算就能得到股价了。等式右面是国债，等号左边就能解出来什么样的价值。当然了，真正的金融产品定价过程比这个例子复杂得多，结果也更准确。

在 a 糖果店里面的大白兔是1元一个，5元可以买5个；另一条街的 b 糖果店的大白兔却卖1元2个，5元可以买10个。

假设小朋友都很聪明，都想要多吃糖果，而且都能发现价格有差，可以在 b 店用5元买10个大白兔，然后到 a 店卖掉可以得到10元。这时存在了无风险的套利机会。这样做的小朋友越来越多，最后导致 b 店供不应求，而 a 店供大于求，于是最后的结果是 a 和 b 两个店的价格相同，都是5元可以买7.5个。此时即为均衡价格，套利定价即是求均衡价格。

假设两个零息票债券 A 和 B，两者都是在1年后的同一天到期，其面值为100元（到期时都获得100元现金流）。如果债券 A 的当前价格为98元，并假设不考虑交易成本和违约情况：

①债券 B 的当前价格应该为多少？

②如果债券 B 的当前价格只有97.5元，问是否存在套利机会？如果有，如何套利？

答：

①按无套利定价原理，债券 B 与债券 A 有相同的损益或现金流，所以，债券 B 的价格也应为98元。

②若债券 B 的价格为97.5元，说明债券 B 的价值被市场低估。那么，债券 B 与债券 A 之间存在套利机会。实现套利的方法很简单，买进价值低估的资产——债券 B，卖出价值高估的资产——债券 A。

所以，套利的策略就是：卖空债券 A，获得98元，用其中的97.5元买进债券 B，这样套利的盈利为0.5元。

三、风险中性定价法

（一）用"风险中性"描述人们对待风险的态度

在现实世界中，有的人是风险厌恶的，有的人是风险中性的，还有人是风险喜好的。例如，有两个收益机会供你选择：①猜硬币，猜对了给你100元，猜错了一无所获；②直接给你 50 元现金。假如你选择了①，那么你是风险喜好的；假如你选择②，那么你是风险厌恶的；假如你无所谓，两个机会都一样，那么你是风险中性的。

在金融市场上，你知道一个衍生品 1 年后的收益是多少，但很难把它折算到今天的现价，因为，我们不知道以什么比率来折算，换句话说，因为这个衍生品有风险，而大家风险厌恶，所以需要一个风险溢价，可是不同的产品对应的风险和风险溢价是不同的，如果是在风险中性的世界里，因为大家都不在乎风险，所有商品的折算用无风险收益率就好，这样计算就会简单太多了。

（二）在风险中性的模型下衍生品的定价会很简单

风险中性定价法是指在对衍生品进行定价时，可以做出一个有助于大大简化工作的简单假设，即所有投资者对于标的资产所蕴含风险的态度都是中性的，既不偏好，也不厌恶。在此条件下，所有证券的预期收益率都等于无风险利率，因此，对风险中性的投资者并不需要额外的收益来吸引他们承担风险。同样，在风险中性条件下，所有现金流都应该使用无风险利率进行贴现求得现值。

假设甲公司的股票现在的市价为 20 元。有 1 份以该股票为标的资产的看涨期权，执行价格为 21 元，到期时间是 1 年。1 年以后股价有两种可能：上升 40%，或者下降 30%。无风险利率为每年 4%。

要求：利用风险中性原理确定期权的价值。

答：

视野拓展 3.6
无风险收益率

期望报酬率 $=4\%=$ 上行概率 $\times40\%+(1-$ 上行概率 $)\times(-30\%)$

上行概率 $=0.485\ 7$

视野拓展 3.7
风险定价的
关键点及作用

下行概率 $=1-0.485\ 7=0.514\ 3$

股价上行时期权到期日价值 $Cu=20\times(1+40\%)-21=7(元)$

股价下行时期权到期日价值 $Cd=0$

期权现值 $=($ 上行概率 $\times$ 股价上行时期权到期日价值 $+$ 下行概率 $\times$ 股价下行时期权到期日价值 $)\div(1+$ 持有期无风险利率 $)$

$\qquad=(7\times0.485\ 7+0\times0.514\ 3)\div(1+4\%)$

$\qquad=3.399\ 9/1.04=3.27(元)$

第三节　信用风险的计量

情境导入 3.3

为什么信用风险很重要？

还记得或意识到 2008 年的经济衰退吗？在美国，抵押住房贷款提供给信用度低的客户（信用评分较差的个人）。信用评分不佳表明一个人很可能拖欠贷款，这意味着他们是

小知识3.3

如果你买了一只股票，市价为10元，五天内这只股票价格的走势：11、12、11、9、8。第一天和第二天，股票都是赚钱的，你一共赚了2元钱，从第三天开始，你开始亏损，先亏了1元钱，然后持续亏损，共亏损了2元钱。这种因为资产价格变动而产生亏损的风险，就是市场风险。你可以给自己设置止损线，如最多只能接受5元钱的亏损，所以如果股票的价格跌到5元钱，你就会卖出，这就是一种风险管理的思想和方法。

但是，在管理风险之前，你需要知道风险到底有多大，比如这只股票，经过你的评估永远都不会跌到5元，那你把止损线设置在5元，是没有意义的。所以，知道风险有多大，是风险管理的关键。

银行的高风险客户。为了补偿风险，银行过去收取高于正常标准利率的利率。银行通过在二级市场上将这些贷款出售给投资者来为这些贷款提供资金。将它们出售给投资者的过程是一种合法的财务方法，称为 collateralized debt obligations（CDO）。在 2004—2007 年，这些 CDO 被认为是低风险的金融工具（高评级）。

由于这些住房贷款借款人违约的可能性很高，他们中的许多人开始拖欠贷款，银行开始扣押（止赎）他们的财产。房地产泡沫破灭，房价大幅下跌。全球许多金融机构投资于这些基金导致经济衰退。银行、投资者和再保险公司面临着巨大的财务损失和许多金融和非金融公司的破产。甚至非金融公司也因其对这些基金的投资或经济中的需求和采购活动非常低而受到严重影响。简言之，人们几乎没有钱可以花，这导致许多组织停止生产。它进一步导致巨大的失业。美国政府在经济衰退期间救助了许多大型企业。你现在可能已经了解信用风险为何如此重要了。如果当前和未来的信用损失没有被正确识别或估计，整个经济都可能处于危险之中。

金融是在不确定的环境中进行资源跨期的最优配置决策行为，其基础原则是货币的时间价值和风险收益对等。因此，简化的金融市场模型是资本与资产之间的流动，其流动基础是风险定价。

风险定价是金融的本质，也就是说是给资产的风险定一个价格，反应的是风险和收益的关系，一般来说，两者成正向关系，风险越大，溢价越大，收益越高。

信用风险的计量先后经历了从专家判断、信用评分模型到违约概率模型的发展历程。客户风险计量既是商业银行客户风险评估的主要发展阶段的表现，也在各自领域各负其责同时又彼此成就。

一、专家预测法

专家预测法是基于专家的知识、经验和分析判断的能力，在综合分析历史和现实有关资料的基础上，对未来市场的变动趋势做出预见和判断的方法。该方法自20世纪50年代由美国兰德公司提出后，逐步被广泛地应用到各个领域的综合评价实践中。专家预测法属于定性分析法。其中德尔菲法是最重要、最有效的一种，而且应用非常广泛。德尔菲法也是商业银行信用风险预测的方法之一。

视野拓展3.8
德尔菲的传说

千百年来，人们一直希望能够了解世界、预知未来，并为此不懈地努力着。纸上得来终觉浅，绝知此事要躬行。实践是检验真理的唯一标准，对客观世界的所有认识只能在实践中才能得到检验和确认。当然更重要的是将认识世界的成果放到改造世界的行动中去检验和改进。

（一）德尔菲法含义

德尔菲法（Delphi technique）又名专家意见法或专家意见征询法，是由项目执行组织召集某领域的一些专家，如来自组织外部的专业团体或技术协会、咨询公司、行业组织的专家教授，或者组织内部的技术、工程、市场营销、采购、财务、人力资源等职能部门的专业人员，就项目的某一主题，例如，项目的解决方案、执行项目的步骤与方法、项目的风险事件及应对办法等，在互不见面、互不讨论的情况下背靠背地分别提出自己的判断或意见，然后由项目执行组织汇总不同专家的判断或意见，再让那些专家们在汇总的基础上做出第二轮、第三轮的判断，并经过反复确认最终达成一致意见的方法。

简单地说，被征询的专家匿名回答问卷，且相互之间不得讨论，只与调查人员联系，通过多轮次调查专家对问卷所提问题的看法，经过反复征询、归纳、修改，最后汇总成专家基本一致的看法，作为预测的结果。

（二）德尔菲法的实施步骤

在项目管理过程中凡是需要收集不同的意见、产生不同的想法，并希望就这些意见和想法达成共识的场合，都可以采用德尔菲法。德尔菲法的具体实施步骤如图3.5所示。

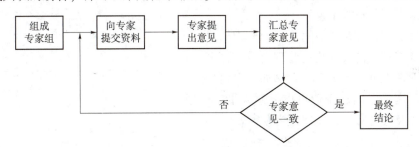

图3.5　德尔菲法的具体实施步骤

（1）组成专家小组。按照项目所需要的知识范围，确定专家。专家人数的多少，可根据预测项目的大小和涉及面的宽窄而定，一般不超过20人。

（2）向所有专家提出所要预测的问题及有关要求，并附上有关这个问题的所有背景材料，同时请专家提出还需要什么材料。然后，由专家做书面答复。

（3）各个专家根据他们所收到的材料，提出自己的预测意见，并说明自己是怎样利用这些材料并提出预测值的。

（4）将各位专家第一次判断意见汇总，列成图表，进行对比，再分发给各位专家，让专家比较自己同他人的不同意见，修改自己的意见和判断。也可以把各位专家的意见加以整理，或请身份更高的其他专家加以评论，然后把这些意见再分送给各位专家，以便他们参考后修改自己的意见。

视野拓展3.9
专家法

（5）将所有专家的修改意见收集起来，汇总，再次分发给各位专家，以便做第二次修改。

（6）对专家的意见进行综合处理，从而得出预测结果。

（三）德尔菲法的优缺点

德尔菲法充分发挥专家的优势，能够集思广益收集不同方面、尽可能多的意见，避免数据不充分而做出错误的决策；避免个人因素对结果产生的不当影响；通过反复论证和分析，最终能就某一主题达成一致的意见，有利于统一思想、产生步调一致的行动；可以加快预测速度和节约预测费用。

德尔菲法的缺点在于对于分地区的顾客群或产品的预测可能不可靠；专家的意见有时可能不完整或不切合实际；过程比较复杂，花费时间较长。

（四）德尔菲法的注意事项

专家组成员之间存在身份和地位上的差别以及其他社会原因，有可能使其中一些人因不愿批评或否定其他人的观点而放弃自己的合理主张。要防止这类问题的出现，必须避免专家们面对面的集体讨论，而是由专家单独提出意见。

对专家的挑选应基于其对企业内外部情况的了解程度。专家可以是第一线的管理人员，也可以是企业高层管理人员和外请专家。例如，在估计未来企业对劳动力需求时，企业可以挑选人事、计划、市场、生产及销售部门的经理作为专家。

二、信用风险评分模型

信用评分模型就是我们平常所说的评分卡模型。

信用评分是使用统计模型的方法来对潜在客户和已有客户在贷款时的风险通过评分卡的方式进行评价的一种方法。信用评分模型具有全流程智能风控管理，运用科学方法将风险模式数据化，提供风险刻量尺，减少客观因素的影响，减少人力成本以及提高风险管理效率的优势，其核心点是解决了效率和标准化的问题，属于定量分析。

（一）评分卡的分类

在金融风控领域，评分卡这种形式便于理解和使用。一方面，信用评分卡建立以后可以帮助银行一线人员进行多种决策，例如，是否同意某笔贷款的发放，是否同

小知识3.4

逐轮收集意见并为专家反馈信息是德尔菲法的主要环节。收集意见和信息反馈一般要经过三四轮。在向专家进行反馈的时候，只给出各种意见，但并不说明发表各种意见的专家的具体姓名。这一过程重复进行，直到每一个专家不再改变自己的意见为止。

小知识3.5

银行没有时间等待1~2个月来了解贷款状况。许多借款人可以通过银行网站申请贷款。因此，银行的实时信贷决策需要在数字世界中保持竞争力。使用统计方法的优势在于它产生的数学方程是做出信贷决策的自动化和更快的解决方案。这种方法是公正的，没有贷款审批人员或经理的不诚实或欺诈行为。

这种方法还具有更高的准确性，因为，统计和机器学习模型会考虑数百个数据点来识别违约者。

小知识3.6

最初信用评分卡技术广泛应用于消费信贷，尤其是在信用卡领域。随着信息技术的发展和数据的丰富，信用评分卡技术也被用于对小微企业贷款的评估。

意个人的信用卡申请及向其发放何种类型的信用卡，是否同意客户关于提高信用卡透支额度的申请，当客户的信用卡发生延期还款时，如何制定催讨策略。另一方面，通过信用评分卡方式，监管机构很容易看到银行使用了哪些因素作为审核标准，从而判断这种标准是否合规，以此对银行审核标准合规性进行有效监管。

信用评分模型的类型较多，在信贷产品的生命周期中各个阶段（前、中、后）均可以建立相应信用评分模型。我们经常提到的 A 卡、B 卡、C 卡就是按照使用的阶段划分的申请卡、行为卡和催收卡，如图 3.6 所示。

> **小知识 3.7**
>
> 数据模型描述了因变量和自变量的关系，尝试去解释因变量形成的机制，是一种以达到用自变量去预测因变量的统计模型。用通俗的话来说，模型就是数学公式，它揭示了数据间的规律，套用模型可以预测数据。

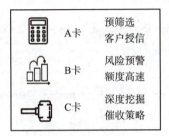

	A卡	预筛选 客户授信
	B卡	风险预警 额度高速
	C卡	深度挖掘 催收策略

图 3.6　评分卡的分类

1. A 卡

A 卡（Application Score Card）即申请评分卡，A 卡适用于申请贷款或信用卡的新（首次）客户。它估计申请人申请贷款时的违约概率。评分卡可以有效排除不良信用的客户和非目标客户的申请。A 卡目的是预筛选客户授信。

申请信用评分、申请欺诈评分、收入预测模型等都是可以在这个阶段进行应用的评分模型。模型会对客户未来做风险预测，即模型会在客户授权的情况下收集客户多维度的信息，以此来预测，如果将一笔钱贷给了客户，那他接下来的一段时间内，不还钱的概率有多大？如果这个数字超过了银行的风险偏好，那么，客户的信贷申请就会被拒。

 案例透析 3.1

某银行的评分卡如表 3.1 所示。

表 3.1　某银行的评分卡

属　性	类　别	信用评分
年龄	≤24	80
	25~34	100
	35~40	150
	大于 40	200

属　性	类　别	信用评分
性别	男	85
	女	170
收入	≤10 000	100
	10 001～30 000	120
	30 001～50 000	140
	50 001～70 000	170
	≥70 000	200

假设发放贷款的截止分=350分，小李男，30岁，工资15 000元，第一次贷款。

案例思考：分析银行的决定是什么？

教学互动3.4

问：A卡的目的是什么？

答：A卡的目的在于预测申请时（申请信用卡、申请贷款）对申请人进行量化评估。

2. B卡

B卡（Behavior Score Card）即行为评分卡，B卡侧重于贷中，当贷款发放以后，银行还可使用信用评分卡系统对客户行为进行持续的监测，模型根据客户的行为数据，对其做出升额、降额的预判或预警。

假设某用户在某银行贷款后，又去其他多家银行申请了贷款，那可以认为此人资金短缺，可能还不上钱，如果再申请银行贷款，就要慎重放款。和A卡一样，B卡也是一套评分规则。

教学互动3.5

问：B卡的目的是什么？

答：B卡目的在于预测使用时点（获得贷款、信用卡的使用期间）未来一定时间内逾期的概率。

3. C卡

C卡（Collection Score Card）即催收评分卡，C卡侧重于贷后。目的在于预测已经逾期并进入催收阶段后未来一定时间内还款的概率。

催收评分卡是行为评分卡的衍生应用，其作用是预判对逾期用户的催收力度。对于信誉较好的用户，不催收或轻量催收即可回款。对于有长时间逾期倾向的用户，需要从逾期开始就重点催收。

例如，如果风控机构能通过模型判断出，这是一位经常出差的消费者，那他在网络情况不佳、转账还钱不是特别方便的情况下，一般可被认为是技术性逾期。他会在网络稳定时把钱还上。风控机构就需要基于已经发生过这样情形的客户群体建模，并根据此来预判一下，这种客户逾期的可能性是多少，如果这种逾期会主动还款的概率非常高，那在机构的催收策略里，就可以先不催收。

教学互动 3.6

问：C 卡的目的是什么？

答：C 卡目的在于预测已经逾期并进入催收阶段后未来一定时间内还款的概率。

案例透析 3.2

美国的个人信用评分系统是评分卡的始祖，始于 20 世纪 60 年代。主要是 Fair Isaac Company 推出的 FICO，评分系统也由此得名。目前，美国人经常谈到的得分，通常指的是 FICO 分数。FICO 的评分卡（A 卡）的示例如表 3.2 所示。

表 3.2　美国 FICO 公司贷前评分卡

信用评分	人数百分比/%	累计百分比/%	违约率/%
300~499	2	2	87
500~549	5	7	71
550~599	8	15	51
600~649	12	27	31
650~699	15	42	15
700~749	18	60	5
750~799	27	87	2
800~850	13	100	1

从上表中可以看到两个规律：一是信用评分特别低和特别高的人占比都较少，大多数信用评分中等；二是信用评分分值越高，违约率越低。根据信用评分的高低可以进行诸如是否发放、贷款额度、是否需要抵押等重要决策，这个就是信用评分的核心价值所在。

通常如果借款人的信用评分达到 680 分以上，贷款方就可以认为借款人的信用卓著，可以毫不迟疑地同意发放款，如果借款人的信用评分低于 620 分，贷款方或者要求借款人增加担保，或者干脆寻找各种理由拒绝贷款。如果借款人的信用评分介于 620~680 分，贷款方就要做进一步的调查核实，采用其他的信用分析工具，做个案处理。

FICO 评分在美国应用得十分广泛，人们能够根据得分更快地获得信用贷款，甚至有些贷款可以直接通过网络申请，几秒钟就可以获得批准，缩短了交易时间，提高了交易效率，降低了交易成本。信用评分系统的使用，能够帮助信贷方做出更公正的决策，而不是把个人偏见带进去，同时，客户的性别、种族、宗教、国籍和婚姻状况等因素，都对信用评分没有任何影响，保证了评分的客观公正性。在评分系统中，每一项信用信息的权重不同，越早的信用信息，对分数的影响越小。

案例思考：分析 FICO 评分卡的用途有哪些？

（二）信用评分模型的应用

目前，商业银行已经从粗放式的经营转变为精细化管理，通过信用卡评分模型的应用，在客户申请审批阶段可以预测客户开户后一定时期内违约拖欠的风险概率，以排除信用不良客户和非目标客户的申请；在账户管理期，通过对持卡人交易和还款行为的动态分析，对其风险、收益、流失倾向做出预测，据此采取相应的风险控制策略；对于逾期账户，可以预测催收策略反应的概率，从而采取相应的催收措施。同时，除了用于风险管理的评分模型外，还可以将信用卡评分模型运用在收益管理中。

 小知识 3.8

信用评分模型用于对每个客户进行评分，以评估他/她的违约可能性。当你去银行贷款时，银行会检查你的信用评分。该信用评分可以由银行内部建立，也可以使用信用局的评分。

征信局从各家银行收集个人的信用信息，并以信用报告的形式出售。并发布信用评分。在美国，FICO 评分是非常流行的信用评分，范围在 300～850。在印度，CIBIL 评分用于相同的评分，介于 300～900。

1. 信用评分模型的结果可用于风险量化中

评分模型在金融机构当中的应用远远不只是评价客户是否能够按时还款以及计算风险损失。对于商业银行来说，在监管资本计量要求下，需要进行信用风险量化，确认计算风险资产函数公式的变量。信用评分模型的结果可应用于其中贷款违约率、违约损失率等的指标计算。

2. 信用评分模型可以帮助风险定价

风险定价能力是金融企业的核心竞争力。如果对风险资产收取的利息过低，可能会被违约损失侵蚀利润；如果对风险资产收取的利息过高，则会在市场竞争中损失客户。

我们都知道高风险高收益，但是究竟"多高"的风险对应"多高"的收益呢？这就是风险定价的关注重点。

而评分模型，会对客户的信用评分划分为一定的等级，每一级别代表不同的风险水平，然后再针对不同风险水平，制定不同的政策以区分客户。

如果银行是风险厌恶型，经营策略以降低风险水平为主要目标，可以通过设定较高的临界值水平，包括自动通过和自动拒绝的临界值，减少系统自动审批通过、增加系统自动拒绝的贷款申请数量，提高贷款审批标准，降低违约风险。

小知识 3.9

任何需要评估客户资质、管理和评估客群结构之时，都可以用到信用评分。

如果银行是风险偏好型，经营策略以扩大业务规模为主要目标，则可以通过降低临界值水平，增加系统自动审批通过、减少系统自动拒绝的贷款申请数量，扩大贷款发放的数量和规模。

其实，评分模型在金融机构当中的应用远远不只是评价客户是否能够按时还款以及计算风险损失。评分模型将不同年龄、职业、收入、学历等的客户进行了"标准化"，成为一种重要的管理工具，在各个维度发挥着重要作用。另外，对于商业银行来说，在监管资本计量要求下，需要进行信用风险量化，确认计算风险资产函数公式的变量，这也就是平时所说的风险定价。信用评分模型的结果可应用于其中贷款违约率、违约损失率等指标的计算。

📖 案例透析 3.3

如图 3.7 所示，对于 100% 的申请客户，按照评分从高到低进行排列。评分越低的客户风险越高，边际坏账率越高。如果我们希望达到 50% 的审批通过率，那我们就必须接受边际坏账率为 1.5% 的这部分客群；同时我们也能够用这个数据计算出累计坏账率（图上未标明）。如果这个累计坏账率，即损失率是可以接受的，同时 50% 的审批通过率对于销售前端来说也是可承受的一个范围，那么其所对应的 280 分就是可以设定的分数线了。

同样的，由于每一评分区间的客户都对应着相应的损失率，使得分客群定价成为可能。对于评分较低、风险较高的人群，使用较高利率覆盖坏账成本；对于评分较高、风险较低的客群，使用较低利率或者其他优惠。

> 📖 **小知识 3.10**
>
> 对于商业银行来说，在监管资本计量要求下，需要进行信用风险量化，确认计算风险资产函数公式的变量。因此，引入了信用风险计量模型法。信用风险计量模型法就是违约概率模型。

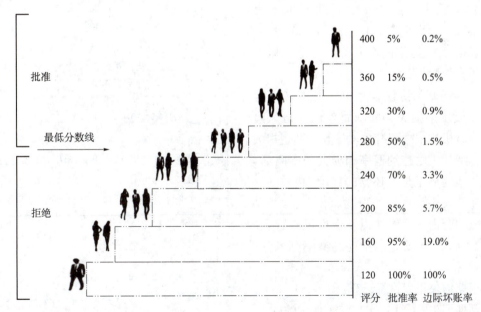

图 3.7　申请者评分排列的风险

案例思考：如何对贷款申请者按评分排列风险顺序？评分模型使用的意义有哪些？

三、违约概率模型

信用评分卡的最大优势是可以根据风险排序，贷款方快速、客观。但是，随着信贷业务规模不断扩大，对风控工作准确率的要求也逐渐提升，当信息维度高时，评分卡建模会变得非常困难，这时候静态评分卡的弱点就暴露出来了。另外，某些不重要的特征，在另一些时刻会变得重要。例如，在疫情期间，和收入相关的特征重要度会上升。

以上的缺点主要限于静态评分卡，就像拿纸打钩计算分数那种。有些积分，由于背后支撑的模型可以动态调整相关参数的权重，这时候就生成一个动态评分卡。但这种情况可以看成对机器学习模型的可解释性解析。

违约概率模型分析属于现代信用风险计量方法。与传统的专家判断和信用评分法相比，违约概率模型能够直接估计客户的违约概率。

你正坐在办公桌电脑前，桌子上摆着水杯、剪刀、插座等物品。你可能面临以下风险：①不小心被剪刀弄破手指；②水杯打翻烫到了手；③水杯打翻毁坏了电脑屏幕；④水杯打翻毁坏了电脑硬盘。

这时你本能上就会对风险做出评价：①是极小概率，就算发生了问题也不大；②是小概率，发生了会有点麻烦；③是小概率，发生了需要花钱换屏幕；④是小概率，发生了会使数据丢失。

在《巴塞尔协议Ⅲ》中，上述"可能"被描述成预期损失，可以简单认为是风险。即指贷款机构根据现有数据计算的期望损失。

预期损失由违约概率和损失程度两部分组成。违约概率是不还款的风险，损失程度是在违约发生后损失的程度。客户违约概率直接影响着内部评级法以及全面风险管理的应用，因此，准确地测度违约概率有十分重要的意义。

预期损失可以这样计算：

预期损失 $EL = PD \times EAD \times LGD \times F(M)$

可见，预期损失（EL）和违约概率（PD）、违约损失率（LGD）风险暴露也叫风险敞口（EAD）以及贷款期限（M）有关。

 小知识3.11

《巴塞尔协议Ⅲ》基于内部评级的方法有4个信用风险组成部分：违约概率（PD）、风险暴露（EAD）、违约损失（LGD）、有效期限（M）。

 小知识3.12

对于违约概率（PD）的评估可以选择自上而下的方法，主要考虑交易对手的相关因素：经济周期、行业周期、交易对手的财务状况。如果违约概率（PD）为0%，那么说明借款人百分百不会违约，如果PD是100%，那么也就是说借款人肯定会违约。

 小知识3.13

商业银行资产分零售业务和批发业务两类。零售业务是指总体上风险暴露比例很大的贷款，包括中小企业贷款、住房贷款、小于一定数字的循环贷款以及大部分的固定期限贷款。不用考虑期限（M）因素。批发贷款包括企业、银行和主权贷款。批发贷款的特点是笔数少、金额高，每笔交易受到大量关注，客户风险和交易风险应该分别进行评级。期限和企业规模应在计算中考虑。我们很多时候设计贸易融资产品，要求账期相符，或者讨论银行承兑汇票、信用证的期限时，就是在行使期限调整的逻辑。

（一）相关概念

1. 违约概率

违约概率（probability of default，PD）就是借款人在未来一定时期内会发生违约（拖欠信用卡、抵押贷款或非抵押贷款）的可能性。指债务人违反贷款规定，没有按时偿还本金和利息的概率。概率以百分比的形式表示，介于0%~100%。

违约概率越大，商业银行承担的风险也就越大。违约概率受债务人经济状况影响，一般用评级描述。通常风险建模、打分卡、风险审批、行业基本面分析等都是在获取违约概率（PD）。

2. 违约风险敞口

违约风险敞口（Exposure at Default，EAD）也叫违约风险暴露，指可能发生违约风险的资金额度。可以简单理解为本息之和，甚至再简化为放出去钱，比如60%的承兑汇票，如果开票100万元，开票的企业是要交60万元的保证金给银行的，另外40万元就是敞口部分，你借给别人的钱的本金加利息就是风险暴露。你借给别人的钱越多，你承担的风险也就越大。

假如客户违约后处置担保品预期可覆盖50%风险则 LGD = 0.5，产品模式为贷款即 EAD = 100%，而对该类客户的历史统计违约率为 PD = 2%，则该业务的风险 EL = 50%×100%×2% = 1%，那么，在此类业务的风险定价中就需要计入1%的风险成本作为补偿。

当我们讨论小而分散、总量控制、限额等时，是在试图降低或者分散EAD。

（1）产品决定风险敞口。影响金融产品的包括内部的准入政策、定价、风险处理手段以及外部的交易主体、交易结构以及主体在特定交易结构之间的权利义务关系等内容。

产品对风险的影响有些可以量化，例如，巴塞尔对银行不同的业务品种给出了不同的风险权重或系数（比如，未提示的跟单信用证为20%，私人机构贷款为100%，持有房产为400%，比特币应采用1 250%的风险权重……）；有些影响难以直接量化但却实际存在，例如，交易结构的变化（比如，将保理融资改为保理助贷）能够显著影响同一客群 PD 的高低。所以，不同的金融产品，EAD 的度量和建模差异很大。

（2）敞口是一个随着时间和市场情况而变化的量。敞口大多数情况下随时间变化而变化。

比如，按揭贷款，违约发生的时间越晚，EAD 就越小，因为未偿付本金随着时间而降低，降低的原因，可能是确定的时变因素，也可以是随机因素。

再比如，场外衍生品，其敞口每日都随着衍生品和抵押品的盯市价值的变化而变化，因此，EAD 是一个复杂的随机过程。

小知识3.14

最简单的违约概率计算方法是通过取得不同时间违约率的平均值得到的。但是，违约情况往往导致考察对象集合的时间序列中止，并且违约率的统计也会受到经济变化、样本规模、计算方法不同等因素的影响。因此，一般不能用违约率直接估计违约概率，而是通过可以观察到的数据进行分析估计，才能够应用在实际的风险管理之中。

小知识3.15

盯市是期货交易术语之一，期货交易，有的盈利必然来源于另一方的亏损。为防止这种负债现象的发生，逐日盯市、每日无负债结算制度（简称逐日盯市制度）便应运而生了。

盯市价值/公允价值会计规则，要求公司按市价对持有的证券估价，而非按照证券的购买价格或是其他什么价值。

3. 违约损失率

违约损失率（Loss Given Default，LGD）是指某一债项违约导致的损失金额占该违约债项风险暴露的比例，即损失占风险暴露总额的百分比，它由1-回收率计算得出。简单地说就是交易对象违约时，对银行所面临的风险的估计。

违约损失率是商业银行预测借款人拖欠贷款会产生的损失的一个重要指标，也是国际银行业监管体系中的一个重要参数。对于商业银行来说，违约成本越高，违约概率越低；违约成本越低，违约概率越高。一般来说在没有抵押品的情况下，LGD通常在60%到80%。在有抵押品的情况下，LGD在0到40%。违约风险率越大，商业银行承担的风险也就越大。比如，贷款有抵押物，银行的违约损失率就不是100%，因为即使客户出问题了，银行可以处置抵押物。当我们讨论存货监管、控货、保证金时，其实是在降低LGD。违约损失率受抵押或其他担保措施的影响。

 小知识 3.16

回收率是信用风险损失一个重要的因素。回收率取决于以下因素：

（1）债权人的偿付优先权。偿付优先权越高，回收率也就越高，信用风险损失就越小；

（2）经济状况。当经济处于繁荣时期，回收率也能比较高；当经济处于衰退时期，回收率可能比较低；

（3）债务人的资产状况。债务资产评级越高，回收率也越高；有形资产比无形资产的回收率要高；利润率高的公司，回收率也较高；

（4）破产的形式。严重的交易困境不同于破产，通常会导致较高的回收率。

 教学互动 3.7

有人从银行借了100 000美元的房屋贷款来购买公寓。在违约时，贷款的未偿还余额为70 000美元。银行止赎（即银行收回抵押房屋）公寓并以60 000美元的价格出售。

问：风险暴露、违约损失率各是多少？

答：风险暴露（EAD）是指债务人违约行为导致的可能承受风险的信贷余额。题中贷款的未偿还余额为70 000美元，即风险暴露为70 000美元。违约损失率=违约金额/总合同金额。违约损失率在理想情况下（无损失回收）为0%，在完全无法回收的情况下为100%。题中违约损失率（LGD）=（70 000-60 000）/70 000=14.3%。

在《巴塞尔协议Ⅲ》中，LGD是不可或缺的一部分。LGD之所以在这个模型中如此重要，是因为在对经济资本金、预测损失、监管资本进行计算时，都需要用到这个数值。

例如，张先生贷款400 000美元购买公寓，分期付款几年后，张先生面临财务困难不能按期还贷，导致贷款的未偿还余额即违约风险为300 000美元。于是银行查扣该公寓，（有权）以240 000美元的价格将其出售。

该银行的净损失 = \$300 000-\$240 000 = \$60 000；而 LGD = \$60 000/\$300 000 = 20%。

在这种情况下，预期损失通过以下公式计算：

LGD（20%）×违约概率（100%）×违约敞口（\$300 000）= \$60 000。

如果该商业银行是预测潜在但不确定的损失，则预期损失将有所不同。

假设场景与上述相同，但违约概率为50%，则预期损失计算公式为：

LGD（20%）×违约概率（50%）×违约风险敞口（\$300 000）= \$30 000。

4. 到期期限调整

到期期限调整（Maturity Adjustment）是对剩余贷款期限或还款安排的调整，应用于批发市场（即向公司客户所提供的服务）中期限超过 1 年的产品。

一般而言，贷款剩余期限越长，收不回来的风险就越大。当然，这并不总是符合实际，但反映了风险和期限有关。

PD、LGD 和 EAD，每一个都会影响预期损失，控制每一个要素都可以控制预期损失。

可见，预期损失（EL）和违约概率（PD）、违约损失率（LGD）风险暴露也叫风险敞口（EAD）以及贷款期限（M）有关。现在我们对风险的量化有了更深刻的认知，风险不再是虚幻的概念，已经可以具象。

（二）违约概率模型的应用

信用是现代市场经济良好运营的重要保障。据统计，在中国的几百万家企业中，倒闭或停业企业的原因有七成是无法如期偿还欠款，而其结果通常是其供应商或其他债权人无法得到足额清偿，许多供应商处于货款被拒付的危险中。而有的企业是由于信用不佳或经营不善随时可能破产。因此，加强信用管理，重视调查和跟踪客户信用状况变化，较早地预见到客户的经营风险，在结果到来之前逐渐减少供货量，或者及时回收货款和贷款就显得十分必要。在这样的需求背景下，信用评级应运而生。

视野拓展 3.10
国际信用评级机构

1. 信用评级机构

客户信用评级是商业银行对客户偿债能力和偿债意愿的计量和评价，反映客户违约风险的大小。客户评级的评价主体是商业银行，评级目标是客户违约风险，评价结果是信用等级和违约概率（PD）。一般有外部评级机构和内部评级机构两种。

（1）外部信用评级机构。外部评级机构是专业评级机构对特定债务人的偿债能力和偿债意愿的整体评估，从而提供的客户评分，评级对象主要是企业。外部评级机构在对企业客户进行评级时，则更加注重客户的非财务信息，主要依靠专家定性分析，一般以信用评级报告的形式对评级客户的信用做出评价，并给出相应的等级。一般来说，借款企业的信用等级分为三等九级：AAA、AA、A；BBB、BB、B；CCC、CC、C。

国际公认的最具权威性的专业信用评级机构有三家，分别是美国标准·普尔公司、穆迪投资服务公司和惠誉国际信用评级有限公司。

每家信用评级机构都有其成熟的信用评价体系，而这种体系的形成与完善离不开数据的支撑，因此，数据资源是信用评估机构最重要的生产物料，如国际知名的消费信用评估公司 FICO。表 3.3 所示是借款企业信用等级含义。

表 3.3　借款企业信用等级含义

等　级	含　　义
AAA	短期债务的支付能力和长期债务的偿还能力具有最大的保障；经营处于良性循环状态，不确定因素对经营与发展的影响最小
AA	短期债务的支付能力和长期债务的偿还能力很强；经营处于良性循环状态，不确定因素对经营与发展的影响很小
A	短期债务的支付能力和长期债务的偿还能力较强；企业经营处于良性循环状态，未来经营与发展易受企业内外部不确定因素的影响，盈利能力和偿债能力会产生波动
……	……

（2）内部信用评级机构。内部信用评级机构是银行利用自有数据和可获取的第三方数据资源自行开发的信用评级体系，对客户的风险进行评价，并根据内部数据和标准估计违约概率及违约损失率，作为信用评级和分类管理的标准。

内部评级的实施是银行风险管理发展中的一场革命，保证银行内部评级体系的正常运作，不仅是外部合规监管的要求，更是银行提升风险量化能力和完善风险管理体系的内在要求。巴塞尔委员会鼓励有条件的商业银行使用基于内部评级体系的方法来计量违约概率、违约损失。

视野拓展 3.11
银行内部评级

2. 量化风控的内容

金融机构的贷前评分卡和贷后评分卡，在整个风险体系中都有其业务的落脚点。整个量化风控的内容贯穿到 $EL=PD\times EAD\times LGD\times F(M)$ 公式中。

资产价值下降时，借款人很有可能会想早点出货脱手导致以下情况出现：

小知识 3.17

国际监管机构巴塞尔委员会通过的《巴塞尔协议》的核心内容是内部评级法，而计算客户违约概率是实施内部评级法的关键步骤。事实上，在整个内部评级法以及全面风险管理的应用中，客户违约概率的准确计量都是最核心的问题，这是预期损失经济资本、贷款风险收益率计算的基础。

（1）LGD 的变化。当违约数量增多时候，LGD 主要受经济下行时违约的影响，造成资本金计算和定价都不足；催收周期变长，造成 LGD 和 PD 升高。

LGD 主要受到以下因素影响：债务类型、合同条款、细分市场、经济状况。此外贷款机构的谈判能力、资产处置管理经验、将抵押品变现的能力等也会影响 LGD。

例如，回款指标 LGD 的内容，因为疫情后期，入催明显，放款趋缓，停止放款或者减少放款是很多商业银行的选择。

（2）风险敞口的变化。通常风险敞口 EAD 遇到像疫情这样的黑天鹅风险时，都会调节相关的敞口金额。常规上，商业银行会根据经济周期和个体差异变化中感知的风险来放款或收紧贷款政策，这都是正常的逻辑。但有时在经济环境较差的时候人们的信贷需求也会增加，商业银行从而提高信贷规模，EAD 会稍微升高。所以，如何选择优质的资产放款，就非常考验商业银行的风险筛选能力了。

教学互动 3.8

问：德尔菲法、信用评分卡、违约概率模型的应用领域有哪些？

答：信用评分卡一般应用在个人消费贷款和小微企业贷款风险识别与分析中，违约概率模型一般应用在大型企业贷款风险识别与分析中。处于灰色区域的贷款申请需要德尔菲法，德尔菲法和信用评分卡的结果应用在违约概率模型的每一步计算中，使得在整个风险体系中计算预期损失都有其业务的落脚点。预期损失的计算结果又成为德尔菲法和信用评分法的依据之一。

综合训练

一、概念识记

风险 专家预测法 德尔菲法 信用风险评分模型 违约概率模型 IS-LM 模型 无套利定价方法 风险中性定价法

二、单选题

1. 关于投资与利率的关系，以下判断正确的是（　　）。

A. 投资是利率的增函数　　　　　　　B. 投资是利率的减函数

C. 投资与利率是非相关关系　　　　　D. 以上判断都不正确

2. IS 曲线上的每一点都表示（　　）。

A. 产品市场投资等于储蓄时收入与利率的组合

B. 使投资等于储蓄的均衡货币额

C. 货币市场货币需求等于货币供给时的均衡货币额

D. 产品市场与货币市场都均衡时的收入与利率组合

3. 一般来说，IS 曲线的斜率（　　）。

A. 为负　　　　　　B. 为正　　　　　　C. 为零　　　　　　D. 等于 1

4. 在其他条件不变的情况下，政府购买增加会使 IS 曲线（　　）。

A. 向左移动　　　B. 向右移动　　　C. 保持不变　　　D. 发生转动

5. 按照凯恩斯的货币需求理论，利率上升，货币需求量将（　　）。

A. 增加　　　　　　　　　　　　　　B. 减少

C. 不变　　　　　　　　　　　　　　D. 可能增加，也可能减少

6. LM 曲线表示（　　）。

A. 产品市场均衡时，收入与利率之间同方向的变动关系

B. 产品市场均衡时，收入与利率之间反方向的变动关系

C. 货币市场均衡时，收入与利率之间同方向的变动关系

D. 货币市场均衡时，收入与利率之间反方向的变动关系

7. 在凯恩斯区域 LM 曲线（　　）。

A. 水平　　　　　　B. 垂直　　　　　　C. 向右上方倾斜　　D. 不一定

8. IS 曲线与 LM 曲线相交时表示（　　）。

A. 产品市场处于均衡状态，而货币市场处于非均衡状态

B. 产品市场处于非均衡状态，而货币市场处于均衡状态

C. 产品市场与货币市场都处于均衡状态

D. 产品市场与货币市场都处于非均衡状态

9. 如果利率和收入都能按供求状况自动调整，那么，当利率和收入的组合点出现在 IS 曲线右上方，LM 曲线左上方时，将会发生（　　）的情况。

A. 利率上升，收入减少　　　　　　　B. 利率上升，收入增加

C. 利率下降，收入增加　　　　　　　D. 利率下降，收入减少

10. 在 IS 曲线和 LM 曲线的交点（　　）。

A. 经济一定处于充分就业的状态　　B. 经济一定不处于充分就业的状态

C. 经济有可能处于充分就业的状态　　D. 经济资源一定得到了充分利用

11. 以下说法错误的是（　　）。

A. 在有抵押品的情况下，LGD 在 0~40%

B. 在没有抵押品的情况下，LGD 通常在 60%~80%

C. 违约风险率越大，商业银行承担的风险也就越大

D. 在没有抵押品的情况下，LGD 通常在 40%~100%

12. 对于德尔菲法表述错误的是（　　）。

A. 被征询的专家实名回答问卷

B. 专家相互之间不得讨论

C. 专家只与调查人员联系

D. 专家多轮次的看法最后汇总成基本一致的看法

13. 按照凯恩斯的观点，人们持有货币是由于（　　）。

A. 交易动机　　　B. 预防动机　　　C. 投机动机　　　D. 以上都正确

14. 以下说法正确的是（　　）。

A. 评分模型将不同年龄、职业、收入、学历等的客户进行了"标准化"

B. 评分模型将不同年龄、职业、收入、学历等的客户进行了"人性化"

C. 评分模型将不同年龄、职业、收入、学历等的客户进行了"制度化"

D. 评分模型将不同年龄、职业、收入、学历等的客户进行了"精细化"

15. 外部评级机构是专业评级机构对特定债务人的偿债能力和偿债意愿的整体评估，从而提供的客户评分，评级对象主要是（　　）。

A. 企业　　　B. 政府　　　C. 个人　　　D. 金融机构

16. 违约概率（PD）为（　　）说明借款人百分百不会违约。

A. 0%　　　B. ≥0　　　C. ≤0　　　D. 100%

17. IS 曲线的利率弹性（　　）投资曲线的利率弹性。

A. 大于　　　B. 小于　　　C. 等于　　　D. 不能确定

18. 关于违约损失率（LGD）表达错误的是（　　）。

A. 违约成本越高，违约概率越低

B. 违约成本越低，违约概率越高

C. LGD 是预测借款人拖欠贷款会产生的损失的一个重要指标

D. 违约损失率不受抵押或其他担保措施的影响

19. 以下说法错误的是（　　）。

A. 在有抵押品的情况下，LGD 在 0~40%

B. 在没有抵押品的情况下，LGD 通常在 60%~80%

C. 违约风险率越大，商业银行承担的风险也就越大

D. 在没有抵押品的情况下，LGD 通常在 40%~100%

三、多选题

1. 下列引起 IS 曲线向左移动的因素是（　　）。

A. 投资需求增加　　B. 政府购买减少　　C. 政府税收增加　　D. 政府税收减少

2. LM 曲线的斜率（　　）。

A. 取决于边际消费倾向　　　　　　　B. 投资需求对利率变动的反应程度

C. 货币需求对收入变动的反应程度　　D. 货币需求对利率变动的反应程度

3. 在其他条件不变的情况下，引起 LM 曲线向右移动的原因可以是（　　）。

A. 投资需求曲线右移　　　　　　　　B. 货币交易需求曲线右移

C. 货币投机需求曲线右移　　　　　　D. 货币供给量增加

4. 关于 LM 曲线以下判断正确的是（　　）。

A. 在凯恩斯区域，LM 曲线水平　　　B. 在中间区域，LM 曲线向右上方倾斜

C. 在中间区域，LM 曲线向右下方倾斜　D. 在古典区域，LM 曲线垂直

5. 在其他条件不变的情况下，引起收入增加、利率上升的原因可以是（　　）。

A. 政府购买增加　　B. 政府税收增加　　C. 私人投资增加　　D. 货币供给增加

6. 在其他条件不变的情况下，货币供给增加会引起（　　）。

A. 收入增加　　　　B. 收入下降　　　　C. 利率上升　　　　D. 利率下降

7. 同时位于 IS 曲线和 LM 曲线上方的点表示（　　）。

A. 产品市场有超额产品供给　　　　　B. 产品市场有超额产品需求

C. 货币市场有超额货币供给　　　　　D. 货币市场有超额货币需求

8. 在 IS 曲线与 LM 曲线的交点（　　）。

A. 产品的供给等于产品的需求　　　　B. 实际货币供给等于实际货币需求

C. 产品市场与货币市场同处于均衡状态　D. 实际支出等于意愿支出

9. 下面不属于 IS-LM 模型假定条件的是（　　）。

A. 投资是个外生变量　　　　　　　　B. 总供给不变

C. 价格水平不变　　　　　　　　　　D. 经济处于充分就业状态

10. 假定货币供给量和价格水平不变，货币需求为收入和利率的函数，则收入增加时（　　）。

A. 货币需求增加，利率上升　　　　　B. 货币需求增加，利率下降

C. 货币需求减少，利率不升　　　　　D. 货币需求量不变，利率上升

11. 按照凯恩斯的货币需求理论观点，在一般情况下，如果利率上升（　　）。

A. 货币需求不变　　　　　　　　　　B. 货币需求下降

C. 货币需求量不变　　　　　　　　　D. 货币需求量减少

12. IS 曲线表示（　　）。

A. 产品市场均衡时收入与利率的组合

B. 产品市场总需求等于总供给时，收入与利率的组合

C. 产品市场投资等于储蓄时收入与利率的组合

D. 货币市场均衡时收入与利率的组合

13 影响金融产品定价的主要因素有（　　）。

A. 资金成本　　　　B. 服务成本　　　　C. 税金　　　　　　D. 利润

14. 根据 IS-LM 模型（　　）。

A. 自发总需求增加，使国民收入减少，利率上升

B. 自发总需求增加，使国民收入增加，利率上升

C. 货币量增加，使国民收入增加，利率下降

D. 货币量增加，使国民收入减少，利率下降

15. 假如货币需求曲线接近于水平，这意味着（　　）。

A. 货币需求对利率的反应很敏感　　　　B. 货币需求对利率的反应不敏感

C. 货币需求不受利率影响　　　　　　　D. 陷入流动性陷阱

E. 陷入古典区域

16. 关于违约损失率（LGD）表达正确的是（　　）。

A. 违约成本越高，违约概率越低

B. 违约成本越低，违约概率越高

C. LGD 是预测借款人拖欠贷款会产生的损失的一个重要指标

D. 违约损失率不受抵押或其他担保措施的影响

17. 一般来说，位于 IS 曲线右方的收入与利率的组合，都是（　　）。

A. 产品市场投资小于储蓄的非均衡组合　B. 产品市场投资大于储蓄的非均衡组合

C. 产品市场需求小于供给的非均衡组合　D. 产品市场需求大于供给的非均衡组合

18. 会使 LM 曲线向左移动的情况有（　　）。

A. 货币供给减少　　　　　　　　　　　B. 货币供给增加

C. 价格水平上升　　　　　　　　　　　D. 价格水平下降

19. 当 LM 曲线呈垂直线时，意味着（　　）。

A. 处于凯恩斯区域　　　　　　　　　　B. 处于古典区域

C. 财政政策无效　　　　　　　　　　　D. 货币政策无效

E. 投机需求无限

20. 以下关于 IS 曲线斜率的判断，正确的是（　　）。

A. 投资需求对利率变化的反应程度敏感，IS 曲线较为平缓

B. 投资需求对利率变化的反应程度敏感，IS 曲线较为陡峭

C. 边际消费倾向越大，IS 曲线越平缓

D. 边际消费倾向越大，IS 曲线越陡峭

四、判断题

1. 信用评分模型是建立在对历史数据模拟的基础上，因此，对借款人历史数据的要求不高。　　　　　　　　　　　　　　　　　　　　　　　　　　　　　　　（　　）

2. 信用评分模型可以给出客户信用风险水平的分数，能够提供客户违约概率的准确数值。　　　　　　　　　　　　　　　　　　　　　　　　　　　　　　　　（　　）

3. 当利率上升时，住房投资减少。　　　　　　　　　　　　　　　　　　　（　　）

4. 投资既是收入增长的原因，又是收入增长的结果。　　　　　　　　　　　（　　）

5. 金融的本质就是对风险进行定价。　　　　　　　　　　　　　　　　　　（　　）

6. 所谓风险定价，就是给资产的风险定一个价格，反应的是风险和收益的关系，一般来说，两者成正向关系，风险越大，溢价越大，收益越高。　　　　　　　　　（　　）

7. 金融企业向顾客收取的费用表现为利息、手续费、保险费、股票佣金等。（　　）

8. LGD 主要受到以下因素影响：债务类型、合同条款、细分市场、经济状况。

　　　　　　　　　　　　　　　　　　　　　　　　　　　　　　　　　　（　　）

9. 违约概率模型分析属于现代信用风险计量方法。 （   ）

10. 金融产品的价格或波动幅度等盈利关键指标，受很多因子影响综合而成，具有多样性和特殊性。 （   ）

11. 金融产品是不可以进行公开交易或兑现的非实物资产，具有经济价值。 （   ）

12. 金融产品的价格波动规律，不同于经济学的价格波动规律，它都是价格围绕价值上下波动。 （   ）

13. 价格是金融产品的核心要素。 （   ）

14. 金融产品种类的繁多决定了其价格形式的多样性。 （   ）

15. 金融产品的价格要区分票面价格和市场价格。 （   ）

16. 票面价格是合同中规定的名义价格。 （   ）

17. 债券的票面价格通常相当于本金，与票面利息率一起构成每期利息额的依据。 （   ）

18. 股票的票面价格在企业的资产负债表中用于计算企业的注册资本额。 （   ）

19. 市场价格是金融产品在市场上的成交价格，相当于认购者实付，发行者实收的价格。 （   ）

20. 在二级市场上，市场价格的变动不再受票面价格的限制。 （   ）

五、简答题

1. 某银行贷款给 A 同学 1 亿元人民币，A 同学的违约概率为 0.01%；银行贷款给 B 同学 100 元，B 同学的违约概率为 90%。请分析谁的风险高？为什么？

2. 某商业银行当期信用评级为 B 级的借款人的违约概率（PD）是 0.10，违约损失率（LGD）是 0.50。假设该银行当期所有 B 级借款人的表内外信贷总额为 30 亿元人民币，违约风险暴露（EAD）是 20 亿元人民币，则该银行此类借款预期损失为多少？

六、实战演练

举例说明违约率、违约损失率、违约概率和信用评级的关系。

数字篇

学习目标

【职业知识】

掌握信息化、数字化、智能化的含义；掌握业务中台技术、数据中台、技术中台的内涵

【职业能力】

会绘制客户旅程地图；会搭建数字化转型的构架

【职业素养】

具有创新思维、客户思维，树立为产业升级、建设数字中国贡献一份力量的理想

第一节 信息化、数字化与智能化

情境导入 4.1

在数字化转型之前，华为提供给客户的都是纸质版的验收报告，所以，需要一间100平方米的房间专门放这些文档。如果要验收一个站点，则需要搞清楚合同里每一个条目到底涉及哪些产品，这些产品分别是什么版本、配置都有什么关键参数，又有哪些技术标准。一个报告里面可能还包括若干个分报告，与之相关的工作量也很大。很多时候需要华为和客户双方十几位专家挤在一间办公室里联合办公，通常需要连续两天通宵才能全部完成。因此，客户经常抱怨什么时候和华为合作，能像亚马逊购物一样在线选品、在线下单，然后确认收货开票就好了。

华为借助数字化还真的做到了。在基础层面，华为实现了产品数字化、标准化的呈现，所有报告、文档、发票全都数字化。此外，还实现了和客户方的交易系统打通，小到语言语种的统一，大到订单配置的管理，全部在线上完成。现在客户下单都是线上选配，完成一个订单只需要5分钟。

交易模式的改变甚至影响到了客户，比如原来某国一家电信运营商和华为合作，整个公司管理科和华为对接的有几十人，变成数字化交易后，他们甚至不需要专人在这个部门，员工可以做更有价值、更有意义的事。

纵观人类科技变革，大体上分为4个阶段：以蒸汽技术为代表的第一次工业革命，称

为机械化；以电力技术为代表的第二次工业革命，称为电气化；以信息技术为代表的第三次工业革命，称为信息化；第四次工业革命涉及的技术种类众多，其中人工智能最为核心，称为智能化。数字化的好朋友是信息化和智能化。

一、信息与信息化

（一）数据与信息

数据是反映事实面目的记录，没有数据就没有信息，数据是信息的来源和载体，是信息的表现形式，信息是带有判断的表达。因此，如果一个数据被赋予了意义，就可以被称作信息。你每天跑步带个手环收集的是数据，网上这么多网页也是数据，数据本身没有什么用处，但数据里面包含一个很重要的东西，叫作信息。

1. 数据是原始资料

可以用写、画、录音、录像等形式记录的，通过数字、字母、符号、汉字、图形、图像、声音、视频等形式输入计算机设备的都可以叫数据。

（1）数据本身没有任何意义和价值，只是一个客观的存在，它可以作为证据发挥作用。

（2）如果没有数据、数据匮乏或不能转化为信息和知识，信息和知识的产生也就成了无水之源。例如，数据显示某个客户每 6 个月购买一双新鞋。这可能是因为客户经常步行，在这段时间里把鞋底磨平了，也可能是因为客户想跟上最新潮流。不管是什么原因，企业可以开始每 6 个月与客户分享一次信息，提醒他们是时候买一双新鞋了。

> **小知识 4.1**
>
> 大数据是指无法在一定时间范围内用常规软件工具进行捕捉、管理和处理的数据集合，是需要新处理模式才能具有更强的决策力、洞察发现力和流程优化能力的海量、高增长率和多样化的信息资产。大数据有以下特点：体量巨大、类型繁多、价值密度低、获取速度快、真实完备、极具个性化。

（3）数据本身的价值有限，但对大数据进行深度分析整合，就会意义非凡。比如，天猫商城通过对消费者购买产品信息方面的大数据进行分析，可以清楚地知道你最想买什么东西。同样的道理，今日头条知道你最想要了解什么样的讯息。

2. 信息是数据处理之后的结果

（1）信息是升级版的数据。信息以数据的形式出现但被赋予了意义，在信息的处理中，信息载体能够反映信息内容，通过提高处理这些信息的能力，人类不断增加了对自然界和人类社会的认识。

（2）信息具有针对性、时效性。信息的基本作用就是消除人们对事物了解的不确定性。现代社会中，信息的作用更是难以估量。一条有价值的经济信息可以帮助工厂获得巨额利润，一条准确的气象预报可以使人民的生命财产免遭重大损失，一项重要的军事情报可以使己方以少胜多。信息已成为具有重要价值的资源——信息资源。

3. 数据与信息的联系和区别

（1）数据与信息的联系。数据和信息之间是相互联系的。数据是反映客观事物属性的记录，是信息的具体表现形式。数据经过加工处理之后就成为信息；而信息需要经过数字化转变成数据才能存储和传输。

小知识 4.2

迅速而准确地传输信息，历来都是与经济和社会生活息息相关的。早在语言产生之前，人类便有绳、号角、击鼓、火光一类原始的通信工具。在中国境内，至今尚留存着不少烽火台遗迹。

当边境出现敌方入侵时，相邻的烽火台就会一个接一个地点燃烽火，把紧急信息迅速接力传递下去。随着人类语言的形成、数字技术的运用、印刷技术的传播、电子技术的发展，信息传输发生了质的变化，对经济社会发展起了极大的促进作用。

（2）数据与信息的区别。信息是带有判断的表达，而数据只是反映事实面目的记录。对于信息通常可以用对不对来评价，而对于数据通常可用准不准来打分，信息表达可以完全背离本质，而数据的表达通常只是有偏差；例如，表达：我认为//我听说//某个医生很牛，这是一种信息；而描述：他毕业于某某大学//博士学历//执业多少年//获得什么荣誉//执业过程中发生过什么事（包括有否医疗事故或者救病人于一线之间），就是数据。

数据比较具象，而信息比较抽象。例如，当我们看过一部电影之后都会有自己的感受，这时候我们可以将电影当作数据，所以，经过我们大脑处理后得到的那些感受，就可以当作信息了。

（二）信息化的内涵

自从有人类活动开始，就有信息的产生和交换了。可以说信息一直存在，信息的采集、传播、处理和利用过程也一直都存在，近 50 年来由于计算机、通信、网络等现代信息技术的快速发展，使得我们掌握和交换信息的能力和数量呈指数型增长，以此为背景，广泛利用现代信息技术提高社会生产效率、人类生活质量的过程称之为信息化。简单地说，信息化是指通信现代化、计算机化和行为合理化的总称。如图 4.1 所示。

小知识 4.3

合理化是指人类按公认的合理准则与规范进行；通信现代化是指社会活动中的信息交流基于现代通信技术基础上进行的过程；计算机化是社会组织和组织间信息的产生、存储、处理（或控制）、传递等广泛采用先进计算机技术和设备管理的过程，而现代通信技术是在计算机控制与管理下实现的。因此，社会计算机化的程度是衡量社会是否进入信息化的一个重要标志。

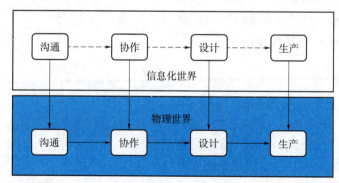

图 4.1　信息化的流程

从定义上来看，信息化强调了帮助应用对象发生转变，而不对其本质产生变革。

图 4.1 中，实线代表实际流程走向，人类的活动以物理世界为主，少量的行为借助信

息化手段进行改进和提升。

比如 OA 的办公系统，虽然是将纸质的内容整理后上传到系统中走线上化流程，但到了最后一步还是要打印出来让领导手动签字，再以这个最终审批为准，这个时候还是在用线下的流程化思维来处理业务，当线上与线下发生冲突时，还是以线下为准。信息化是一种工具、一种手段，并没有改变业务本身，线下因为某个环节或者领导无法打通的问题仍是没有得到解决。

教学互动 4.1

问：数据就是数字吗？

答：数据不仅指数字，互联网上的所有内容都可以被称为数据，比如文字、图片、视频、音频等。

二、数字化和智能化

数字化场景比比皆是，五花八门的 App 为我们提供的譬如购物、支付、社交、线上课程、线上会议、智慧城市、休闲娱乐、外卖点餐等服务，让我们的生活和工作更加便利和高效。数字化影响体现在众多方面，对商业最大的改变是使人们的行为方式升级，其中最为核心的是消费习惯和决策行为。商家们可以根据消费者决策行为的变化，调整相应的营销策略。抽象一点说，如果数字化是一个旋转的大风筒，那么没有行业能够逆向而行，只有先后，没有例外，都将全面进入数字化。

信息化是数字化发展的前期阶段，是数字化整体范畴的一个子集，数字化是信息化的进一步深入。简单地说，从信息化到智能化的过程叫数字化，数字化是在信息化的基础上进行延续的。

（一）数字化的内涵

由于互联网的产生，人类寻找到了一种方法可以将信息上传到虚拟网络世界中，并进行快速的传输和计算。数字化是各种信息转化成计算机和通信网络能够识别、处理、转化和传输的过程。

1. 数字化的定义

狭义的数字化是利用数字技术（将信息转换为数字即计算机可读格式的过程，是指将任何连续变化的输入如图画的线条转化为一串分离的单元，在计算机中用 0 和

小知识 4.4

数字化就是要通过各种技术手段收集企业日常运营和创新所需的数据、客户使用产品或服务的体验数据、市场变化数据、行业趋势数据等，形成企业日常运营的全景图、客户全景图、产品全景图、市场变化及行业趋势全景图等，从而提升企业运营效率，创造新的业务模式。企业通过数字化手段挖掘数据的价值，从而发现企业运营中可以改善的地方，甚至开发新的业务模式。

1 表示，通常用模数转换器执行这个转换），对具体业务、场景的数字化改造，更关注数字技术本身对业务的降本增效作用，这跟信息化的功能有很大的重合；广义的数字化则是利用数字技术，对企业、政府等各类组织的业务模式、运营方式，进行系统化、整体性的变革，更关注数字技术对组织的整个体系的赋能和重塑。数字化是信息化的更高

级，它除了降本增效，还强调了能够对企业整个体系的赋能和重塑。数字化不只是带来一些新的工具、手段变化，更重要的是导致商业环境发生重大的变化，影响整个商业逻辑发生新的重大变化。

2. 数字化过程

将许多复杂多变的信息转变为可以度量的数字、数据，再以这些数字、数据建立起适当的数字化模型，把它们转变为一系列二进制代码，引入计算机内部，进行统一处理，这就是数字化的基本过程。就如同胶片数字化是将图像由光点成像转变为离散点的数字集合，地图数字化是将地理位置信息转变为 x、y 坐标值。如图 4.2 所示。

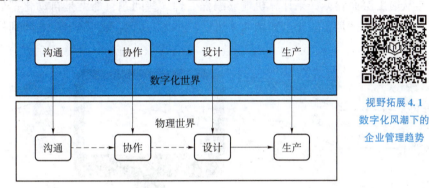

图 4.2　数字化的流程

视野拓展 4.1
数字化风潮下的
企业管理趋势

从图 4.2 可以看出，数字化时代与信息化时代是完全颠倒的。人们的大部分的沟通、协作、设计、生产都已经通过数字化技术在数字化世界里实现了。一切的沟通和协作都以数字化世界为核心，而传统的物理世界则成了数字化世界的辅助和补充。

3. 数字化时代的特点

数字化时代具有如下特点：利用数字化技术将物理世界完全重构建模到数字化世界；人类大部分活动及交互都在数字化世界中进行，少量决策指挥信息回到物理世界指挥设备和机器完成操作；数据是物理世界数字化世界的投影，是一切的基础，而流程和软件系统则是产生数据的过程和工具。

（二）智能化的内涵

信息化只是数字化的初级阶段，而数字化的高级阶段，则是智能化。智能化是指事物在网络、大数据、物联网和人工智能等技术的支持下（数字化产生的结果），所具有的能动地满足各种需求的属性（系统直接进行决策，并指挥相应的部门执行决策）。通俗一点来说，智能化将决策机制模型化后，直接指挥执行单元，执行单元接到指令后可以自动执行，从而降低了管理人员决策的工作难度，提高决策效率。即智能化使机器有了思考的能力，由机器做决策。

比如无人驾驶汽车，就是一种智能化的事物，它将传感器、物联网、移动互联网、大数据分析等技术融为一体，能动地满足人的出行需求。

1. 智能化的输入层面

从输入的层面看，如果计算机能够处理目标信息，这个阶段就叫信息化；如果计算机能够根据这些信息来进行计算，那就是数据化；如果计算机能够理解这些数据，那就是智能化。如图 4.3 所示。

读不懂　　　　　　读懂　　　　　　决策

图 4.3　从输入层面看信息化、数据化与智能化

2. 智能化的输出层面

从输出层面看，如果计算机能够编程处理这些问题，那就是自动化；如果计算机能够自动编程，那就是智能化。如图 4.4 所示。可见，从输入到输出，发展到最后的终点都是智能化。

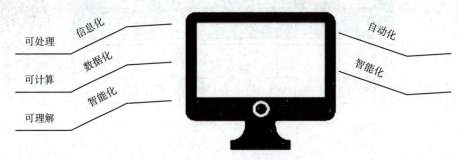

图 4.4　从输出层面看信息化、数据化与智能化

三、信息化、数字化和智能化的关系

信息化是支撑，是工具；数字化是思维模式，是业务本身；智能化是决策执行，是业务最佳执行方式。每一化代表着信息技术在企业实践中的应用进化，也预示着不同的商业模式、管理系统和作为企业领导的能力晋级。

（一）数字化是在信息化的基础上进行的延续

信息化是数字化的基础，信息化改变的是企业内部效率，数字化是智能化的基础，数字化牵动企业上下游，提升产业链的效率，企业进入整个生态体系。首先，信息化从人类社会出现时就一直存在，只不过是时代的进步，造就了所谓的当代信息化；其次，数字化是一种思维方式或抽象现实世界的方法，与机械化、自动化、电气化一点也不冲突；最后，信息化、数字化、智能化都是一个发展过程的抽象概念，并不是某一个时间节点或者变革符号，都需要投入大量时间和人力、物力发展（智能化概念

小知识 4.5

围棋被誉为人类智慧的最后堡垒，是人类大脑智慧的专利。但是近两年，谷歌开发的人工智能程序阿尔法狗横扫围棋界，先后打败了围棋世界冠军李世石和柯洁。

百度 CEO 李彦宏乘坐无人驾驶汽车驶上了北京五环，昭示着"无人驾驶"距离我们不再遥远。

快递行业开始采用智能分拣机器人分拣包裹，高效、省时、准确，即便昼夜不停，也不会疲惫，智能分拣将有望取代人工分拣。

以上的事例无一不显示出大数据和人工智能的快速发展，人类正站在一个新时代的风向口，智能时代的浪潮即将来临。

仍然没有达成广泛的共识，仍然处在探索阶段）。数据、信息、知识和人工智能的关系如表 4.1 所示。

表 4.1　数据、信息、知识和人工智能的关系

类别	体系架构	内容	作用	价值
信息化	业务信息系统	数据/信息	信息处理	业务流程自动化
数字化	业务信息系统/ 管理信息系统	数据/信息/ 知识/ 决策（局部）	信息处理/ 信息管理/ 知识管理	业务流程自动化/ 管理流程自动化
智能化	业务信息系统/ 管理信息系统/ 运营管理系统	数据/信息/ 知识/决策/ 执行	信息管理/ 知识管理/ 决策管理/运营管理	业务流程自动化/ 管理流程自动化/ 运营自动化、智能化

 教学互动 4.2

　　问：数字营销就是微信、微博、FACEBOOK、DSP、DMP、MAP、LBS 等各种营销工具的低维组合和几何叠加吗？

　　答：绝对不是，没有建成全面性数字或整体性数字客户的，不能称为数字化营销，最多只能是在建数字营销或准数字营销。

（二）智能化是建立在数据化的基础上的媒体功能的全面升华

　　智能化是信息化、数字化、数据化最终的目标，也是发展的必然趋势。它们三者不是递进关系，而是有种类似版本升级的关系。之前人们也有这种需求，只是在技术层面达不到，所以先进入了信息化。随着技术不断发展成熟，过去很多信息化无法达成的现在能够做到了，它们有重合有突破，最终走向智能化。如图 4.5 所示。

教学互动 4.3

　　问：举出生活中信息化、数字化、智能化的例子。

　　答：一台无人售货机，里面按分类陈列了商品以及价格信息，需要手动选择商品，完成找零，这是信息化；通过人脸识别打开柜门，拿出商品，机柜通过 RFID 识别商品，自动结算，这是数字化；如果只需要通过人脸识别，系统就可以判断出购买需求，根据购物喜好，为你做好商品选择，打包计算，而你只需拿走，这就是智能化。

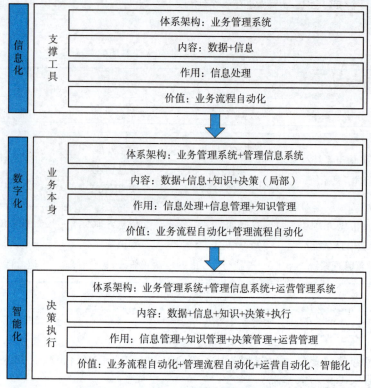

图 4.5 智能化与信息化、数字化的关系

四、数字化转型

企业数字化转型是指企业从业务、管理到运营的全面信息化、数字化。与传统企业信息化相比，数字化代表的是一种融合、高效、具有洞察力的企业运营模式。体现的形式是行业软件将云计算、大数据、人工智能、物联网等数位技术串联起来，应用于企业业务、管理和运营。

例如，出租车王师傅在机场候客，他中午 12 点来机场，整整等了 7 个小时，才轮到他载客，王师傅抱怨道："早知道排队这么久，就不来机场了，这一天算是耽误了。"

对机场或者出租车公司而言，通过数字化转型，比如，和滴滴公司合作，对接滴滴公司的平台，机场或者出租车公司就能够提供实时出租车位置动态 App 软件，让司机可以实时查看各重要地点，如机场或者高铁站的出租车状况，或者指导出租司机去哪里等客，这样就会增加司机的收入，并且为乘客提供更好的服务，从而实现出租车的最大化利用。

数字化不是目的，转型才是。如果不能转型，即使再信息化、数字化、智能化，对于企业来说也提供不了帮助。

企业数字化转型不是"可选项"而是"必选项"，它是驱动企业成长的核心关键所在。

当然，数字化不应仅仅是营销考虑的事情，数字化转型远远比数字营销范畴要广很多，它会涉及销售、财务、会员、产品研发等，是企业升级的商业模式。具体来说，企业数字化转型的内在动因有以下几点：

（一）数字化技术的应用提高生产力水平

1. 科学技术是第一生产力

技术是手段、是工具，好的工具能够极大地提升效率，提高生产力，数字化转型的核心是新的生产工具，生产工具标志着生产力水平。

2. 数字化转型是生产力转型

从技术角度来说，传统单体应用系统或单体-集成方式已经难以适应新业务发展和创新的要求。物联网、云计算、大数据、人工智能等相互促进，以数据融合为纽带，以技术融合为手段，以业务融合为支撑，提升企业的生存能力、业务创新能力，从而适应新的环境要求，实现业务变革和效率提升。如与微服务设计思维、敏捷开发以及DevOps的结合等，改善了用户体验，极大地提升了生产力。

 小知识4.6

从模拟电视到数字电视、从胶卷相机到数字相机、从物理打字机到Word软件，其变革的本质都是将信息以"0-1"的二进制数字化形式进行读写、存储和传递。相比而言，数字化强调的是"流程的数字化"，运用数字技术改造商业模式、产生新的收益和价值创造机会，例如，企业资源计划（ERP）系统、客户关系管理（CRM）系统、供应链管理（SCM）系统等都是将工作流程进行了数字化，从而倍增了工作协同效率、资源利用效率，为企业创造了信息化价值。而数字化转型也是开发数字化技术及支持能力以新建一个富有活力的数字化商业模式。因此，数字化转型完全超越了信息的数字化或工作流程的数字化，着力于实现"业务的数字化"，使公司在一个新型的数字化商业环境中发展出新的业务（商业模式）和新的核心竞争力。

（二）数字化转型的实质是业务重塑

数字化转型是建立在数字化转换和数字化升级基础上，进一步触及公司核心业务，更加适应更全面的在线环境，从接触最终用户到后端的办公室工作，全面实现无须人工介入的过程自动化。

1. 打通所有业务系统中的数据

成功的数字化转型并非始于技术，而是以客户为中心的目标来彻底改革组织，从而实现生产力的转型，利用软件工具和软件技术，赋能业务以获得创新能力，实现业务重塑。

2. 整合资源实现企业业务的转型、创新、增长

数字化转型说到底就是要整合自身资源，查漏补缺，重视科技投入，利用数字化技术实现业务创新，或优化业务模式。IT部门是技术实施的主体，因此需要IT和业务的深度融合，整合企业的基础设施资源、人力资源、数据资源、组织资源、社交资源等，构建统一的业务服务中台，实现敏捷的流程和决策路径，支持业务应用的快速变化和创新。

比如，在很多零售行业，必须整合来自不同渠道的信息，如采购记录等，从而可以更好地理解每一个客户。

（三）数字化转型的目标是商业模式重塑

数字化转型就是企业利用数字化技术，为自己构造一种新的商业模式。

1. 优化企业的经营结构

数字化转型旨在利用各种新型技术，如移动、Web、社交、大数据、机器学习、人工

小知识 4.7

以前企业做信息化总结起来就是 OA 协同办公系统、ERP 系统、客户关系管理（CRM）系统、财务系统、人力资源系统等等。这些信息化的项目有一个共同特点，就是把企业的组织架构、业务流程、运营模式等通过软件系统的形式固化，这样企业相关的员工、物料、设备、资金等要素就围绕固化好的软件系统运转。但是那些软件之间的数据根本无法联通，对于企业管理也会形成一定程度的阻碍。

智能、物联网、云计算、区块链等一系列技术为企业组织构想和交付新的、差异化的价值。

（1）统一的管理平台，方便对企业业务整合管理。

（2）优化现有流程结构，达到降本增效的目的。

（3）重复性任务自动执行，无须人工参与即可完成。

完成这些目标必然可以给企业的管理带来巨大的优化，效率也能得到明显的提升。

2. 降本增效提高竞争力

采取数字化转型的企业，一般都会去追寻新的收入来源、新的产品和服务、新的商业模式。

（1）提高企业内部效率。企业利用之前积累的经营数据，将其进行数字化处理，低成本的数据应用提高效率，而提高效率又意味着降低成本，从而实现了良性循环。

（2）为客户提供最佳体验。高效率增强了客户的体验感，客户满意度高意味着客户留存率高。

教学互动 4.4

问：数字化和数字化转型的区别有哪些？

答：数字化和数字化转型有本质的区别。数字化是在信息化的基础上进行延续的。我们可以把信息化理解为将现实事物映像到虚拟的世界的过程，相当于我们在操作机器，因为虚拟的世界的载体是机器，让机器具备思考的能力，可以帮助人来做决策，就是数字化的一个过程。

数字化转型是数据化管理，数据化管理是最容易见证效果的，也是当下很多企业正在实施的措施。

第二节　数字化转型的内容

情境导入 4.2

百丽国际数字化转型

百丽国际作为一家大型实体经济企业，拥有 7 个研发生产基地、60 多个自有仓库，在中国 300 余个城市拥有自营门店约 2 万家，员工总数约 10 万人。如果采取传统的方式进行管理，不进行数字化转型，那整体的效率肯定不高。百丽国际数据化转型后升级了已有的 CDH 平台，整合了原有的 7 个数仓平台，形成流批统一、湖仓一体的架构。

与此同时，百丽国际围绕货、场、人构建完善的标签与指标体系，依托自身积累的技术优势，基于 AI 销售预测、算法模型，支撑商品的铺补调货建议，对比传统的人工统计方式，效率得到了极大的提升，在业务核心链路上，不再完全依赖人力的自主决策与执行，实现螺旋上升式工作优化模式，推动整体业务稳固发展与创新；门店商品主推智能播报，效率提升 30%。

这相当于在百丽原有的运转引擎上，增加了一个个新的观察点，比如原先发现一款新上线的鞋子试穿率排名第一，但转化率只有 3%，实际调研后发现是因为鞋带过长。将这款鞋调回工厂改进后重新推出，转化率瞬间达到 20%。

在数字运营方面，百丽基于数据智能平台构建支撑事前预测与分析、事中预警与指导、事后反馈与迭代的中央控制能力，形成数据资产+业务逻辑统一，创新数据智能应用，通过分析商品、店铺主数据、交易数据、外部数据等数据源，使用模型来进行滚动销量预测，精准率达到 90%。

由于底层数据平台统一升级，可以统一管理超过 2.5 PB 数据量、500 GB/每天新增，查询性能提升 30%、硬件资源每年维护成本降低 25%，对于一个企业来说，效率得到了提升，成本得到了降低，整体的收益也能得到提升。

数字化转型表明，只有企业对组织活动、流程、业务模式和员工能力进行系统、彻底的重新定义的时候企业发展才会成功。

技术从业者和企业家们都从自己的角度去解读企业数字化转型，所以侧重点有所不同，但基本内容都是从客户体验、业务和运营、组织和文化、商业模式四方面来理解。

小知识 4.8

2022 年 11 月 9 日，工信部印发《中小企业数字化转型指南》，从降低数字化门槛到加快数字赋能，对中小企业帮扶加力施策。由此可见，从大型企业到中小型企业，企业数字化转型是大势所趋。对于量大面广的中小企业来说，数字化转型不仅能够帮助大量中小型企业实现"提质、增效、降本、减存、绿色、安全"等多重目标，还能支撑中小企业在市场竞争中获得更大的主动权。

一、客户体验

客户体验（Customer Experience）是客户与产品和服务交互过程中形成的感受，从本质上讲，数字化转型是将技术融入企业的各个部分，从最初的意识阶段（如付费广告）一直到付款阶段。它鼓励企业改变与客户互动的方式以及购买体验。实际上，几乎一半的企业表明客户体验是它们决定实施数字化转型战略的主要原因。

交互是客户体验形成的核心，客户体验的内涵决定企业增长模式。如何有效地管理交互过程，提升用户体验，客户旅程的分析和优化就显得尤为重要。

（一）客户旅程地图的绘制

客户旅程是指客户首次接触品牌，直至下单并享受产品或服务期间与企业互动的全过程，客户旅程也可以说是客户购买产品或服务的决策过程。对营销人员来说，客户旅程管理是一种强有力的方式，可以确保他们尽可能以最好的方式与客户交互，实现真正的以客户为中心的营销模式。

客户旅程地图是开展客户体验工作中最常用的工具，图 4.6 描述了客户旅程地图绘制的整个过程。

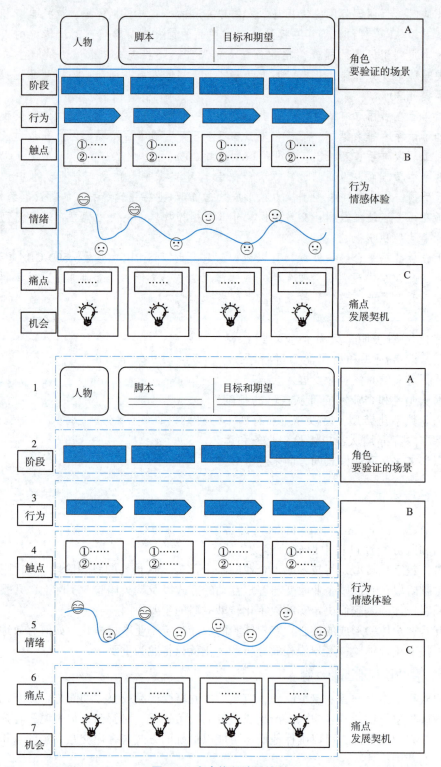

图 4.6　客户旅程地图绘制

1. 确定场景与状态

这一步需要确定主角是谁，场景是什么样的。企业越了解其客户，就越能提升他们的体验。利用数据挖掘和统计技术，能获得完整的客户资料，在此基础上能够进一步优化客户的体验，满足他们的偏好，了解他们的不满，最终达到提高客户满意度的目的。

（1）定义旅程镜头。即要描述是当前状态还是未来状态。

（2）选择客户。即要描述是以谁的角度绘制这张图的，是谁的旅程。

（3）场景与目标。描述旅程地图所呈现的内容，即客户试图实现什么，主角存在的情况和所处的环境。

2. 定义各阶段

定义旅程的各个阶段，是便于更加清晰地审视客户，节省大量的时间和精力。通常将客户旅程分认知、接触、使用、首单、复购、习惯、流失阶段。

（1）先找到第一个和最后一个阶段，再开始填充中间阶段。

（2）不要创建太多步骤，将旅程分为有意义的若干大块。

3. 客户行为

明确客户每次与品牌互动时都在做什么，是在看视频还是点击推送的消息。这是客户在特定阶段所采取的实际步骤和行为，此步骤不要太详尽和精细化，要关注哪些是必要的，以便过渡到下一个阶段。

4. 接触点

接触点的高水平覆盖对于更好地适应客户心理模型、识别集成机会或业务提供非常有效的帮助。在这里要强调所有与其他工具、人或服务的交互。

（1）识别关键触点（人、服务、其他工具）。

（2）不要包括所有发生在后台的触点。

5. 情绪

客户每次互动时，都要将客户的情绪绘制出来。通常将客户的想法和情绪结合在一起绘制，以便简化理解，可以将想法描述在地图上，然后用情绪便利贴进行可视化呈现。

因为是站在客户的视角来考虑客户的情绪，需要平时对客户的反馈有一定的积累，数据可以来自网络帖子，包括一手和案头研究、社交聆听、情感分析，等等。

6. 确定痛点

客户真正的痛点不是欲望，而是恐惧。貌美女子害怕失去的是年轻与美丽，于是有了昂贵的整容项目；有钱的男人害怕失去财富与权力，于是有了各种保险与基金。商业就是建立在各式各样源于恐惧的欲望之上的解忧杂货铺。

7. 解决痛点发掘

确定了痛点之后就可以开始思考如何缓解或消除客户旅途中的烦恼了。改进的想法通常是产品的功能、服务或集成等，这里是一个创新的空间。

 案例透析 4.1

盒马鲜生零售企业

在零售行业中，典型的用户消费旅程可以分为认知、到达、准备、购买、体验、物流、售后 7 个消费阶段，这也是用户旅行发展的 5 个阶段在该行业中的具体表现。

盒马鲜生从用户旅程的角度为用户带来了无缝融合的跨渠道用户体验，它关注用户线上线下购物体验的融合性，将"人—商品—数字化工具—金钱"串联起来，让数字产品承担起线上线下购物中的助手，甚至智能导购的角色，颠覆了传统上超级用户的购物体验。同时，盒马鲜生又在一些线下的关键接触点上充分利用线上工具进行辅助，并在体验细节上围绕产品、环境、情感等维度进行创新。

作为新零售的典范，盒马从创立之初就开始关注用户旅程的各个阶段，并从用户的角度思考为用户提供有价值的理念和便利的方式，结合用户旅程进行创新。这一创新也为盒马实现了普通商场3倍的坪效，其用户转化率高达35%，用户黏性和线上转化率均远高于传统电商。

案例思考：试分析盒马鲜生是如何将用户旅程转化为营销手段的。

（二）快速创建客户旅程自动化工作流程

基于大数据，企业可以从多方面提高决策的准确性，包括高层组织做出的战略决策、中层组织做出的管理决策和基层组织做出的作业决策。

创建客户旅程自动化工作流程步骤如下：

1. 选择触发条件

自动化工作流其本身存在的意义，就在于不需要人力的参与即可自动完成一系列的行为。因此，工作流必须知道，何时（满足何种条件时）开始工作，也就是说，每一条自动化工作流，均需要有一个触发条件。它可以是用户扫描了一个二维码，关注了公众号，或者给抖音的视频评论，提交一个表单，甚至当用户被加入一个标签组的时候。

2. 设置执行动作

客户旅程功能可以根据所连接的账号开放的能力，生成执行动作。当配置客户旅程自动化工作流时，就可综合利用各大营销工具，生成自动化工作流，比如微信消息、短信、邮件、企业微信/钉钉消息、Salesforce新建线索，等等。此外，部分执行动作完成之后，客户旅程功能还可判定该行为是否执行成功，如果失败，即可通过其他形式，模板消息通知用户。比如，直播活动报名的工作流中，如果模板消息发送失败也不用担心，通过执行结果的判定，工作流可以自动以其他的形式对用户进行提醒。

3. 利用延时器和条件判断来进行持续跟进

有时企业需要对满足条件的一些受众，进行一些事件判断，来决定后续是否需要进行跟进运营或如何进行跟进运营。这时，可以充分利用客户旅程中的条件判断类图元进行判断。更可以与延时器相配合，留给受众更充分的反应时间，打造自然合理的客户体验流程。

小知识4.9

客户体验自古以来就是多快好省四个方面，在互联网时代仍然如此。"多"是物品选择多，"快"是客户获得速度快、使用速度快，"好"是质量好，"省"是价格便宜，也就是物美价廉。某个企业的产品，不论是实物产品还是虚拟产品，如软件，只要能做到物美价廉，都是非常有竞争力的。通过数字化转型，与客户进行全渠道接触，全产品生命周期进行客户维系，来增强客户体验，比如，通过网络进行预售，根据客户点击量或者客户评价进行产品设计修正，确定产品生产量，之后线上、线下同步销售，客户线下体验后可以线下、线上购买，物流送货到各线下实体店，线下实体店同时作为仓库，客户可以选择线上发货或者到店自提，对于售后的商品，记录所有客户的历史销售信息，为客户提供持续的售后服务，在售前、售中、售后提供全渠道、全生命周期的服务，以此提升客户体验。

如直播活动发送了报名成功模板消息以后，企业可能想看一下受众在被引流到了公众号以后，是否有关注到菜单栏中预先设置好的很多内容，此时可以增加一个事件判断器，判断过去的两个小时之内是否有点击菜单的行为发生，以十分合理的方式，区别运营不同行为的受众。

（三）寻求具有营销自动化能力的工具

梳理好客户旅程以及相应的运营流程以后，企业就必须寻找一款能够助力企业成功打造流畅完整的客户旅程，实现营销自动化、部门增效的工具了。企业寻找的工具往往需要具备以下 5 种能力。

（1）自动化能力。营销的自动化，消费者决策流程中实现服务的自动化。

（2）个性化能力。为每一个/群体客户创造定制化的体验。

（3）场景化交互能力。与客户互动并安排好适当的顺序。

（4）旅程创新拓展能力。改进和扩展旅程并培养客户忠诚度。

（5）多渠道对接能力。需要能够把不同渠道组织在同一工作流内的能力。

二、业务和运营

业务主要负责将商机转化为更多的订单，因此需要进行一系列的客户管理跟进。简单地说，业务就是确定了要做的事情（这件事具备用户需求基数和相应的商业价值）。比如，共享出行业务——提供共享交通工具为用户提供出行服务。如表 4.2 所示。

表 4.2　业务每日计划表

时间		星期一		……	星期五	
序号	项目	计划	进度	……	计划	进度
1	产品知识的学习			……		
2	发布类似产品			……		
3	疑问的回复			……		
4	老客户跟进			……		
5	目标客户跟进次数			……		
6	客户资料收集及录入			……		
7	优质客户的筛选、归类			……		
8	客户电话跟进			……		
9	访客营销			……		
10	关键词收集、录入			……		
11	成交客户的统计			……		
12	更新客户信息			……		
13	使用社交软件开发客户的次数			……		
14	业绩统计			……		

运营主要是负责流量引入转化为更多的商机，因此需要做出一系列的平台优化。简单地说，运营就是支撑业务的产品让业务跑起来。我们拥有了共享出行的业务并准备好了线下单车和线上小程序，那么如何让用户来使用？采用什么方式或活动来获取用户？如何保证线下单车可以被投放到街边道路（与政府打交道谈妥）？如何规范用户乱停车的行为？如何增加用户重复使用自家共享出行的产品？

运营是落到产品中，最终让业务发展和运作，并且伴随着运营中出现和遇到的问题，进行相应策略的调整和推进产品调整甚至是业务重塑。两者要相互配合，企业的运行才能得到好的成果。

运营与业务的核心工作职责，如表4.3所示。

表 4.3　运营每日计划表

时间		星期一		……	星期五	
序号	项目	计划	进度	……	计划	进度
1	发布产品数（选择产品、图片、视频、文案、排版）			……		
2	优化产品信息（个数）（关键词、详细页、标题）			……		
3	收集关键词（访客、营销渠道等）			……		
4	参与平台活动			……		
5	微博"粉丝"通（发布动态信息数量）			……		
6	后台信息分析（每周一次：哪些词、产品或活动花钱无结果了；曝光量、点击量等转化数据分析和平台优化计划）			……		
7	平台交流会（与线上业务员、美工、采购针对热卖产品、新上线产品、低曝光产品分析曝光量、点击量等）			……		
8	收集竞争对手/行业 TOP10 平台信息（产品、关键词、平台布局）			……		
9	收集其他平台信息（产品、关键词和平台）			……		
10	客户喜好产品图片、关键词及相关信息登记表			……		
11	每日数据统计表			……		
12	周数据更新表			……		

三、组织和文化

为了跟上数字化转型所推动的变革步伐，组织必须具有敏捷性和适应性，而组织文化对于任何数字化举措的成功都至关重要。想建立数字文化，做到真正的转型，只有通过改变领导团队和一线员工的思维方式和技能来实现。

（一）领导团队必须要提供一个清晰的发展愿景和策略

企业决策者、管理者是企业发展的风向标，企业领导对生产经营数据的实时掌握、对市场风向的正确预判直接关系到企业稳定、可持续发展。具有 AI 能力的辅助决策系统可实现实时预警异常、正确研判市场，这样才能保证公司往正确的方向发展。

（二）赋予职能部门更多数字化手段

在公司内部形成以业务为导向的组织与管理模式，在传统繁杂的事务性工作中释放职能人员智力，形成以业务为导向的高效流程，调度职能人员活力，增加职能人员获得感，高效发展服务业务。

1. 选择客户导向而非职能导向

行政职能导向的组织会使企业内部官僚主义、本位主义、形式主义盛行。数字化的进化组织是基于市场和客户来设计的，是以客户为导向型的响应型、进化型、迭代型的组织。

2. 选择敏捷型而非审批型

数字化时代的组织应不断地进行"瘦身"，不断地进行简化，从而更好地响应市场的需要，更好地满足客户的需求。工业时代的组织职层多，机构臃肿，信息不畅，机体僵硬，审批过多，决策缓慢，行动迟缓，数字化时代要求企业通过组织的扁平化，机构的合并化和团队的项目化来打造敏捷型的数字化组织。

3. 选择平台化而非封闭化

数字化时代，高效的组织要打破部门墙、本位主义，要改变部间不配合、不协同的状况，要改善工作流程冗长不畅的问题，加快信息的流通，数据的共享从而实现数字化的价值。为实现这个目标就需要建立一个信息互通、数据共享、数字共生的跨部门、跨职能、跨团队、跨职责的开放式的平台。

（三）建立一定机制调动员工的积极性

当组织发展与数字转型战略保持一致，所有人感觉自己参与其中时，真正的变革就会发生。如果管理团队只说了一件事情，也许是在全体会议上提议，但没有因此而改变日常运营，则转型计划不会长久发展。

1. 重新定义个人的角色和职责

要发挥一线员工的价值，就要帮助他们了解在转型中的角色，以及如何推动，使其与企业转型的目标相一致，这也可以帮助阐释现在的企业所需要的员工能力。比如，营造一个持续学习的、开放的工作环境，或者给予员工一定的权利，让其在数字化技术采用方面拥有发言权。当员工对数字化可能在哪些方面帮助企业有自己的想法时，企业数字化转型的成功率就会更高。

2. 发挥技术经理和数字业务管理者的作用

一般来说，技术经理需要拥有专业的技术能力，并领导公司的数字化创新工作；管理者需要将新的数字方法和流程，转换并整合到现有工作方式中，既需要有业务方面的经验，也需要了解新的数字技术，让他们弥补传统业务和数字业务之间的潜在差距。

（四）搭建具有主动防护能力的信息安全保障体系

落实网络安全主体责任既是法律法规要求，也是企业自身发展的基础，管数据与采数据、用数据同等重要，建设信息安全保障体系，增强信息安全防护能力，避免泄露风险保障安全生产与发展。

四、商业模式升级

商业模式（Business Model）是有效的资源排列组合，这些资源包括有形的资源（人、财、物）和无形的资源（技术、理论、文化、管理）。当上述资源有机地融合、排列组合后，如果能创造价值，就是一个有效的商业模式。

可见，商业模式也即组织是如何为它的客户创造价值，以及如何挣钱并实现其目标的。这一定义适用于所有类型的组织，包括寻求实现其他目标的营利性组织和非营利性公共部门组织。

商业模式从管理者的构想到实现要经历一个艰巨的过程，在这个过程中，数字化管理水平决定了企业能否洞见和抓住这样的机会。所以，商业模式升级往往是数字化企业的最后一跃，让它和后发者拉开真正的距离。

 小知识 4.10

某企业内部信息集成度不够，各业务部门数据渠道封闭、独立，数据质量和标准各异，造成与管理和经营相关联的大量信息无法结合和定量分析，直接影响了管理决策科学水平。为改变这种现状，企业构建了决策支持系统，对企业的运行状况和经营成果进行分析、评价和剖析，反映企业在运营过程中的利弊得失和发展趋势，从而为企业的运行管理工作和优化经济决策提供重要的辅助信息。

通过决策支持系统整合供应链、生产、资金等业务数据，构建统一的数据采集标准、数据管控标准、数据质量标准、指标体系标准等，从而规范与指导项目落地实施与长远建设，实现数据集中管控与全面共享。

 教学互动 4.5

问：商业战略和商业模式之间的区别是什么？

答：商业模式解决组织如何运作的问题，商业战略则解决组织如何竞争的问题。

商业模式解释了组织为其各种各样的客户所提供的价值，如何管理与客户、合作伙伴和供应链之间的关系，以及描述其活动运转的规则；商业战略解释的是组织如何竞争，即它确定了组织在市场中的竞争优势和竞争地位。

（一）构架模块分类

组织为其客户提供什么：客户是谁以及如何管理与客户之间的关系，如何为客户创造价值，以及在哪里获取利润，即它的收入和支出，如图 4.7 所示。

（二）商业模式画布

画布解释并构成了组织的商业模式。这种工具有助于描述任何类型的组织商业模式。构建的模块如下：

（1）价值服务（我怎样帮助他人）。描述组织为其客户提供的价值和收益，以及它的产品或服务将会为客户解决哪些问题。

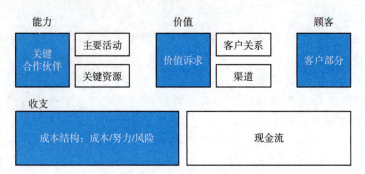

图 4.7　商业模式构架模块

（2）客户群体（我能帮助谁）。即客户细分，描述组织所服务的客户划分情况（如商业客户或私人客户、大型或小型、本地或国际等）。

（3）客户关系（怎样和对方打交道）。描述组织与其各种各样的客户群体所产生的关系类型，这些关系是一次性还是长期的，以及组织是如何发展和维护客户忠诚度的。

（4）核心资源（我是谁，拥有什么）。组织的主要资源和能力，即用于为其客户群创造价值的主要基础设施。

（5）渠道通路（怎样宣传自己，要做什么）。企业如何同客户达成沟通并建立联系，以便于向对方传递自身的价值主张。

（6）主要活动。组织运转的主要价值链，无论是使用组织自己的资源还是通过外包，做主要活动直接的衔接。

（7）重要合作（谁可以帮我）；关键商业合作伙伴，以及角色类型和规模。

（8）成本结构（我要付出什么）。组织的费用结构、主要成本因素。

（9）收入来源（我能得到什么）。收入的来源和组织如何得到收入。

> **小知识 4.11**
>
> 　　传统的商业模式讨论的是组织要如何开展业务并获取收入和利润，而数字化的商业模式则开始侧重于组织要如何策划完成上述工作，并将数字化技术融入其业务中，尤其是在面对数字化进程中的挑战时。
>
> 　　数字化商业模式拓展了经典的商业模式，即需要组织思考如何利用数字化来增强其竞争优势，并从众多竞争对手中脱颖而出。

第三节　数字化转型的核心技术

情境导入 4.3

腾讯金融安全大数据监管平台

在国内实践中，腾讯是将互联网技术发力于互联网金融业务的先行者之一。在过去几年中，腾讯连续打造了多组监管产品。例如，为用户累计挽回 10 亿损失的鹰眼反欺诈系统、3 个月冻结欺诈资金超过 6.5 亿的神侦资金流查控系统、使区域伪基站案发率下降 70% 的麒麟伪基站检测系统、使区域网络诈骗案发率日均下降 50% 的神荼网址反诈骗系统等。

腾讯金融安全大数据监管平台，依托腾讯安全反诈骗实验室的灵鲲金融安全系统搭建而成。灵鲲的设计理念是用于普惠金融领域中诈骗、黑产行径的防治工作。除了腾讯反诈骗实验室所具有的人工智能技术优势以外，微信、QQ等社交平台以及腾讯安全产品等多年沉淀的大数据积累也为平台输送了有力的判断依据，克服了监管者底层数据、算法模型、服务器计算能力不足等痛点。

数字化转型通过利用现代技术和通信手段，改变了企业为客户创造价值的方式。如今，数字技术正被融入产品、服务与流程当中，用以转变客户的业务成果及商业与公共服务的交付方式。

随着云计算、大数据、人工智能和区块链等新兴技术的探索，科技的作用被不断强化，创新性的解决方案层出不穷，云计算是基础设施，人工智能依托云计算和大数据，推动科技发展走向智能化时代。区块链推动了模式重构，它的实现离不开数据资源和计算分析能力的支撑。这些新兴技术并非彼此孤立，而是相互关联、相辅相成、相互促进的。数字化转型的核心技术如图4.8所示。

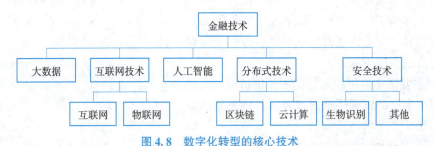

图4.8　数字化转型的核心技术

一、互联网技术

互联网是连接网络的网络，是任何分离的实体网络之集合，这些网络以一组通用的协议相连，形成逻辑上的单一网络。这种将计算机网络互相连接在一起的方法被称为网络互联。

（一）移动互联网

移动互联网是指互联网的技术、平台、商业模式和应用与移动通信技术结合并实践的活动的总称。它既继承了个人电脑端互联网开放协作的特征，又融入了移动通信实时、便携的优势。其本质是互联网大脑神经纤维种类的丰富，让互联网用户更便捷、更不受地域限制就能连接到互联网大脑中。

移动互联网有广义和狭义之分。广义的移动互联网是指用户可以使用手机、便携式电脑等移动终

　小知识4.12

　　互联网是金融科技的基础，帮助传统金融从线下走向线上。利用互联网或者移动互联网汇集海量的用户和信息，实现金融业务中的资产端、交易端、支付端、资金端的任意组合的互联互通，本质上是对传统金融渠道的变革，通过互联网实现信息共享和业务融合，其中最具代表性的包括网络借贷、网络众筹、互联网的基金销售等。

端通过协议接入互联网。狭义的移动互联网则是指用户使用手机终端通过无线通信的方式访问采用无线应用协议（WAP）的网站。移动互联网通过便捷使用方式，提供了科技赋能基础。

（二）物联网

当互联网开始进一步向外延伸，并与很多物品连接，这些物体开始不停地将实时变化的各类数据传回到互联网并与人开始互动的时候，物联网就诞生了。

物联网（The Internet of Things，IOT）主要指通过智能感知、识别技术与普适计算、泛在网络的融合应用，实现智能化识别和管理。

简单地说，物联网就是物物相连的互联网。比如，家里的所有电子设备、安防设置等都可以连接到智能终端，你在公司看到终端显示家里着火了，就可以马上启动消防装置并报警；下班快到家了，可以在手机上操作打开空调、微波炉。

可见，物联网是互联网的延伸，本质还是互联网。只是它的终端不再是计算机，而是嵌入式计算机系统和传感器。物联网的终极效果是万物互联，不仅仅是人机和信息的交互，还有更深入的生物功能识别读取等。

 小知识4.13

> 物联网和互联网是将所有事物和信息联系起来，因为将事物和信息联系起来后，数据才有了关联，数据有了关联才能产生更大的价值。例如，一辆车的位置数据没有太大价值，但几千辆车的位置数据关联起来，就可以用来判断路面拥堵情况，也可以用于交通调度。

 教学互动4.6

问：物联网对金融的作用有哪些？

答：物联网最大的作用在于数据的产生，大数据可以帮助商业银行更好地了解、分析客户以及防控风险等。物联网可以通过智能设备的安装，监控具体商品实际的生产过程，让它更加接近企业真实的生产经营数据，从而帮助银行能够更好地对客户进行风险评估、贷后管理，以及抵押品的监控等。

二、分布式技术

所谓分布式就是将不同的服务模块部署在多台不同的服务器上，然后通过远程调用协同工作，共同对外提供服务。由于分布式网络中数据的存储和处理都是在本地工作站上进行的，每台计算机都能够存储和处理数据，所以不要求服务器功能十分强大，其价格也就不必过于昂贵，同时允许它们共享网络的数据、资源和服务。对于用户来说，就像是一台计算机在服务一样。分布式技术的典型代表包括云计算和区块链。

（一）云计算

物联网和互联网产生大量的数据，在远程的数据中心里，成千上万台电脑和服务器连接成一片电脑云，这些数据要找一个地方集中存储和处理。

与集中式计算中心相对应，分布式计算是将在不同物理区域的计算资源组织整合起来进行计算，分布式计算提供了很多方法，不过在处理更大规模数据处理和更大规模资源需求时，缺乏弹性，不易管理，对用户没有亲和性。而云计算正是因此应运而生的。

云计算是分布式计算面向应用的延伸，其作用就在于将海量数据集中存储和处理，分布式计算是云计算的实现基础，没有分布式计算的技术，云计算的概念和盈利模式只能是纸上谈兵。当然，云计算可以是一个分布式计算系统，也可以是一个集中式的计算中心，只要你有权限提交你的计算需求，本质上云计算与本地计算相对应。

（二）区块链

区块链，就是一个又一个区块组成的链条。每一个区块中保存了一定的信息，它们按照各自产生的时间顺序连接成链条。这个链条被保存在所有的服务器中，只要整个系统中有一台服务器可以工作，整条区块链就是安全的。这些服务器在区块链系统中被称为节点，它们为整个区块链系统提供存储空间和算力支持。

从技术的角度看，区块链是一种与分布式系统有关的技术。分布式是基础，区块链不过是在分布式的基础上做了一些"封装"，区块链技术实际上是分布式账本的一种特定实现。当然，分布式账本不一定将数据打包成块，块和块之间的连接方式也不一定采用链状的连接方式。

区块链具有两大核心特点：一是去中心化、二是数据难以篡改。

在一个分布有众多节点的系统中，每个节点都具有高度自治的特征。节点之间彼此可以自由连接，形成新的连接单元。任何一个节点都可能成为阶段性的中心，但不具备强制性的中心控制功能。节点与节点之间的影响，会通过网络而形成非线性因果关系。这种开放式、扁平化、平等性的系统现象或结构，我们称之为去中心化。

如果要修改区块链中的信息，必须征得半数以上节点的同意并修改所有节点中的信息，而这些节点通常掌握在不同的主体手中，因此，篡改区块链中的信息是一件极其困难的事。基于这两个特点，区块链所记录的信息更加真实可靠，可以帮助解决人们互不信任的问题。

去中心的特征适合具有核算相关的行业，像银行、证券、数字货币等金融相关的行业；信息不可修改的特性适合身份认证、数据存证、金融等行业。

三、大数据技术

大数据技术是通过对海量数据进行分析从而发现一些隐藏的规律、现象、原理等。而人工智能在大数据的基础上更进一步，人工智能不仅会分析数据，还会根据分析结果做出行动，例如，无人驾驶、自动医学诊断等。

从上古时期的结绳记事、以月之盈亏计算岁月，到后来部落内部以猎物、采摘多寡计算贡献，再到历朝历代的土地农田、人口粮食、马匹军队等各类事项都涉及大量的数据。这些数据虽然越来越多、越来越大，但是，人们都未曾冠之以"大"字。

随着互联网的快速进化和急速膨胀，产生了巨大的信息量，大数据技术是对数量巨大、来源分散、格式多样的数据进行采集、存储和关联分析，从中发现新知识、创造新价值、提升新能力的新一代信息技术和服务业态。

　　大数据技术为金融业带来大量数据种类和格式丰富、不同领域的大量数据，而基于大数据的分析能够从中提取有价值的信息，为精确评估、预测以及产品和模式创新、提高经营效率提供了新手段。例如，要保证用户体验和信息安全，却又疏而不漏，成功筛选出黑名单用户、可能存在通话地点频繁更换等重要信息。这些记录数据都要识别、归纳和分析，依靠人是不可能的，只能靠大数据模型去找更重要的变量。

📖 **小知识4.14**

　　海量数据上传到云计算平台后，对数据进行深入分析和挖掘，这就是大数据的目的。例如，将几千辆车的位置信息综合起来分析出某条路的拥堵状况；将某个城市几百万人的健康状况综合分析，也许就可以得出某个工厂周围某种疾病的发病率比较高的结论……这些都是大数据做的事情。

四、人工智能技术

　　人工智能指的是让机器拥有智能，让机器自主地帮助人们完成一些事务。自动驾驶、对话机器人或者一些自动化机械设备都可以称作人工智能领域的产品。目前，人工智能在金融领域通过与大数据技术的结合应用，已经覆盖营销、风险控制、支付、投资顾问、投资研究、客服各金融应用场景。

　　人工智能有两个形影不离的队友：机器学习与深度学习。

（一）机器学习

　　机器学习是一种实现人工智能的方法。机器学习最基本的做法，是使用算法来解析数据、学习数据，然后对真实世界中的事件做出决策和预测。与传统的为解决特定任务、硬编码的软件程序不同，机器学习是用大量的数据来"训练"，通过各种算法从数据中学习如何完成任务。

　　例如，当我们浏览网上商城时，经常会出现商品推荐的信息。这是商城根据你往期的购物记录和冗长的收藏清单，识别出哪些是你真正感兴趣并且愿意购买的产品。这样的决策模型，可以帮助商城为客户提供建议并鼓励产品消费。

（二）深度学习

　　深度学习是一种实现机器学习的技术。其动机在于对建立和模拟人脑的神经网络进行分析学习。它模仿人类大脑解读图像、声音和文本等数据的机制。由于深度学习使用了深度神经网络使模型变得更复杂，因而模型更能深入地理解数据。

五、生物识别技术

　　生物识别技术是通过人类生物特征对身份进行认证的一种技术。人类的生物特征通常具有唯一性、可以测量或可自动识别和验证、遗传性或终身不变等特点。现有的生物识别类型有指纹识别、虹膜识别、人脸识别、静脉识别。

（一）指纹识别

　　指纹识别是最古老的生物特征识别，现代指纹识别技术容易被人接受，因为只需要少量指导便可实现轻松采集。此外，指纹特征占据的存储空间较小，设备轻巧，易于和移动设备结合。

（二）虹膜技术

虹膜是一种在眼睛瞳孔内呈织物状的薄膜，每一个虹膜都包含一个独一无二的特征结构，没有任何两个虹膜是一样的。因此，虹膜和指纹有相同的特性：独一无二，私人专享，且不易随时间而大幅改变。目前，指纹识别只需一个小型模块，虹膜识别需要庞大的分析系统和计算系统附着于摄像头之后，而且识别设备的造价昂贵。这就导致现阶段的虹膜识别是无法运用在手机等小型电子设备上。

（三）人脸识别

人脸识别是基于人的脸部特征信息对身份进行识别的一种生物识别技术，通常也叫作人像识别、面部识别。人脸识别用摄像技术、扫描技术采集含有人脸的图像或视频流，并自动在图像中检测和跟踪人脸，进而对检测到的人脸进行脸部的一系列认证的技术。人脸识别技术将在相当长的一段时间内与多种生物识别技术（指纹、虹膜识别）一起使用，取长补短。就目前来看，人脸识别系统已广泛应用于金融、司法、军队、公安、边检、政府等众多领域。

（四）静脉识别

静脉识别在金融领域的应用起到一种补充手段的作用，其在金融支付领域的应用逐渐从早期的身份认证走向金融支付，已经进入实用化阶段。

静脉识别具有以下优势：

1. 高度防伪

手指静脉藏匿于身体内部，被复制和盗用的机会非常小。

2. 简捷易用

使用环境影响低，包括手指油污、有灰尘、皮肤干燥等情况都不影响使用。

3. 高度准确

认假率为 0.000 006 7%；拒真率为 0.01%；注册失败率为 0%。

4. 快速识别

10 000 枚手指静脉信息，识别所用的时间少于 1 秒。

综合训练

一、概念识记

信息　信息化　数字化　智能化　数字化转型　客户体验　客户旅程地图的绘制

二、单选题

1. 以下说法错误的是（　　）。

A. 数字化是信息化的延续

B. 数字化是一个全新概念

C. 数字化要在整合信息化的基础上，提升企业对数据的处理能力

D. 数字化能进一步增加企业的效能

2. 客户体验的核心是（　　　）。

A. 交互　　　　　　　B. 知晓　　　　　　　C. 购买　　　　　　　D. 分享

3. 数字化转型的关键是（　　　）。

A. 人　　　　　　　　B. 技术　　　　　　　C. 构架　　　　　　　D. 平台

4. 信息化的概念起源于20世纪60年代的（　　　）。

A. 日本　　　　　　　B. 中国　　　　　　　C. 美国　　　　　　　D. 英国

5. 数字化转型战术层面方法错误的一项是（　　　）。

A. 统一的管理平台，方便对企业业务整合管理

B. 优化现有流程结构，达到降本增效的目的

C. 重复性任务自动执行

D. 需人工参与才可完成

6. 拥有搜索引擎、大数据、社交网络和云计算，可以将碎片化信息进行组合，利用大数据技术从中挖掘商机，这说明了数字化营销具有（　　　）的优势。

A. 透明度高　　　　　　　　　　B. 参与广泛

C. 中间成本低　　　　　　　　　D. 信息处理效率高

7. 客户旅程的最后一个阶段是（　　　）。

A. 知晓　　　　　　　B. 分享　　　　　　　C. 兴趣和研究　　　D. 购买

8. 以信息技术为代表的工业革命称为（　　　）。

A. 信息化　　　　　　B. 智能化　　　　　　C. 电气化　　　　　　D. 机械化

9. 大数据的起源是（　　　）。

A. 金融　　　　　　　B. 电信　　　　　　　C. 互联网　　　　　　D. 公共管理

10. 用户旅程的阶段是（　　　）。

A. 知晓—兴趣和研究—购买—分享　　　B. 分享—兴趣和研究—知晓—购买

C. 兴趣和研究—知晓—购买—分享　　　D. 购买—兴趣和研究—知晓—分享

11. （　　　）是通信现代化、计算机化和行为合理化的总称。

A. 信息化　　　　　　B. 智能化　　　　　　C. 数据化　　　　　　D. 结构化

12. 以下说法错误的是（　　　）。

A. 数字化本身就是信息化的进一步深入

B. 信息化是数字化发展的前期阶段

C. 信息化是在数字化的基础上进行延续的

D. 信息化是数字化整体范畴的一个子集

13. 数字化是各种信息转化成计算机和通信网络能够（　　　）的过程。

A. 识别　　　　　　　B. 处理　　　　　　　C. 传输　　　　　　　D. 转线下

14. 以下说法错误的是（　　　）。

A. 数字化更关注数字技术对组织的整个体系的赋能和重塑

B. 数字化只是带来一些新的工具、手段变化

C. 数字化导致商业环境发生重大的变化

D. 数字化影响整个的商业逻辑发生新的重大变化

15. 通过数字化技术在数字化世界里可以实现（　　　）。

A. 设计和生产　　　　　　　　　　　B. 沟通和协作

C. 文化和技术　　　　　　　　　　　D. 物联网和人工智能

16. 数字化的高级阶段是（　　）。

A. 智能化　　　　　　B. 信息化　　　　　　C. 数字化　　　　　　D. 数据化

17. 无人驾驶汽车是一种（　　）的事物。

A. 智能化　　　　　　B. 信息化　　　　　　C. 数字化　　　　　　D. 物联化

18. 从输入的层面看，如果计算机能够处理目标信息，这个阶段就叫（　　）。

A. 智能化　　　　　　B. 信息化　　　　　　C. 数字化　　　　　　D. 数据化

19. 以下说法错误的是（　　）。

A. 信息化是支撑是工具

B. 数字化是思维模式是业务本身

C. 智能化决策执行是业务最佳执行方式

D. 数据化商业模式是管理系统

20. 以下说法错误的是（　　）。

A. 信息化是数字化的基础

B. 数字化是智能化的基础

C. 信息化从人类社会出现时就一直存在

D. 数字化与机械化、自动化、电气化冲突

三、多选题

1. 客户旅程地图的绘制包括（　　）。

A. 确定场景与状态　　　　　　　　　B. 定义各阶段

C. 客户行为和接触点　　　　　　　　D. 情绪、痛点和解决痛点发掘

2. 数字化转型的保障有（　　）。

A. 组织保障　　　　　　B. 人才保障　　　　　　C. 技术保障　　　　　　D. 机制保障

3. 以下（　　）属于社会化新媒体。

A. 微博　　　　　　B. 微信　　　　　　C. 直播　　　　　　D. 在线社区

4. 数字化转型的核心技术有（　　）。

A. 分布式技术　　　　　　　　　　　B. 互联网技术

C. 大数据技术　　　　　　　　　　　D. 人工智能技术

E. 生物识别技术

5. 数字化转型是对（　　）的方方面面进行重新定义。

A. 组织活动　　　　　　B. 流程　　　　　　C. 业务模式　　　　　　D. 员工能力

6. 数字化转型是（　　）的转型。

A. IT 转型　　　　　　　　　　　　B. 业务转型

C. 生产力转型　　　　　　　　　　　D. 企业组织架构和企业文化

7. 数字化是（　　）。

A. 在线　　　　　　　　　　　　　　B. 链接

C. 批处理　　　　　　　　　　　　　D. 手工处理

E. 技术刷新

8. 以下说法正确的是（　　　）。

A. 数字化转型的首要目的是创造商业价值

B. 数字化的转型是单一的某一个方面

C. 数字化领导力以及转型文化建设是数字化转型成功的驱动因素

D. 数字化转型是一个持续的过程

9. 数字化转型的基本内容有（　　　）。

A. 客户体验　　　　　　　　　　B. 业务和运营

C. 组织和文化　　　　　　　　　D. 商业模式

10. 数字化转型是（　　　）。

A. 技术与商业模式的深度融合

B. 商业模式的变革

C. 带来效率和收益上的提升

D. 是利用数字复制、链接、模拟、反馈的优势，实现企业转型升级

11. 数字化转型的方向是（　　　）。

A. 统一的管理平台，方便对企业业务整合管理

B. 优化现有流程结构，达到降本增效的目的

C. 重复性任务自动执行，无须人工参与即可完成

D. 高效率、低成本的数据应用，成为自身的最大竞争优势

12. 企业数字化的本质是（　　　）。

A. 连接员工、连接客户　　　　　B. 连接物联设备

C. 连接之后实时产生数据　　　　D. 数据驱动的智能化能力

13. 数字化架构包含（　　　）。

A. 战略层面的规划、战术层面的方法

B. 业务模式的创新优化和业务之间的协作的关系

C. 技术实现的升级变化和技术之间的分层逻辑

D. 人员认知和思维转变、组织机构和考核机制的变革

14. 通常将客户旅程分（　　　）阶段。

A. 认知、接触　　　B. 使用、首单　　　C. 复购、习惯　　　D. 流失

15. 数字化转型是（　　　）。

A. 即时反馈　　　　B. 实时　　　　　　C. 自动化　　　　　D. 批量处理

16. 数字化转型的目的是（　　　）。

A. 提升效率　　　　B. 降低成本　　　　C. 创新业务　　　　D. 技术刷新

17. 智能化是（　　　）。

A. 让机器、设备实现灵敏感知、正确判断以及准确有效的执行功能的过程

B. 让机器、设备具有类似人脑的判断和联想能力的过程

C. 让机器、设备在自动化的基础上，广泛地与智能设备端相结合从而提高生产效率的过程

D. 数据经过加工和提炼，形成智能化分析应用的过程

18. 静脉识别的优势有（　　　）。

A. 高度防伪　　　　B. 简捷易用　　　　C. 高度准确　　　　D. 快速识别

19. 人脸识别应用的领域有（　　　）。

A. 金融　　　　B. 政府　　　　C. 司法　　　　D. 军队和公安

E. 边检

20. 现有的生物识别类型有（　　　）。

A. 指纹识别　　　　B. 虹膜识别　　　　C. 人脸识别　　　　D. 静脉识别

四、判断题

1. 每个人使用手机的互联网行为都会在运营商的数据里留下痕迹。　　　（　　）

2. 联通、电信、移动三大运营商联合出台的大数据，都是经过工信部和网信部的审核监控，所以很正规，是合法的。　　　（　　）

3. 数据本身没有任何意义和价值，只是一个客观的存在，它可以作为证据发挥作用。　　　（　　）

4. 如果没有数据、数据匮乏或不能转化为信息和知识的话，信息和知识的产生也就成了无源之水。　　　（　　）

5. 数据本身的价值有限，但对大数据进行深度分析整合，就会意义非凡。　　　（　　）

6. 信息化改变企业的流程，提高了效率，改变了企业盈利的方法。　　　（　　）

7. 信息是数据处理之后的结果。　　　（　　）

8. 数字化转型表明，只有企业对组织活动、流程、业务模式和员工能力进行系统、彻底的重新定义的时候，才会成功。　　　（　　）

9. 信息具有针对性、时效性。　　　（　　）

10. 自从有人类活动开始，就有信息的产生和交换。　　　（　　）

11. 数字经济时代，数字化转型已经是必然，但是过程不是一蹴而就的，而是持续迭代的，是随着社会和科技的发展不断演变、进步的。　　　（　　）

12. 客户真正的痛点不是欲望，而是恐惧。　　　（　　）

13. 广义的移动互联网是指用户可以使用手机、便携式电脑等移动终端通过协议接入互联网。　　　（　　）

14. 狭义的移动互联网则是指用户使用手机终端通过无线通信的方式访问采用无线应用协议（WAP）的网站。移动互联网通过便捷使用方式，提供了科技赋能基础。（　　）

15. 数据化的好处就是依托于海量数据的基础，发现问题、关注问题，系统地解决问题。　　　（　　）

16. 智能客服是指能够为用户进行简单的问题答复，通过人机交互解决用户关于产品或服务的问题。　　　（　　）

17. 数据是原始资料。　　　（　　）

18. 信息是带有判断的表达，而数据不能反映事实面目的记录。　　　（　　）

19. 数字化转型仅仅是 IT 投入。　　　（　　）

20. 数字时代与工业时代相比，新增了数据要素。　　　（　　）

五、简答题

1. 请完成表 4.4 数字化运营流程。

表 4.4 数字化运营流程

阶段划分	接触	兴趣	购买	复购	忠诚
阶段定义	通过线上/线下广告投放曝光接触	关注公众号/电商品牌号留资用户/其他媒体品牌号	首次购买	有复购行为	多次购买/有分享行为
客户状态	对品牌产生初步认知阶段				
运营目标	定位受众—确定渠道—制定方法—优化旅程				
渠道触点	线上视频广告、朋友圈广告、社交/电商 App、KOL 投放等，线下地铁/公交/高铁、楼宇/电梯等				
运营动作	品牌曝光、新品上市等主题广告投放				

2. 请完成表 4.5 传统营销与数字化营销的区别。

表 4.5 传统营销与数字化营销的区别

传统营销	数字营销
印刷厂（出版物、样本、简报）	
户外广告（广告牌）	
室内广告（购物车上）	
电视	
广播	
直邮	
新闻稿	
数据表或销售单	
销售概要	
活动、展示和路演	

续表

传统营销	数字营销
研讨会或引导性沟通会	
客户咨询委员会	
客户教育项目	
广告牌	
赠品	
意见领袖的刊物或研究	
样品	

六、实战演练

根据营销活动的标准化、数字化对金融业营销组织及营销实施工作流程进行构架。

要求：1. 业绩管理；2. 销售活动；并予以解读。

第五章 数字化营销体系

学习目标

【职业知识】

了解数字化营销体系的结构；了解数字化营销的基本框架；掌握数字化营销前端、中端、后端，前台、中台、后台的含义及相互关系

【职业能力】

会策划数字化营销活动

【职业素养】

具有服务意识和创新能力

第一节 数字化营销体系的架构

 **情境导入 5.1**

完善数字化技术平台和架构建设

数字化时代下，随着消费结构的逐步升级，消费者对休闲食品的消费需求更为品质化、个性化、便捷化、细分化，休闲食品市场呈现多元化发展。因此，食品零售企业需要构建数字化技术平台来满足消费者日益多变的需求。

良品铺子公司原有的技术架构已经不能完全满足数字化时代下消费需求和业务模式创新，因此，良品铺子公司要继续把握消费升级趋势，坚持"以客为本"，借助互联网、大数据等新技术、新工具不断提升公司的数字化水平和智慧化水平。良品铺子公司做了以下工作：

1. 建立以顾客为导向的数字化技术架构

良品铺子公司运用数字化技术优化企业价值链，使得生态伙伴价值链协同，推进技术主动革新，使得业务与技术相互驱动以达到业务与技术能够完全融合的数字化技术架构。同时，良品铺子公司不断关注和利用新技术，与第三方技术研发企业形成良好的合作关系，利用新技术不断更新迭代业务流程，用全局数据分析顾客需求变化，研发满足顾客的产品，支持业务价值链不断深度优化。

2. 加强建设公司的业务和数据

良品铺子公司依托于数字化技术对现有信息系统进行深度整合，围绕会员、商品、营

销、交易、库存等业务领域打造良品铺子公司业务中台，实现一切业务以数据说话，使数据和业务更紧密地连接，实时做支持，从而提升创新业务的落地效率，优化全渠道库存共享。

不仅如此，良品铺子公司还通过大数据平台持续完善丰富会员画像和商品标签，构建数据中台，连接前台用户和后台核心资源，运用先进的数字化技术，对公司前台海量的数据进行获取、计算、分析、储存，形成大数据资产层，并对数据资产进行不断积累，依赖于数据的服务，让数据在业务中台和数据中台之间形成一个良好的闭环，探索其中的业务价值，构建数据生态，实现数据共享。

良品铺子公司作为休闲食品公司，面对消费升级，市场呈现多元化等势态，对客户数据的收集、整合及储存非常重要，数据中台的构建，可以储存每个客户的数据，且可以发现客户数据的变化，根据顾客的需求进行预测，满足顾客需求，具有一定的前瞻性，实现企业的会员增长和业绩增长，提升企业竞争力。

数字化营销体系是指企业利用数字媒体渠道，如搜索引擎、社交媒体、移动应用程序等，进行营销推广的系统和流程。数字化营销对营销本身来讲并没有发生质的变化，数字化只是一种手段。它是借助现代科技发展（如信息的收集与发布、网上交易、促销客户服务、品牌推广等方面），使传统的市场营销发生全方位的变革。

该体系主要包括3个方面：营销人员、客户和渠道。这个体系主要就是在营销平台上面所包含的几个重要的组成部分，这些重要的组成部分主要从3个方面加以体现，而且每一个方面既可以是一个单独的模块，同时每个方面之间又相互存在一些必然的联系和依托。数字化营销体系的目标是通过数字媒体渠道，实现营销目标，提高客户转化率和品牌知名度。

一、营销人员

数字营销不是传统营销方法的直接转移，但两者又并非完全不同。传统的营销人才需要清晰地认识到两者的不同以及结合点。

（一）人是数字化营销体系的核心

营销人员不仅仅是要进行营销，而且还要掌握营销相关的专业知识。对营销人员去进行管理，就涉及在平台上面有一个专门的针对工作人员的管理模块。

1. 数字化营销技术研发成本高

工欲善其事，必先利其器。但是对很多企业而言，完全依靠自身能力研发和掌握数字化营销技术太困难。因为这意味着大量的人力、财力、物力的投入，事实上也没有必要，企业营销人员需要的只是一个切实有效的解决方案。

 小知识5.1

步行街上开了一家快餐店，生意非常好，但因为没有具体的指标说明，大家不清楚好到什么程度。所以需要用几个数字量化一下：每天店里的客流量达500人次，其中预约客户的平均到店率达60%，客单均价20元，日营业额达1万元……这是饭店的数字化。

如果再把每天进饭店消费客人的姓名、年龄、爱好、频率、消费金额也记录起来，这就是客户信息的数字化。

接着再上企业资源计划系统（ERP，Enterprise Resource Planning），每天的收入、支出、成本、费用等数据就都被存储在了系统中。

微信就是数字媒体渠道，如果这些到店消费的客人在店里扫码办理了微信会员卡，店家就可以针对这些人的标签属性进行分析，进而推广，甚至邀请客户加入店内的社群，从而有针对性地向客户做广告宣推，这种营销模式就可以简单地理解为精准的数字化营销。

2. 数字化营销解决问题需要人来完成

数据分析比较简单，因为是自动完成的，机器会告诉你哪里出了问题，比较困难的是采取措施，因为采取措施需要人来做。对于不同类型的企业，从洞察到采取行动的周期也是不一样的，比如，电子商务型企业发现问题可以立刻更正，而传统企业的反应周期要长得多。有些企业把网站外包给其他公司做，一旦发现问题就要找这家公司解决，但它们的数据分析又依赖另一家公司，纠正问题的时候就离不开这家公司，而这家公司有很多客户，不可能即刻解决问题，这样反应周期就变得很长。商业竞争，时间就是财富，每一个企业都要掌握自己的数据和客户，尽量在企业内部解决问题，因此，要想在数字营销领域取得巨大的发展，必须在人才上下功夫。

（二）数字营销人才的培养

对于数字营销人才的培养，应该从以下几个方面进行完善：

1. 完善的培训机制

数字营销人才缺乏，唯一的解决办法就是对员工进行不间断的学习和培训，数字营销机构首先要进行内部人才的挖掘，经常组织各种网络热门话题的研究和探讨，定期组织会议进行研究。

2. 对各种网站不断深入研究

培训机制需要了解门户网站适合做什么，垂直网站适合做什么，社区论坛适合做什么，各个网站之间的关联和区别，等等。

3. 理论与实际相结合

理论均来自实践，培养数字营销方面的人才，必须在内部把自己策划的案子进行实践，以此进行验证和修订。

二、客户

客户是数字化营销体系的重要方面，他们需要被识别和满足，以便企业能够与他们进行互动和交流。管理大师彼得·德鲁克认为："企业内部没有利润，企业内部只是成本，企业的利润是外部顾客带来的，企业的目的，就是通过营销与创新创造顾客。"

（一）数字化营销可以为企业提供客户全方位信息

营销的根据在于对客户信息的了解程度，以便能够对客户的精准程度进行判断，在不同阶段与客户进行合理的对话，提升客户的价值，最大限度地增强客户黏性，减少客户流失。数字化营销在企业的应用主要包括客户画像和精准引流。

1. 客户画像分为个人客户画像和企业客户画像

个人画像包括人口统计学特征、消费能力数据、兴趣数据、风险偏好等；企业客户画

小知识 5.2

对于市场从业人员来说，就可能会包含了设计人员、编程人员甚至还包含了人工智能的机器人。再比如，客户管理可能包含了云计算、大数据处理相关的技术，而且可能还会包含客户信息获取等相关的技术。可以说这种数字化的模式是一种高度集成的模式，利用了现有的很多的渠道和技术，综合了各种各样的营销知识以及营销手段，然后形成一个全面立体便捷快速的营销载体。

小知识 5.3

营销无外乎是寻找目标客群、细分目标客群、触达客群个体，所以，在和各种各样的客户打交道时，必须要把这些客户的相关信息收集整理出来，并分类和筛选。采用大数据机器学习的分析手段，企业可以判断他们的习惯偏好以及短期需求，形成画像描述，从而找到精准的目标客群。

像包括企业的生产、流通、运营、财务、销售和客户数据、相关产业链上下游等数据。进行客户画像可以根据不同的产品及服务需求将客户群进行细分，在营销时实现广告推送、产品介绍的精准定向，更大概率引流成功。

2. 数字化营销通过大数据采集分析实现专业分流

大数据在识别、分类采集、分发存储等应用方面使用专业数据分流技术，实现系统的精细化数据流管理。例如，可视化分析业务，需要采集、分析不同类别的数据（基础数据、日志数据、安全数据或特定业务数据），以此分门别类进行分类调度。

（二）数字化营销能够提高执行力的精准性和效率

1. 企业可以更了解客户

如果你有 100 万个客户，你要去收集这些客户的点击行为，购买行为/购买时间/购买频次与客户/企业之间的关系，然后去分类标签，显然工作量太大，也根本实现不了。这个时候要做到真正的精准营销，就需要高效的工具，数字化营销就是帮助企业实现高效数据分析，从而为市场规划、运营计划、战略方向提供决策依据。

2. 增强了数据挖掘能力

大数据分析的应用，可以将无关的数据剔除，减少工作量，提高工作效率，并且对客户的信息挖掘更加全面。在第三方大数据支持下，企业可以在互联网使用者中发掘需求。一般在 3~5 次业务数据循环后，营销的效果会达到最优。比如，某银行的现金贷款营销中，经过 5 次大数据优化，客户响应率、响应客户的资质合格率均有大幅度提升。

小知识 5.4

以客户激活为例，某银行有 4 亿的存量客户，其中 30% 以上的客户为静止客户，但在这 1 亿多静止客户中，银行对哪些是高净值客户，哪些需要加大力度挽留一直不得而知。如果对所有的静止客户进行激活，则成本会相对较高。

（三）高效的客户价值管理

传统上在分析客户时主要程序用于报告或者事后分析。以季度总结为例，对季度工作进行分析：哪些细分市场表现良好，哪些细分市场表现不佳，等等，这是事后分析，而且是以批次的方式完成的。而数字化营销时代需要把分析功能内置于其工作流程中。数据要求你必须能够在现有系统以及新系统中访问数据；必须能够访问任何来源的数据，无论是在内部云中，还是数据管理平台，必须使用原数据，整合这些数据，能够理解这些数据。

例如，银行做存贷款产品营销时，可对高价值信用卡客户的资产管理（Asset Under Management，AUM）进行分析。筛选他们每月的消费金额、信用额度、当前存款情况、贷款有没有拖欠，是不是商务卡持有者等，通过这些维度对用户进行分析，再针对不同客户分群给出不同的营销策略。比如说，哪些客户该提升额度，哪些应该为其推荐金融产品。营销在落实时，可以先通过短信进行营销，再通过呼叫中心来了解客户意图。当客户有意向时，再交由理财经理进行进一步跟进。

案例透析 5.1

美国运通是零售金融领域的客户经营大师，公司按照社会阶层、收入水平、消费特征、旅行频率、购物偏好、生活方式等变量，识别特征各异的客户群体，从而进一步深入研究和寻找具有高价值、高忠诚潜力的目标客户群体。运通建立了内容详尽的客户数据库，甚至连客户喜欢意大利菜这样的细节性行为偏好信息都不放过。这样就可以将策略重心定位于关注少数忠诚的高价值客户群。这些客户群体里高消费客户占比较大，他们为美国运通贡献了大多数的收入和主要的利润。

案例思考：美国运通是如何关注少数忠诚的高价值客户的？

三、渠道

渠道是数字化营销体系的另一个重要方面，在传统时代，营销渠道非常狭窄：电视上热门时间段、线下热门商业街、报纸杂志版面、大型超市等都有数量的局限。因此，营销工作需要通过开旗舰店，铺货进大卖场，在各大电视频道投广告来开展。

但是，微商城、网店、外卖等数字化渠道极大地分散了实体店作用，比如，在传统媒体上霸占话语权的明星们，到了数字媒体领域的海洋也如同一滴水一般。

由于人们在数字媒体和数字渠道上的精力分散在抖音、微博、公众号、小红书等新媒体上，这就导致营销的规划必须相应地改变，通过采用新的数字手段和能力来满足客户的新需要。

（一）二维码营销

二维码营销是指通过对二维码图案的传播，引导消费者扫描二维码，来推广相关的产品资讯、商家推广活动，刺激消费者进行购买行为的新型营销方式。

二维码营销的核心功能就是将企业的视频、文字、图片、促销活动、链接等植入一个二维码内，再选择投放到名片、报刊、展会名录、户外、宣传单、公交站牌、网站、地铁墙壁、公交车身等。当企业需要更改内容信息时，只需在系统后台更改即可，无须重新制作投放，方便企业随时调整营销策略，帮助企业以最小的投入获得最大回报。客户通过手机扫描即可随时随地体验浏览、查询、支付等，达到企业宣传、产品展示、活动促销、客户服务等效果。

（二）App 营销

App 营销指的是应用程序营销，即通过特制手机、社区、SNS 等平台上运行的应用程序来开展营销活动。App 就是一个平台，一个容器，具有成本低、持续性、促进销售、跨时空的特点。

App 营销的模式，费用相对于电视、报纸甚至是网络都要低很多，只要开发一个适合于本品牌的应用就可以了，这种营销模式的效果是电视、报纸和网络所不能代替的。一旦用户下载到手机成为客户端或在 SNS 网站上查看，那么其持续性使用就可能成为必然。有了 App 的竞争优势，无疑增加了产品和业务的营销能力。

营销的最终目的是占有市场份额。互联网具有的超载时间约束和空间限制进行信息交换的特点，使得脱离时空限制达成交易成为可能，企业能有更多的时间和更多的空间进行营销，可每周 7 天、每天 24 小时随时随地提供全球的营销服务。

（三）微信营销

微信营销是伴随着微信的火热而兴起的一种数字营销方式。

1. 微信营销是一种点对点的精准营销

微信拥有庞大的用户群，借助移动终端、天然的社交和位置定位等优势，每个信息都可以推送，每个个体都有机会接收到这个信息。

商家通过广告、企业号、订阅号、服务号和小程序等，提供用户需要的信息，推广自己的产品，从而实现点对点的营销。

用户注册微信后，可订阅自己所需的信息，并在微信平台上实现和特定群体的文字、图片、语音的全方位沟通和互动。

2. 应用开发者可以接入第三方应用

通过微信开放平台，应用开发者可以将应用的 logo 放入微信附件栏，使用户可以方便地在会话中调用第三方应用进行内容选择与分享。

（四）网络营销

网络营销就是借助网络开展的市场营销活动，主要媒介手段包括网络广告、Email 营销、即时通信、论坛发布、搜索引擎优化、网页链接、博客空间、桌面屏保、电子（书）杂志和视频播客。其中，网络营销最常用的模式有搜索引擎营销、邮件营销、会员制营销和病毒式营销。

1. 搜索引擎营销

搜索引擎营销的实质就是通过搜索引擎工具，向用户传递其所关注对象的营销信息。搜索引擎方法操作简单、方便，用户主动创造了被营销的机会。

2. 邮件营销

邮件营销是在用户事先许可的前提下，通过电子邮件的方式向目标用户传递有价值信息的一种低成本网络营销手段。

3. 会员制营销

会员制营销是通过利益关系和电脑程序将无数个网站连接起来，将商家的分销渠道扩展到世界的各个角落，同时为会员网站提供了一个简易的赚钱途径。

4. 病毒式营销

病毒式营销是指发起人发出产品的最初信息到用户，再依靠用户自发的口碑宣传，原理跟病毒的传播类似，经济学上称为病毒式营销。

（五）网络游戏植入营销

网络游戏植入营销是一种潜移默化的信息沟通和传播手段，在网络游戏中植入品牌信息、产品信息，可以接触到大量网民。最佳的方式是体验式、互动式的信息传播，如将产品信息按照游戏情节植入，使消费者在游戏过程中了解产品的性能和特殊利益。此外，还可以将信息与游戏故事融合在一起，用故事在消费者心里留下深刻印象。

📖 案例透析 5.2

在美食短视频这个细分赛道里，"日食记"既是先行者也是破局者。从 2013 年上线至今，其微博"粉丝"数超过 2 050 万，B 站的"粉丝"数为 475 万，抖音则为 283 万，它的每一条微信公众号推送往往都会在发布后的短时间内突破 10 万阅读量。在质量参差不齐、同质化严重的美食自媒体中，它一直保持着自己的风格和特色，坚定地朝着"温暖治愈你的心和胃"的目标，走出一条稳中求进的成功之路。

在一个温馨而静谧的日式工作坊里，主厨姜老刀和白猫"酥饼"是视频的常驻主角，一人一猫共同出演了充满食物香气的"日食记"。虽然隔着屏幕闻不到饭菜香气，但一道道暖心的美食"看"下来，网友们倒是记住了那个从不露出正脸的做饭高手姜老刀和乖巧的猫咪"酥饼"，熟悉了这间有暖暖的阳光或是暖暖的灯光的厨房。食物和情感从来都是相伴而生，"日食记"就是这样一个强调食物烹饪过程带给人治愈体会的短视频案例。

在日食记 IP 构建的场景里，除了有整合营销、电商，也有 IP 授权、线下体验店、网店、微电影等多个业务。

案例思考：试分析"日食记"短视频 IP 成功的原因有哪些。

 教学互动 5.1

问：为什么说将数字化营销简单地等同于微信和微博的组合是不准确的？

答：数字化营销是一个综合的策略，涉及多种数字渠道和工具，旨在通过技术手段与目标受众建立联系并实现营销目标。

第二节 数字化营销

 **情境导入 5.2**

宝岛眼镜

有一个公司有这样一组数据：拥有 7 000 多个大众点评账号，800 多个小红书账号，200 多个知乎账号，20 多个抖音账号。直播团队共 800 人，一次直播可触达人群约 15 万。那么，这个公司是一个短视频机构吗？不，这是一家依靠线下门店扩张发展起来的传统零售企业——宝岛眼镜。

宝岛眼镜在大陆拥有 1 200 多家线下门店，疫情来临导致线下实体店大面积倒闭，宝岛眼镜却没有被如此多的线下实体门店拖垮，反而依然在中国眼镜业中屹立不倒，甚至蝉联 2016—2020 年的"双十一"天猫旗舰店中的眼镜类目销售额第一名。宝岛眼镜取得这样的成功，正是因为从 2015 年就开始布局数字化的商业模式，并为了其商业模式与员工完全融合，在 2019 年背水一战进行了人力组织架构的大调整——全员上线。结果证明是成功的：在 2020 年受疫情影响下，行业同比下跌 10%~15%，而宝岛眼镜却实现了 5% 的正增长。

宝岛眼镜最初的产品就是眼镜本身，是实物。在 21 世纪初期，眼镜的普及度低，人们对于眼镜的认知也是比较低的。门店零售的优势是可以直接触达用户，提高用户对商品的认知，所以，门店零售在当时确实是比较好的商业模式，传统零售商都是依靠大面积铺开实体店对用户进行产品普及，以及获得市场占有率的。在互联网时代，各种新媒体平台持续吸引着用户的注意力，想要让用户在线下走进门店，花大量时间来了解产品，已经不可能。

传统企业必须适应用户的使用习惯，在线上的新媒体平台触达用户。宝岛眼镜结合验光师为中心的服务模式，进行线上数字化触达营销，实现了由传统企业商业模式到互联网行业的数字化营销的成功转型。

宝岛眼镜意识到，人们不愿意加一个只会发小广告的机器人，但对于一个专业的视觉护理专家往往很难拒绝。因为他们不仅会提供专业的眼镜产品，还会定期通过社群科普护眼等专业知识。

宝岛眼镜 1 600 名认证的专业验光师，会在店内邀请每个到店的顾客扫码加好友，成功率几乎 100%。而这个完美数字的背后，是宝岛眼镜实施数字化和专业化两个重要战略的体现。

小知识 5.5

> 几乎无处不架构，操作系统有架构，应用软件有架构，网络设施有架构，App、小程序也都有各自的架构。以上这些实际上就是从不同角度，对系统或对象的关系和结构进行描述和定义。
>
> 架构可大可小，有不同的层级，诸如指导不同类之间协作关系的是架构，指导不同模块之间协作关系的是架构，指导不同系统之间协作关系的是架构，指导人与人之间协作关系的也是架构（组织架构）……

而这一切，都是需要一个切实的工具来落地。为此，宝岛眼镜也选择了用企业微信作为数字化的基座，将前后端的服务打通，前端导购利用企业微信提供更加专业的服务，后端企业微信与 OA 系统打通，形成服务闭环。

在前端，验光师和消费者加好友后，还会通过企业微信，持续提供服务；在后端，宝岛眼镜将企业微信与自身的 OA 系统打通，通过企业微信管理服务质量。在取得授权的情况下，宝岛眼镜可以统计服务人员的回复时长、回复频次等数据，服务有没有用心，一眼就能看出来。

宝岛眼镜通过企业微信搭建的服务通路，变服务力为竞争力。如今，宝岛眼镜借助私域运营、专业服务，正在从零售到视健康的服务转型，志在成为视健康服务的领航者。

架构是连接企业的现实世界和计算机世界的一座桥梁。架构的两端，一头是由企业的人、财、物等各类资源、业务流程、业务模式组成的现实世界，一头是由技术框架、软件系统、功能、数据、网络组成的虚拟世界。

数字化营销架构的核心包括：充分利用互联网和大数据相关技术和方法，推动营销的全过程都置于 IT 管理体系之内，实现对产品营销的整个过程的 IT 化执行和统一管控，实现产品营销所有数据的自动采集、分析、评估和优化。

在实操中数字化营销分为前端营销、中端营销和后端营销，如图 5.1 所示。

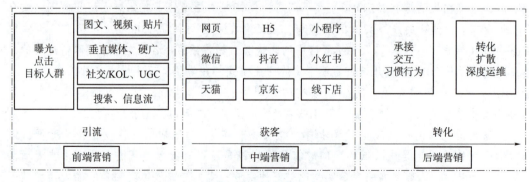

图 5.1　数字化营销过程

一、前端吸引客户

营销前端也叫营销前链路，从业界企业的视角来看叫从 0 到 1 的过程。好的开端是成功的一半，对营销前端而言，在多年前几乎是互联网营销的全部。前端营销目的是引流，即通过一定方法和手段吸引更多消费者来购买自己的产品或者服务。企业通过大量宣传自身产品或品牌的方式来向消费者推销自己的产品或服务，如直播带货、信息流广告、竞价排名、内容传播等都是前端营销。前端是最基础的，也是最难的。引流常见的方法如下：

视野拓展 5.1
ToB、ToC

（一）SEO 引流

SEO 其实就是百度搜索自然排名，当用户在搜索关键词时，就会出现相关的内容，就能获得展现的机会，从而引流获客。SEO 这种方式获取的流量精准度高，而且后期维护成本逐年降低，相对来说性价比非常高。

（二）付费引流

一般来说，付费就是直接投放广告，这种方法的效果立竿见影，只要一投放广告，可能就会有效果。免费引流的用户需要维护，并且需要一定的周期，而在竞争激烈的互联网平台，付费思维带来的效果会比较快速，更有利于占领市场。

视野拓展 5.2
数字营销流派

（三）内容引流

无论是 ToB 还是 ToC 企业，都要有通过高质量内容吸引目标受众并捕捉其档案的举措。只有这样，企业才能通过社交网络和信息流广告平台实现二次定向。如果没有这个能力，就只能和众多竞争对手一起，基于人群特征在外部媒介平台上进行定向传播，它的代价是很高的。

输出优质内容永远不会过时，比如说，对于垂直领域的一些行业，可以输送优质内容到一些行业网站，当用户翻阅到有帮助的干货内容时自然会和你进行联系。而且内容池是自己的，可以越来越大，最后变成阵地，帮你实现批量获客。

> 📖 **小知识 5.6**
>
> 某医院在中端对到访人员登记接待；对进入病友群/交流群进行指引、病种分流、等待期间会给予一些贴心帮助和讲解；面对咨询时注重回复的专业性和及时性；就医过程中，医生会设身处地为患者着想、伴随情感关怀；护理人员服务细微，如给儿童扎针注意手法，避免过于疼痛，会哄孩子；等等。
>
> 同时，医院还对服务流程进行相关培训，调整宣传手册画风使其便于阅读，定期举办知识科普讲座等。

二、中端服务

中端营销目的是获客。数字营销在中端拓客与传统营销相比，在"3C+STP+7P"的营销框架下进行工作的目的不变，同时，将线上与线下、公域与私域、外部与内部统筹规划。

（一）线上与线下

对于企业来说，需要将流量引至线下，凸显并回归到企业的真正价

视野拓展 5.3
3C、STP、7P

值。线上与线下引流渠道如表 5.1 所示。

表 5.1　引流渠道

渠道维度	代表渠道
线下	门店、售后服务中心、传统渠道、商超渠道、大卖场渠道等
线上	电商平台（天猫、京东、拼多多）、官网、自营 App、微商城等自建平台等
线上线下融合	自建线上下单，门店提货/配送送货，包括极速达、当日达、次日达、隔日达等

（二）公域与私域

公域包括广告投放、KOL 管理、异业合作等，私域包括沉睡客户、老带新、KOC 管理等。

（三）外部与内部

外部营销是根据线上营销的规律和方法引流，追踪转化，设计好线下对接流程。线下的外部营销就是我们之前的传统营销方式，不同的是，一部分用户是线上营销转化而来，而且，数字化产品的增多，将使线下的内部营销更加丰富。

内部营销主要集中在自媒体和会员社群。内外部要统筹管理，以达到传播的统一性和有效性。由于线上传播更为迅速、精准，通过裂变引流为最佳，因此，不管是外部营销还是内部营销，线上传播都将是侧重点。

 小知识 5.7

对于企业来说，如果想推广一个新产品，传统推广模式可能会选择举办一场产品发布会，或者线下展览会。企业邀请几千位客户到会，付出了高额的办会成本，但是热闹过后能留下的也只是一大堆电话号码。

事实上，在数字化营销的场景中，会前可以邀请参会者填写一张简单的个人信息调查问卷，以便会后参与幸运用户的抽奖活动。每位参会的客户可以通过扫二维码直接在线观看视频，会议期间客户能够全程与企业进行互动，包括每一个产品细节都可直接参与讨论，企业也能通过客户的活跃度来判断新产品有哪些地方是爆点，又有哪些可以进行改进。

会后企业再根据整场会议效果进行复盘，这时收集到的客户信息就可以发挥作用：进一步刻画更精细的用户画像，做好标签分类，再让营销人员进行个性化消息推送。

 案例透析 5.3

老孙做线上老板培训教育，为了更好地服务客户，他专门打造了 VIP 客户服务系统，该系统可以根据老板的需求制作单独的课程。同时，老孙还增设立了两个窗口：一个是企业咨询窗口"老孙下午茶"；另一个是专门为会员客户做一些策划工作的"老孙策划室"。

案例思考：从以上案例中分析老孙的安排有哪些好处。

三、后端营销

由于大量的广告营销费用在前端被消耗，对前端的资源争夺越来越激烈。随着对数字化营销的认识，以及数字化营销新技术不断涌现，再加上营销前端的效率和效果不断下滑，营销后端逐渐被重视起来。后端营销的目的是转化，企业通过对用户流量背后的分析，得到用户习惯和行为结论，从而对用户进行持续转化和深度运营，以达到忠诚度的延续和扩展。如在后端分析到访的客户行为，将其画像数字量化、贴标签、分群等，根据用户的不同特点推送不同的营销内容，实现精准化运营；将老用户盘活，促进拉新转化，同时也为之后的服务奠定基础。

四、数字化营销活动

视野拓展 5.4
RFM 模型法

策略只是为了达到预期目标或多个目标的行动计划，数字营销策略是通过使用网络营销帮助你实现总体市场营销目标而采取的一系列行动。数字营销活动是在策略范围之内构建模块或行动，推动企业朝着实现这个目标的方向前进。例如，企业可能会决定在微博上投放一些效果较好的内容广告，以便通过该渠道获得更多的潜在客户。这个营销活动就是企业策略的一部分，用以产生更多的潜在客户。值得注意的是，即使一个营销活动执行了几年时间，它也不会变成一个策略——它仍然是一个战术，与其他的营销活动一起构成企业的策略。

单独的营销活动落地数字化运营成本较高，因此，通常是将活动分布在企业数字化运营中，成为数字化运营的一部分。营销策划的创意活动会引来庞大流量并带来用户黏性。数字化营销活动过程如下：

（一）组建团队

企业对客户的服务设计需要与客户进行深入沟通，根据客户的定位和市场环境，利用自己的互联网和计算机技术进行整合分析，进一步给出满足客户需求的营销策划方案，并由团队的工作人员去予以执行。

1. 参与数字营销策略的团队应具备的知识体系

任何事情的成功都离不开一个好的团队，参与数字营销策略的团队应该包括以下几个知识体系的人员：

（1）营销学知识。数字化营销策略不是无中生有，而应该从传统的营销渠道中借鉴而来。

（2）信息化技术。数字化营销能成功的基础就是技术的支持。IT 部门在团队中决定了整个营销的走向。

（3）法律知识。要保护好营销过程中的品牌，务必咨询法律团队或外部法律顾问，以确保品牌没有后顾之忧。

（4）设计支持。无论品牌采用哪种数字化营销策略，都需要设计的支持。设计师或设计团队不仅可以帮助开发必要的系统来支持数字营销策略，而且还可以领导设计决策，并确保一切都落在品牌上。

2. 团队之间的协作

有了好的团队，团队之间的协作也是关键。尤其是设计部门，更需要和其他部门的对接与沟通。如果程序可以将所有的素材共享，同时还可以在线交流、审批，那么设计就会高效很多。例如，设计师可以构建品牌工具箱，实现品牌元素、设计元素的文件夹共享。并且可以在线协作办公，进行在线审批。

（二）做调查

开始制定数字化营销策略前，品牌需要为自己收集尽可能多的信息，这就需要进行调查，其中包括调查竞争对手和客户。

1. 调查竞争对手

研究竞争对手的数字营销策略可以洞悉与理想受众之间的合作关系，也能避开一些弯路。

2. 调查客户

谁是品牌的客户？他们使用什么数字媒体？他们在数字空间中如何与品牌互动？从一开始就了解客户的来龙去脉，将有助于制定针对受众的数字营销策略。

（三）选择渠道

品牌可以将许多不同的渠道纳入数字营销策略。但是，如果想获得成功，则需要弄清楚哪些渠道最能吸引受众群体，然后再专注于这些渠道。例如，如果是针对千禧一代的生活方式品牌，那么，将数字营销策略的重点放在社交媒体上，则会更有成效。但是，如果是一家追求 B2B 客户的建筑品牌，那在社交媒体营销的效果就没那么理想了。

（四）概述策略并测试

1. 概述品牌的数字化营销策略

（1）设定目标和预算。为了使数字营销策略成功，要知道目标是什么，知道如何衡量这些目标，确定为实现这些目标的预算是多少。

视野拓展 5.5
营销内容如何来匹配
数字营销战略目标

（2）设置分析。设置分析就是提供无所不包的洞察力，决定了要将精力放在什么位置上。

（3）定义广告系列和渠道。概述数字营销策略最重要的部分是什么？数字营销策略实际上是什么？品牌正在关注哪些渠道？品牌正在这些渠道上进行哪些广告系列？品牌需要为这些广告系列开发什么创意？品牌达到 KPI 的时间表是什么？

（4）开发广告素材。知道要推出的渠道和广告系列之后，就该为这些渠道和广告系列开发广告素材了。这包括广告文案、LOGO、模版等，总之一切都为了数字营销活动的全面开展。

2. 实施和评估

有了相应的渠道和方案，紧接着要去生产和优化营销素材，准备营销所需的产品和服务等，之后不断进行调整和完善以达到最优的效果。

进行为期几轮的测试并调整后，根据市场策划执行在线推广活动，整理和收集推广反馈数据，提出营销活动的改进意见和需求，这个流程也是一个不断循环的过程。

第三节　数字化营销的管理

情境导入 5.3

星巴克的星享卡和忠诚计划

星巴克以良好的体验著称于零售服务业，其目标并不只是想着如何销售咖啡，它想构建一个人们喜欢的"第三空间"，希望人们在家和工作之余愿意花更多的时间光顾星巴克。出于这样的目标，星享卡一经推出就备受欢迎。第一张星享卡于 2001 年 11 月推出，在接下来的 8 个月里就有 400 万张星享卡被激活。

星巴克通过星享俱乐部会员计划带来了更丰富的利益和体验，吸引了星享卡会员的持续光顾，星享卡甚至成为历史上最流行的礼品之一。借助星享卡，星巴克不断强化品牌定位和卓越的产品体验，应用最新的数字化技术和移动支付技术投资经营会员在线社区，让会员们更喜欢星巴克品牌，关注星巴克的一举一动。星巴克利用星享卡了解客户，更准确地预测会员的行为，向会员送出刚好符合每一个人最爱的饮品促销。

当星巴克准备构建忠诚计划时，CEO 霍华德·舒尔茨认为，忠诚计划需要超越体验。于是，忠诚计划首先确定了与星巴克的三个核心基石保持一致：卓越的环境、在全球所有店面质量如一的咖啡和食物、始终如一的体验。

培养客户忠诚度的魔力在于当消费者感觉得到了好处的时候，提供方得到了真正的收益。这些收益不只是财务上的，还包括信息上所获得的增益。正是由于这样的信息增益，许多公司比客户自己还了解他们自己。在这方面，星巴克走在了前面。

数字化营销体系的搭建，应当始终围绕着业务场景来开展，通过搭建用户前台、业务中台、管理后台来满足营销场景的多样性需求和企业管理的稳定性需求。

一、前台是专门为客户开发的软件应用端

前台主要面向客户以及终端销售者，实现营销推广以及交易转换。例如，淘宝就是为网购消费者开发的消费应用端，千牛就是为商家开发的商品管理应用端，BOSS 就是为招聘者和求职者开发的职位招聘和简历投递的应用端，等等。这些都统称为前台。前台包括与用户直接交互的界面，如 Web 页、App；也包括服务端各种实时响应用户请求的业务逻辑，如商品查询、订单系统等。

（一）数字化营销的前台设计

完成中台建设后，进行前台建设时，需要一套企业级整体解决方案，以实现各种不同中台的前端操作、流程和界面的组合、联通和融合。不管后端有多少个中台，前端用户感受到的始终只有一个前台，如图 5.2 所示。

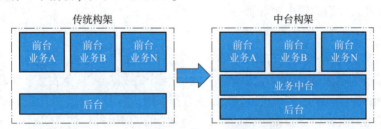

图 5.2　传统构架与中台构架对比

二、中台主要面向运营人员完成运营支撑

中台建立的意义主要是为了共享资源和数据存在。比如阿里的庞大产品组织架构中，淘宝、优酷、饿了么、支付宝基金平台这几个承担的是不同的业务职能，但是它们却有一个共同点，即这些产品中一个必有的环节就是支付，淘宝平台消费者需要向物品商家支付商品费用，饿了么消费者需要向餐饮商家支付餐费，优酷会员需要向优酷平台支付会员费用，支付宝基金平台基金购买者需要向基金公司支付费用来认购基金。

按照中台出现以前的软件开发逻辑，应该是每个平台独立进行开发，但是这就造成了成本浪费。每开发一个需要支付的平台，支付这块功能就要重新做一次开发，从技术、人

力成本和时间成本上来说，都是存在浪费的。恰好这些业务平台都属于一个公司，所以只需开发一次，大家就可以共享了。于是，中台的概念和建设就这样应运而生了。

视野拓展 5.6
中台作用

　　简单地说，中台就是把企业目前要做的软件中的共同的部分拿出来，做一次开发，然后别的平台要用到的时候就去复用这套数据和资源，复用完成后，只要对这部分做一些小的改动使其融入整个产品的风格和功能建设中就好，这样对于企业来说，既节省了大量的成本，也提升了效率，甚至可复用的功能还能实现，优化一次各平台这部分功能就可以达到优化的效果（理想状态下），如图 5.3 所示。

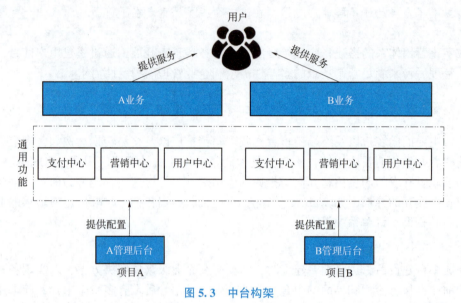

图 5.3　中台构架

中台建设可以分为数据中台和业务中台两种。

（一）数据中台

　　数据中台可以为各个项目进行各种数据统计和分析，如用户画像、数据可视化、日志分析等。数据中台好比一个中央厨房，它从果农那收集水果（数据）、从菜农那收集蔬菜（数据）、从肉贩那收集猪肉（数据），客户可以直接跟它合作采购，不用单独跑去买猪肉和蔬菜了。

　　中央厨房能提供各渠道收集过来的原材料，也可以提供经过清洗处理后分门别类放好的蔬菜，还可以提供切成了丝、粒、条的独立包装商品，甚至是做好的土豆焖鸡块、干炒牛河速食产品，这些速食产品稍微加热（加工）就可以直接吃了（报表）。

　　通常中央厨房希望做出更多的速食产品或将原材料直接加工好（报表）供客户使用，不过对于美食达人（数据挖掘工程师）来说，他们希望利用未经过处理的原材料加工出更好的东西，如图 5.4 所示。

（二）业务中台

　　与数据中台不同，业务中台更像汽车发动机。现在的汽车发动机类型主要就几款，厂商大多是在底盘、造型等方面做局部调整，来降低成本、高效造出一台新车。业务中台就好比"发动机"，将可以复用的东西中台化，要造一个新东西时，把能复用的部分直接拿过来使用就好了。比如，过去不同项目的相同业务模板会出现重复建造的问题，利用业务中台就可以把这些业务中台化，复用到新项目上。

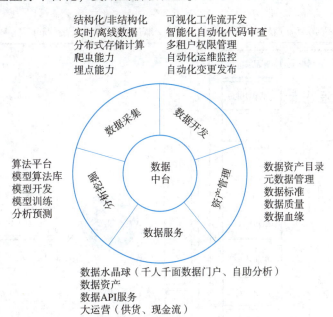

结构化/非结构化　　可视化工作流开发
实时/离线数据　　　智能化自动化代码审查
分布式存储计算　　　多租户权限管理
爬虫能力　　　　　自动化运维监控
埋点能力　　　　　自动化变更发布

算法平台
模型算法库
模型开发
模型训练
分析预测

数据资产目录
元数据管理
数据标准
数据质量
数据血缘

数据水晶球（千人千面数据门户、自助分析）
数据资产
数据API服务
大运营（供货、现金流）

图5.4　数据中台的内容

（三）数据中台和业务中台的关系

业务中台是整合各业务模块和能力的架构，而数据中台是支撑业务中台的重要基石。业务中台可以帮助不同部门更好地协作，而数据中台则确保了这种协作基于全面、准确的数据支持。图5.5所示的就是打造出好的中台后，企业真正实现了中台承上启下、减少"造轮子"、提高复用性和敏捷性，从而能够响应客户需求的综合价值。

想象一下，如果一个公司的各个部门都是独立运作的小岛，彼此之间信息闭塞，数据孤立，那么公司整体的运营效率就会降低。而业务中台就像是连接这些小岛的桥梁，它可以帮助不同部门之间更好地沟通和协作，推动业务快速发展。

视野拓展5.7
戈夫曼的"拟剧论"

1. 数据中台提供源源不断的业务数据

数据中台通过采集、计算、存储、加工海量数据，形成标准数据，进而为客户提供高效服务。这些服务与企业的业务有强关联性，是企业独有的且能复用的，是业务和数据的沉淀。数据中台的主要服务包括依赖接口的服务、依赖工具的服务和依赖数据的服务，其中，依赖于数据的服务是数据中台的核心，具有大数据分析能力，并通过接口服务等方式对外提供服务。

2. 业务中台负责协调和管理各个业务部门之间的合作

业务中台将企业内部各个业务领域的功能模块、数据和能力进行整合，形成一个统一的中央平台，以提高业务协同、效率和创新能力。就像是一个"大总管"一样，负责协调和管理各个业务部门之间的合作，确保信息流通畅、资源共享，从而提升整体运营效率。

3. 数据中台与业务中台的关系是互为支撑、互为依赖的

数据中台从业务中台获取大部分数据，经过数据建模和数据分析等操作后，将加工后的数据返回业务中台为前台应用提供数据服务，或直接以数据类应用的方式面向前台应用提供API（应用程序接口）数据服务。这种相互支撑的关系表明，数据中台和业务中台并不是对立的，而是可以共同促进企业业务的优化和发展。

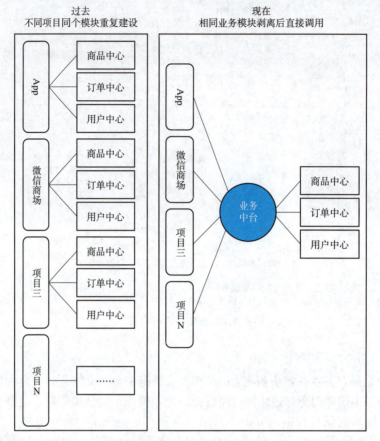

图5.5　业务中台的整合效果

三、后台是专门为企业内部运营人员开发的软件应用端

（一）后台是面向内部运营人员的管理系统、配置系统

运营人员一般是不懂技术的，技术开发人员也不会时刻盯着一些小的东西去修改，所以一般会给运营人员开发后台，运营人员可以通过后台来控制前台或者查看某些前台的反馈数据。如电商配置后台的商品管理、订单管理、会员管理、财务管理等。后台可为前台提供一些基本的配置。

（二）后台可以用来检测前台的用户数据

前台今天有多少用户登录？多少用户注册？多少用户反馈？反馈情况如何？企业可以根据这些返回的数据对前台软件用户的使

小知识5.8

在系统开发的时候，技术人员给前台的用户设置了很多种用户身份或是用户权限，那么，运营人员就可以根据实际情况适当在后台为用户调整用户身份或用户权限，使用户能够得到更好的体验；还有一些需要内部人员审核的信息也需要运营人员在后台来完成，比如说，BOSS上面招聘者发布的职位在正式发布以前都是要经过BOSS内部人员审核的，再比如说，我们社交软件上的头像、资料、认证等信息一般都是有审核环节的。

用情况进行客观的分析。

教学互动 5.2

问：举例说明什么是后台。

答：后台主要面向后台管理人员，实现流程审核、内部管理以及后勤支撑，比如采购、人力、财务和 OA 等系统。

四、前台、中台、后台的关系

（一）企业数字营销能力是前台、中台、后台协同作战能力的体现

前台是服务于用户的，中台是企业降本增效用的，后台是给企业运营人员控制前台和检测数据用的。如果把业务中台比作陆军、火箭军和空军等专业军种，主要发挥单一军种的战术专业能力，那么前台就是作战部队，它会根据前线战场的实时作战需求，快速完成不同职能业务中台能力的组合和调度，实现不同业务板块能力的融合，形成强大的组合打击能力以完成精准打击，获得最大企业效能。

而数据中台就是信息情报中心和联合作战总指挥部，是企业智能化的大脑，它能够汇集各类一线作战板块的数据和信息并完成数据分析，制定战略和战术计划，完成不同业务中台能力的智能调度和组合，为前台作战部队提供快速数据和情报服务。

后台就是后勤部队，它们不直接面向前台业务，主要提供企业后端支撑和管理能力。

（二）三者之间存在非常密切的关系

后台控制前台或者辅助前台做出判断，前台才能呈现给用户更好的使用体验，用户体验反馈到后台，形成了一个良性循环。多业务线或规模业务组织架构的情况，企业可以选择用中台来辅助业务更好更快地发展，如图 5.6 所示。

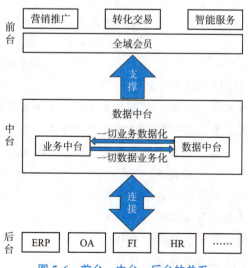

图 5.6　前台、中台、后台的关系

1. 前台负责执行销售和客户服务职能

前台代表公司面向客户的部门，前台依靠后台提供人力资源、互联网技术（IT）、会计和秘书职能方面的支持。例如，客户服务、销售和行业专家咨询服务，被认为是公司前台业务的一部分。

2. 中台负责管理风险和公司战略

业务中台主要承载企业核心营销业务，是企业的核心业务能力，也是企业数字化转型的重点。通过业务中台对整体营销活动的统一管理，实现用户数据的快速准确沉淀。

3. 后台提供分析、技术和行政支持服务

后台包括行政助理、人力资源、员工和会计人员。IT 和技术部门对后台操作的成功也至关重要。

综合训练

一、概念识记

数字化营销体系　数字化营销体系的目标　数字化营销架构的核心　数字营销策略　数字营销活动

二、单选题

1. 前台的人员通常要做的是（　　）。

A. 为顾客开发票　　　　　　　　　B. 和顾客打交道

C. 为顾客生产产品　　　　　　　　D. 为顾客提供所有服务

2. 下列选项中属于新媒体的是（　　）。

A. 电视　　　　　　B. 手机媒体　　　　　C. 广播　　　　　　D. 报纸

3. 以下不属于新媒体的是（　　）。

A. 户外广告　　　　B. 抖音　　　　　　　C. 直播　　　　　　D. 微博

4. 关于数字化营销时代的产品，以下表述错误的是（　　）。

A. 是一件看不见的产品　　　　　　B. 是一种新观念

C. 是一种新体验　　　　　　　　　D. 是一件摸得着的产品

5. 关于数字化营销说法错误的是（　　）。

A. 数字化营销既是技术手段的革命，也是更深层次的观念革命

B. 数字化营销具有低成本、高效率、快速反应的特点

C. 数字化营销需要根据不同的客户和市场需求制定合理的数字化营销策略

D. 数字化营销渠道单一、互动简单

6. 关于搜索引擎营销，下列说法错误的是（　　）。

A. 搜索引擎营销的基础是网络营销信息源

B. 搜索引擎营销传递的信息只发挥向导作用

C. 搜索引擎营销的效果表现为销售量的增加

D. 搜索引擎营销可以实现较高程度的定位

7. 以下关于视频类推荐引擎广告的特点说法不对的是（　　）。

A. 可展示的信息较多，表现力更强　　　　B. 游戏类、功能性产品推荐使用

C. 转化效果好，推荐优先使用　　　　　　D. 绘声绘色，能够向用户展沉浸式体验内容

8. （　　）不属于前端营销。

A. 直播带货　　　　　　　　　　　　B. 广告投放

C. 信息流广告　　　　　　　　　　　D. 竞价排名

E. 内容传播

9. （　　）不属于公域流量。

A. KOL 管理　　　　B. 异业合作　　　　C. 广告投放　　　　D. KOC 管理

10. （　　）不属于私域流量。

A. 沉睡客户　　　　B. 老带新　　　　C. KOC 管理　　　　D. 广告投放

11. 单从广告标题来看，以下广告创意更能吸引精准点击用户的是（　　）。

A. 不买就亏大了，买买买的生活高手

B. 谁叫我别做梦，万一成真了

C. 3W 存款放银行，不妨开个海鲜小店，两人小本开店

D. 有事又不懂法律常识，真是愁死人

12. 关于数字化营销时代的产品，以下表述错误的是（　　）。

A. 是一件看不见的产品　　　　　　　B. 是一种新观念

C. 是一种新体验　　　　　　　　　　D. 是一件摸得着的产品

13. 以下关于数据中台描述不正确的是（　　）。

A. 数据中台理念最早可能是由阿里提出来的

B. 数据中台即是一个产品

C. 数据中台是企业级数据能力共享平台

D. 数据中台主要提供数据的服务能力

14. 以下关于公域流量说法错误的是（　　）。

A. 不可控　　　　B. 获取成本高　　　　C. 使用程度较浅　　　D. 可反复触达

15. 搜索引擎推广的简称是（　　）。

A. SEM　　　　B. SERP　　　　C. SEO　　　　D. SEC

16. 以下关于网页标题的说法，正确的是（　　）。

A. 标题内容中突出关键词　　　　　　B. 核心词无关紧要

C. 尽量详细，包含尽量多的关键词　　D. 包含所有的产品信息

17. 拥有搜索引擎、大数据、社交网络和云计算，可以将碎片化信息进行组合，利用大数据技术从中挖掘商机，这说明了数字化营销具有（　　）的优势。

A. 透明度高　　　　B. 参与广泛　　　　C. 中间成本低　　　D. 信息处理效率高

18. 以下选项不属于私域流量的是（　　）。

A. 微信朋友圈　　　　B. 微信群　　　　C. QQ 群　　　　D. 电商平台

19. 以下（　　）不属于前台。

A. 淘宝　　　　B. 千牛　　　　C. BOSS　　　　D. 计算机维修

20. （　　）不属于前端营销。

A. 直播带货　　　　　　B. 广告投放　　　　　C. 信息流广告

D. 竞价排名　　　　　　E. 内容传播

三、多选题

1. 数字化营销的优势有（　　　）。

A. 降低成本　　　　　B. 快速传播　　　　　C. 精准营销　　　　　D. 个性化营销

2. 数字化营销具有（　　　）特征。

A. 更加个性化的服务　　　　　　　　　B. 集成化程度更高

C. 成本更加低廉　　　　　　　　　　　D. 更加的灵活

3. 以下（　　　）属于数字化营销的优点。

A. 节约成本　　　　　　　　　　　　　B. 维护现有客户

C. 挖掘客户价值　　　　　　　　　　　D. 开拓新的市场

E. 收获新的客户

4. 搜索引擎营销（SEM）是依据用户运用搜索引擎的方式，应用用户检索信息的时机尽可能将营销信息传送给用户。以下（　　　）为常用的搜索引擎。

A. 百度　　　　　　B. 360　　　　　　C. 搜狗　　　　　　D. 微信

5. 搜索引擎营销（SEM）主要通过搜索引擎付费广告了解营销，用最低的付费获取最大的点击。以下（　　　）可以获得点击。

A. 关键词投放　　　　　　　　　　　　B. 关键词出价

C. 关键词排名　　　　　　　　　　　　D. 创意描绘

E. 转化点击

6. 4C营销理论的要素包括（　　　）。

A. 顾客需求　　　　　B. 顾客成本　　　　　C. 顾客感应　　　　　D. 顾客便利

7. 以下（　　　）属于商品数字化。

A. 拍视频商品　　　　　　　　　　　　B. 做宣传画册

C. 把商品做成图片　　　　　　　　　　D. 通过视频直播

8. 数字化营销可以借助（　　　）来实现营销目标。

A. 互联网络　　　　　　　　　　　　　B. 电脑通信技术

C. 数字交互式媒体　　　　　　　　　　D. 扫楼

9. 数字化营销的方式有（　　　）。

A. 在线合作　　　　　B. 网络广告　　　　　C. 新媒体　　　　　D. 报纸

10. 以下（　　　）可以成为数字化多媒体传播、社交及交易的渠道。

A. 短信　　　　　　B. 电子邮件　　　　　C. 线上商城　　　　　D. 小程序

11. 下列属于数据中台优势的有（　　　）。

A. 技术升级，应用便捷　　　　　　　　B. 应用导向，推动全局

C. 数据汇聚，承上启下　　　　　　　　D. 海量数据，丰富报表

12. （　　　）能在Internet上实现。

A. 网上美容　　　　　B. 网上购物　　　　　C. 网上图书馆　　　　　D. 网上医院

13. 后台就是后勤部队，它们不直接面向前台业务，主要提供企业后端支撑和管理能力。以下（　　　）属于后台。

A. 淘宝　　　　　　B. 京东的进货系统　C. 亚马逊商品管理　D. 沃尔玛物流系统

14. 以下（　　）属于社会化新媒体。

A. 微博　　　　　　B. 微信　　　　　　C. 直播　　　　　　D. 在线社区

15. 数字化营销最终要解决的问题包括（　　）。

A. 改变传统的工作方式　　　　　B. 营销策略

C. 人们固有的思维模式　　　　　D. 消费者习惯

16. 用户可以通过以下（　　）渠道获得品牌资讯需求。

A. 百度搜索　　　　B. 360 搜索　　　　C. 抖音　　　　　　D. 快手

17. 以下（　　）属于客户体验。

A. 物品选择多　　　　　　　　　B. 客户获得速度快

C. 使用速度快　　　　　　　　　D. 质量好

E. 价格便宜

18. 目标客户群体数字化是指（　　）。

A. 数字化广告　　B. 短信　　　　C. App 推送　　　D. 内容营销

19. 以下（　　）属于企业的客户触点。

A. 微信公众号　　B. 官网　　　　C. 朋友圈　　　　D. 第三方广告媒体

20. 以下（　　）属于微信生态内的触点。

A. 公众号　　　　B. 小程序　　　C. 视频号　　　　D. 邮箱

四、判断题

1. 数字化营销系统的建立就是把传统的营销方式完全推翻。（　　）

2. 数字化营销的本质是营销，只不过数字化营销更依赖数字渠道以及大数据来进行洞察分析。（　　）

3. 中台主要面向运营人员，完成运营支撑。（　　）

4. 企业级能力往往是前台、中台、后台协同作战能力的体现。（　　）

5. 移动互联网环境下，拍摄长视频来讲述产品和品牌故事的方式也越来越流行，这是因为长视频更利于分享和传播。（　　）

6. 营销体系是制定营销策略并保证营销策略落地的一套方法、过程和制度。（　　）

7. 数字化营销体系的搭建，应当始终围绕着业务场景来开展，通过搭建用户前台、业务中台、管理后台来满足营销场景的多样性需求和企业管理的稳定性需求。（　　）

8. 前台是面向用户的，比如阿里的淘宝、天猫、支付宝，这些都是给大众客户使用的产品 OA 等系统。（　　）

9. 视频营销在及时性、互动性、传播速度上都具有明显优势。（　　）

10. 数字营销允许我们根据不同的用户群体定制营销方案，实现精准营销。（　　）

11. 数字营销是多流量渠道的有效整合。（　　）

12. 数字营销不受地域限制，支持全球性投放，更加多元化且多地域。（　　）

13. 数字化营销是渠道变革。（　　）

14. 数字化营销人员需要帮助营运经理对所属领域进行市场细分和客户细分并对数据质量进行评估。（　　）

15. 微博的问答功能能够让博主实现用户价值的变现。（　　）

16. 竞价排名是企业通过与搜索引擎合作，通过向搜索引擎付费的方式使得网站排名靠前。（　　）

17. 消费者可以十分便利地通过微信平台关注并获取企业产品和服务的相关信息，在消费过程中随时和企业联系，实现自主咨询、下单、购买、支付和意见反馈等消费环节。

（　　）

18. 前台是专门为顾客（客户）开发的软件应用端。（　　）

19. 前台主要面向客户以及终端销售者，实现营销推广以及交易转换。（　　）

20. 前台、中台、后台都包括前端和后端。（　　）

五、简答题

1. 营销如何线上获客？

2. 营销如何线下获客？

六、实战演练

2020年，美的集团迈入了全面数字化和智能化的新时代，采用"用户驱动+差异化技术驱动"的双驱动模式，通过大数据与业务的深度融合，增强客户黏性，推动产品持续更新迭代。

美的集团在全球范围内构建了四级研发体系，广泛吸纳数字化人才，不断创新产品研发模式，探索产品差异化卖点，以支撑实现全品类的"第一、唯一"目标。同时，美的集团还重视平台开发，建立了大数据平台、AI平台、物流管理平台等，以满足设备自动化连接、供应链管理、客户管理等核心运营管理需求。

此外，美的集团还布局了全球战略，通过搭建全球平台实现产品开发，进一步拓展其在全球市场的影响力。这一系列的战略布局和技术创新，不仅在内部实现了生产效率的显著提升，也为全球制造业的数字化转型提供了有力的示范和支持，展现了美的集团在智能制造和数字化转型领域的领导地位。

结合数字化基础设施建设，美的集团投入巨资，建立了包括资源规划、供应商管理、制造执行系统、排产、产品生命周期管理、客户关系管理等在内的六大运营系统，以及BI、FMS和HRMS三大管理平台。这些系统的建立和完善，为美的集团的数字化转型提供了坚实的技术基础，也为其他企业的数字化转型提供了可借鉴的经验。

美的集团的数字化转型动因主要分为内部动因和外部动因。内部动因包括面对产品同质化和利润率下降的挑战，通过数字化转型实现精准定位用户需求，提升产品竞争力。同时，通过信息化技术降低成本，提升运营效率，以应对利润率波动和效率下降的问题。外部动因则包括随着国民收入的提高，消费者对便捷、高效、健康产品的需求增加，推动家电行业向中高端产品倾斜。国家政策的支持也为家电行业的数字化转型提供了良好的外部环境。

案例思考：分析此案对你的启示有哪些。

第六章 数字化运营

学习目标

【职业知识】

了解流量、流量池、公域流量与私域流量、用户画像的含义，掌握流量运营方式的模型

【职业能力】

会搭建数字营销场景、会搭建用户画像系统

【职业道德】

乐业敬业，提高服务技能，以客户全面价值体验为导向，以客户感知为标准

第一节 客户引流

情境导入 6.1

新一轮抢客大战：银行和第三方支付巨头纷纷涌入 ETC

ETC 的全称是"不停车电子收费系统"。安装了 ETC 设备（OBU）的车辆，在经过高速 ETC 通道时就不必人工持卡，通过车上安装的 OBU 设备利用计算机联网技术与银行进行后台结算处理，可大大缩短收费时间。

2019 年 5 月 28 日，国家发展改革委、交通运输部印发了《加快推进高速公路电子不停车快捷收费应用服务实施方案》，要求 2019 年年末全国 ETC 用户数量突破 1.8 亿。

据了解，在正常通行的情况下，安装 ETC 的客车平均通过省界的时间由原来的 15 秒减少为 2 秒，下降了大概 86.7%，货车通过省界的时间，由原来的 29 秒减少为 3 秒，下降了 89.7%。从政府层面来看，推广 ETC 有利于提高全国高速公路的通行效率，能极大地降低全社会的物流成本，同时促进节能减排。

对银行来说，有车一族是优质的潜在客户，还可以借机推广银行卡、信用卡等产品和业务。因此，在推广 ETC 的政策出来后，各银行都加大力度积极争抢 ETC 客源。

进入 6 月后，几乎每个银行网点都在大堂显眼位置摆放了办理 ETC 的宣传标识："免费安装、通行费 9.5 折""充 100、送 100""加油立减 50"……一些银行还支持网上申请，用户在手机客户端上即可办理。

ETC 争夺战不仅在大城市上演，在偏远的山区，同样也在上演。某山区网点所有的工作重点就是寻找这些有车一族，并帮他们安装 ETC 设备。

7 月 1 日，支付宝宣布与中国邮政储蓄银行联合推出免费办理 ETC 业务，线上申请办理，通过邮寄的方式将 ETC 设备寄到车主家中，每次 ETC 过高速出行都有绿色能量；同时，未来每次账单查询、电子发票、账户更改都可以通过支付宝一站式完成，但每次使用过程中支付宝都要收取 1% 左右的服务费。

微信方面也宣布，在 ETC 助手、高速 ETC 办理等小程序上就能直接申办 ETC。微信 ETC 有两种办理方式：一是办理记账卡，记账卡需要提前充值，充值金额在 300~5 000 元；二是直接绑定借记卡或者微信零钱，这种形式的 ETC 需要额外购买设备，虽然设备没有折扣，但是可以参与抽奖。

ETC 属于日常刚性支付场景，而且用户开通后若需更换绑卡方可注销，所以用户黏性较高，各大银行及第三方巨头之所以重视推广 ETC，看重的是 ETC 背后可以拓展的很多应用场景，如小区车辆门禁、停车场收费、自助加油收费、自助洗车扣费、充当电子车牌等。可见，争夺的不是高速收费业务带来的利润，而是下一个支付流量入口。

资料来源：好站长资源. 生活中的云计算有哪些. https：//www. haoid. cn/post/5108 ［EB/OL］. http：//www. 51sjk. com/b127b153975/ （由本书作者摘录整理）

数字化营销是企业数字化转型的最佳切入口，主旨是利用数字技术提升企业内部运营效率，驱动业务流程的自动化，形成企业自身特有的差异化竞争力。其营销三步逐层递进的工作核心分别是流量→转化→运营。

一、流量

没有网络时，我们通过纸刊浏览信息，纸刊是流量载体，商家会通过登刊广告获取流量；电视问世后，我们通过电视浏览信息，电视是流量载体，商家会通过电视广告获取流量；传统门店兴盛时，我们通过门店消费，门店是流量载体，商家通过选址获取流量；网络发达后，我们通过网页浏览信息，网页是流量载体，商家会通过网页广告获取流量；短视频兴起后，我们通过刷短视频浏览信息，短视频则是流量载体，商家会通过短视频广告获取流量。

在规定时间内通过指定地点的人数称为流量，流量是所有商业模式的基础，解决流量问题是营销的首要条件，积淀的流量越多，能够获取的资源也越多，最后获利也会越多。比如我们去旅游，会发现买当地小吃街美食的人非常多，甚至还需要排队，其实小吃味道一般，价格也不便宜，但是，因为旅游小吃街流量大，所以生意自然就会很好。

网络的流量指在一定时间内打开网站地址的用户访问数量，有时也指手机移动数据。

跟线下做生意花钱买店铺获客，然后卖货盈利没有本质的差别，线上获客本质基于流量思路，用户访问在哪里，哪里获客就最高效。中国互联网主要的流量入口的三大巨头为：B（百度系）A（阿里系）T（腾讯系）。

 **案例透析 6.1**

嘉宝以电商为核心进行突围

嘉宝是美国家喻户晓的婴幼儿食品品牌，据调查数据显示：80%的美国妈妈会为她们的宝宝购买嘉宝产品。嘉宝在中国已经拥有超过 200 万的消费者基础。嘉宝跨境购未进入中国之前，部分中国妈妈已经通过代购和海淘购买嘉宝产品，优质的品牌力跨越万里触达中国消费者。

2015 年美国嘉宝官方试水中国跨境电商市场，2016 年正式组建嘉宝跨境购部门，时间较短，营销预算有限。嘉宝跨境购正式成立后，尽管已有部分消费者，但他们分散在电商渠道各处，难以获取。

线上渠道招新成本越来越高，营销预算有限的嘉宝如何利用手中资源，在电商平台提升官方渠道的量级？嘉宝选择在天猫和京东开设官方海外旗舰店，入驻蜜芽、唯品会等中国知名跨境电商平台，与网易考拉也在洽谈合作，以全面铺设渠道。

2016 年天猫"双十一"期间，嘉宝做了一场跨国直播，在天猫直播美国宝宝吃掉一座城堡。嘉宝在美国用"双十一"主打产品搭建了一座可以吃的城堡，并邀请了很多美国父母带着他们的宝宝来到城堡里玩耍。以产品搭建的场景让产品在直播中自然且长时间曝光，高频率向消费者传达品牌信息，刺激购买。

在美国，美国宝宝对于嘉宝产品十分熟悉，初次看到城堡就表现得很兴奋，很自然地在直播镜头下吃嘉宝产品。而中国妈妈在看到美国孩子很享受的状态后，自然也会联想到自己的宝宝，如果给宝宝买嘉宝的产品，宝宝也会吃得很香、很开心。贴合产品食用场景的内容打造，使得消费者在潜移默化中接受了产品教育，还有效避免了用户转移注意力。与此同时，在直播过程中小编不断推送产品信息，自然引导对产品产生兴趣的妈妈进店购买。

除此之外，福利也与进店转化挂钩，直播间设置了关注店铺赢专享优惠券，且直播中每个环节主播都会口播关注有奖信息，直接带动用户关注店铺，间接提升产品销量。这场直播帮助嘉宝"双十一"销量达成目标计划的 143%。69.29%的观众在观看直播后关注了嘉宝这个品牌，47%的观众在直播中下单。

案例思考：分析嘉宝如何借势平台营销力抢占流量。

要获取足够的客户名单就必须获得足够的流量，没有流量就没有人，没有人就没有成交。衡量流量的基本数据指标如下：

（一）访客数

访客数（Unique Visitor，UV）是指一定时间内访问网页的人数。在同一天内，不管用户访问了多少网页，他都只算一个访客。UV 越高就说明有很多不同的访客访问网站，网站流量增加的必然多。

（二）浏览量

浏览量（Page View，PV）指页面的浏览次数，用以衡量用户访问的网页数量。用户每打开一个页面便记录 1 次 PV，多次打开同一页面则浏览量累计；例如，我们在论坛帖子或文章头部经常看到的"阅读次数"或者"浏览次数"。

（三）访问次数

访问次数（Visit View，VV）指从访客来到网站到最终关闭网站的所有页面离开，计为 1 次访问。若访客连续 30 分钟没有新开和刷新页面，或者访客关闭了浏览器，则被计算为本次访问结束。访问次数（VV）记录所有访客 1 天内访问了多少次网站，相同的访客有可能多次访问同一个网站，那说明这个访客对网站很有兴趣。

二、流量池

流量就是市场、客户和商机。懂得流量思维可以快速而有效地利用各种工具，帮助我们整合资源。因此，如何去找一个新的流量洼地？如何有效转化流量？如何通过运营手段，让流量的转化更加可持续？如何构建私域流量池？……成了新时代营销的热议话题。

（一）流量池的含义

流量蓄积的容器就是流量池，流量池是为了防止有效流量流走而设置的数据库。比如，流量很大的网站（淘宝、百度、微博），或 App 为另一个网站或 App 导流（抖音），只要有预算，就可以持续不断从平台获客。

假设池塘 A 养了很多的鱼虾蟹，你想把池塘 A 的鱼虾蟹引到池塘 B 里，就需要在池塘 A 旁边再挖一个池塘 B，灌好水后，在两个池塘中间挖一个引流池，这样水和鱼虾蟹就被引流到池塘 B 了。池塘 B 就是想导流的网站或 App，鱼虾蟹就是不同类型的用户，水就是内容。

（二）流量池的作用

无论哪种互联网商业模式，都是以流量作为基础的。基于流量的需求，引入各类在线供给，形成交易，获取收益，这是普遍的逻辑。

例如，做 B2C 商业模式的，一定要确定自己的流量池究竟是 B 还是 C。如果流量池是 B，就应该基于 B 类流量的需求，引入匹配的 C 类用户；反之，如果流量池是 C，就应该基于 C 类流量的需求，引入匹配的 B 类商户。

简单地说，假设 C 端是线上用户，B 端是线下用户，怎么把 C 端用户引入 B 端用户，这就是流量池的作用。

 教学互动 6.1

问：举例说明什么是流量池。

答：你微信有 4 000 个好友，每天你都会在微信里面发送一些案例分析、走访记录等，每天观看量大概有 3 000 个、点赞 120 个、评论 50 个、转发 1 000 次。这些就是你自己的流量数据，这些流量数据叫私域流量数据，而你的好友群就是私域流量池。

三、公域流量与私域流量

公域流量和私域流量并不是绝对概念，比如，一家商场开在步行街上，商场里的流量相对于步行街就是私域流量，因为店铺位于步行街内。而步行街的流量相对于商场就是公域流量，因为其他店铺也可以享用。再比如，从淘宝里打开一个网店，网店里的流量相对于淘宝就是私域流量，而淘宝的流量相对于网店又成了公域流量。同样，公众号的流量相对于微信就是私域流量，微信的流量相对于公众号就是公域流量。

（一）公域流量

公域流量是被集体所共有的流量。公域流量是依托于一个公共平台，从这个平台获取用户。公域流量的用户是属于平台的。

公域流量具有以下特点：

1. 容易获取

所在的平台都有主动分配流量的权力，哪怕你一个粉丝都没有，你的内容也会被成千上万的人看到。

2. 不可控

公域流量通过广告投放进行获客，但由于行业竞争激烈，投放效果差，转化率低。

3. 黏性差

在公域流量中，获取的用户不属于商家，而是属于平台的。公域流量虽然可持续不断获取新用户的渠道，但它不属于单一个体，所以也称一次性流量。

 **小知识 6.2**

常见的公域流量平台有五大板块：电商平台（淘宝、京东、拼多多等）；社区平台（百度贴吧、微博、知乎等）；新闻资讯平台（腾讯新闻、搜狐网、今日头条等）；视频平台（腾讯视频、爱奇艺、抖音、快手、视频号等）；搜索平台（百度搜索、谷歌搜索、搜狗、360搜索等）。

（二）私域流量

私域流量的用户是属于企业或商家个体的，指品牌或个人拥有、无须付费、可多次利用并且能随时触达用户的流量。私域流量的常见形式有企业微信、企微社群、公司官网、小程序或自主的 App 等。

小知识 6.3

过去 10 年，用户红利从 PC 端转移到移动端，从线下到线上，从中心城市到三四线城市，从新闻视频到网红主播，流量费用高，转化越来越难，流量红利几乎殆尽。此时，企业营销进入从增量到存量竞争的时代。在存量竞争的当下，挖掘老用户/人脉圈的潜在价值已然成为很多公司的共识，这也是私域流量大行其道的原因。

一个大的池塘里面刚开始鱼多，捕鱼的人少，即便捕鱼的技术一般，也能有所收获。随着捕鱼的人越来越多，池塘老板开始收费了，捕鱼的成本越来越高，鱼的质量却越来越低，于是很多人就开始自建鱼塘养鱼，这样捕鱼的成本低了，也更容易捕到鱼了，还能租出去让别人钓鱼，自建鱼塘就是私域流量。私域流量不用付费，而且可以在任何时间、多频次直接触达用户，例如，微信朋友圈、微信群、公众号、QQ 群，还有企业个人 App 等。

私域流量具有以下特点：

1. 人性化

经营者和客户可以进行一对一的服务，同时也可以做出针对性私人定制产品和服务。

2. 可信任

通过运营私域流量，与用户建立起情感互动，"粉丝"信任度更高，相对于在公域流量卖东西，更有人情味，同时产生的复购和转介绍也会更多，客户关系更牢固。

3. 可复制

通过聊天或者是朋友圈的分享产生信任，客户们产生信任就会产生裂变。并且商家可以通过多个微信号同时操作一种销售技巧和方式。

4. 可扩展

私域的运营能让商家与消费者建立更亲密的连接，商家就可以基于产品做延展，并且随时根据经营需求改变自己的经营范围。不管是二次营销还是多元化营销，只要你输出的内容不让用户反感，就有助于销售。

 教学互动 6.2

问：举例说明什么是私域流量。

答：你在自己家玩电脑，有权决定玩还是不玩，你和电脑之间就是私域流量。

 案例透析 6.2

小张的工作是做数字保理业务。他的产品最核心的诉求是让更多人立即预约，因为预约的下一步操作就是项目投资。但他发现流量引过来访问首页到立即预约的转化效果并不好，图 6.1 是他的产品首页。

图 6.1　小张数字保理产品首页

案例思考：请分析该页面，并从刺激点、从众心理、安全性、信任、功用与效果 5 个方面进行优化。

（三）公域流量与私域流量的区别

公域流量主要是通过覆盖、点击、咨询、购买、复购等方式获取；而私域流量则是通过购买、留存互动、分享扩散、转介绍来得到。公域流量与私域流量如图 6.2 所示。

公域流量与私域流量的区别如下：

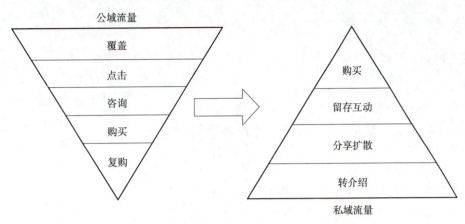

图 6.2　公域流量与私域流量

1. 获客成本不同

公域平台流量大，竞争激烈。例如，在淘宝平台同一类型产品可能有几十上百个同行竞争。想要在公域平台实现持续曝光和获客，需要源源不断的投入。一方面，广告费越来越贵，做一场活动，投了不少广告，但最后带来的转化远远少于前期的宣传成本；另一方面，通过公域平台进来的流量只是一次性的，活动一结束就不会有人再记得这个产品或者这个店。若想再做活动时，只能重新推广与投放广告。

私域流量只属于自己，无论是朋友圈、私聊、小程序、公众号触达，都不需要成本投入。比如自建一个福利群，可每天推广自己的产品，也不会有同行在群内竞争。

若构建自己的私域流量，流量一旦进来，当产品再有活动时可直接推广触达，极大地提升活动的曝光效果。后面再做活动时就可以节省一部分推广的成本，从而实现用户多次复购的可能，让流量变得可控。

2. 转化方式不同

在公域平台中，因为产品类目多、选择多，一次成交后很难再次利用，客户流失率高。而在私域流量池里，企业或商家可以利用系统工具来进行精细化运营自己的用户，且活动推广触达率精准，易提升用户对品牌的黏性，提高用户留存度。

3. 运营方向不同

在公域平台大家关注的是如何获取更多红利流量。公域流量适合曝光、引流；平台自带万千"粉丝"，品牌只需要借助新鲜有价值的内容，就可以快速吸引到一定数量的"粉丝"，达到一定程度曝光；而私域流量不再是研究增量与扩大用户基数规模，更关注用户增长，将流量思维转变为用户思维，将已拥有的用户作为核心资产去经营，思考怎么把单个用户的终身价值做大，延长用户在品牌生命周期里能带来的更多价值。所以适合转化与成交，渠道具有更强的私密性和信任感，与用户像朋友一样交流，降低戒备心理，更容易成交和复购。

　小知识 6.4

对于私域流量，现在还没有统一的具体定义，但是私域流量确实有一些优势与特点。例如，对于微博而言，上了热门头条后基本上会被所有的微博用户看到，这些是公域流量；而通过自己的动态页面，使自己的"粉丝"看到微博内容，这些"粉丝"就是私域流量。

四、流量的导入

流量的导入可以从品牌、裂变入手。

(一) 流量品牌

流量品牌是用户通过某种渠道了解了这个品牌，然后添加过来的流量。这里所说的品牌指产品品牌和个人品牌。流量品牌往往对个人或产品有着很强的信任度。

1. 品牌是稳定的流量

流量其实就是流动的用户，这些用户来过即走，不做过多的停留，没有过多的期待。如果一个企业是有品牌的，那么意味着用户来过还想再来，对产品抱有更多的幻想和期待。

小知识 6.5

从几大头部互联网企业的主要业务内容来看，腾讯主打社交，蚂蚁金服主打支付，拼多多主打电商，字节跳动主打内容生产，这些都与现代生活的高频需求息息相关，让流量经营有了可靠的获客来源。

2. 流量是即时的品牌

在互联网的强大传播力的支撑下，人气流量就像是黏合剂，将用户碎片化的注意力合起来，能吸引到一定的关注度并强有力地实现消费转化。

3. 流量与品牌方的关系

对于用户来说，有各自不同的品牌选择，因此诞生了不同品牌代理服务运营模式。一次性品牌需要的是成果快速显著的流量变现服务，而长期品牌则需要长久陪伴式的营销来传达品牌的故事。

视野拓展 6.1
互联网企业的
流量模式

(二) 裂变

流量裂变是建立在有一定数量基础之后的二次引流。目前，多数裂变都在微信平台进行，已经出现较为完善的裂变产业链，工具主要有公众号、微信群、个人号和小程序。线下裂变的主要形式是产品裂变，产品裂变既可以与线上结合，也可以做纯的线下促销，比如集瓶盖、集瓶身、集纸卡等，而比较有名的案例则是ofo 的共享单车。

1. 裂变的分类

(1) 按动力分类。让用户参与裂变是需要动力的，而最根本的动力则来自用户的需求，根据这一点，可以把裂变分为口碑裂变、社交裂变、利益裂变。比如，教育行业的口碑获客、连咖啡的口袋咖啡馆、饿了吗等的裂变红包。

视野拓展 6.2
如何通过裂变
让客户成为回头客

(2) 按模式分类。裂变的不同模式在于分享者和被分享者之间的利益分配，据此可以分为转介裂变、邀请裂变、拼团裂变、分销裂变、众筹裂变。

(3) 按平台分类。任何平台都可以做裂变，按照此分类的裂变主要有 App 裂变、微信裂变、产品裂变。

2. 搭建裂变道路

私域流量越来越火爆，几乎成为所有公司筑起流量护城河的必要手段。每家企业都在找机会切入，有的靠裂变活动，有的靠干货内容，有的靠实物地图，但私域流量的搭建，始终都离不开裂变。如何搭建一条高效裂变的道路需要做到以下几点：

（1）获取种子用户。想获取种子用户，就要找到有种子用户存在的地方，也就是我们所说的公域流量。公域流量就像河流，私域流量就像池塘，搭建私域流量，就需要从河流中引流入塘，将公域流量的"粉丝"，吸引到私域流量池中，为进一步实现锁粉和变现打基础。通常从以下平台能够找到种子用户。如表 6.1 所示。

表 6.1　公域流量平台

平台	旗　　下
腾讯	QQ 群、微信群和企鹅号
头条系	今日头条、抖音
新浪	大 V 评论区留言、找大咖互推、与"粉丝"互动

 教学互动 6.3

问：如何在 QQ 群和微信群引流？

答：在 QQ 群里可以打造专家人设，回答群友问题，通过主动讨论等方式使群内活跃，来引起群内好友的关注，最终引流到自己的私域流量池。在微信群可以分享资料、电子书、PDF 文档，以此吸引更多的"粉丝"链接。

（2）选择诱饵。在裂变环节中，最关键的就是诱饵的选择，诱饵不能照搬，而是在了解目标用户需求和深刻洞察人性的基础上进行的，以下是常用的几种类型：

第一，实用性诱饵。实用性诱饵就是实用性强的福利，比如书籍、风扇和手机壳等。

第二，高价值诱饵。人们对于高价值诱饵还是没有抵抗力的。设置高价值诱饵的关键，要在于让用户感知到它的价值，因为诱饵价值大，用户获取的成本也高，如果你没有一个良好的品牌背书和信任背书，用户不太容易相信，因此适合经常使用。

第三，虚拟诱饵。因为虚拟诱饵成本低、边际成本低、参与成本低，所以很多企业都会用虚拟诱饵进行裂变。

3. 设计裂变规则

微信生态内的裂变规则通常有 3 种：

（1）用户通过扫描海报二维码关注公众号。用户扫描后公众号弹出用户的识别海报，用户邀请好友助力（关注公众号），助力成功后，任务完成，用户获取奖励。

（2）用户扫描海报二维码关注裂变社群。社群内有社群公告，告知用户领取奖励的方式，一般要求用户将海报发送至朋友圈，3 人助力成功后，任务完成后，用户获取奖励。

（3）前两种的组合。也就是用前两种方式的任意一种方式，完成任务后，还需要添加企业微信好友，才可以领取奖励，实现了企业个人号的引流。

视野拓展 6.3
设计虚拟诱饵
时的注意事项

案例透析6.3

互金平台再现拉新大战 华融道理财力推组团赚

2017年8月随着淘宝的"双十一"、京东的"618"被热炒成网上购物狂欢节，各大互联网金融（以下简称"互金"）平台也纷纷大搞网络理财节，举凡"5·18""6·18"之类的传统带有好口彩的日期，都会精心设计各种活动进行促销，大力吸引新客户注册投资，而如"8·8""8·18"这样的好日子，当然更不能错过。

对于互金行业，新用户就像源泉，只有源源不断地流入新泉水，平台的运营才能更稳健、更鲜活。所以，互金平台对拉新的投入不遗余力：理财通推出集财神抢红包活动、久金所投资抽iPhone，各平台的新手红包、体验金等更是常规福利，力求用更实惠的利益、更多样化的玩法吸引用户，惠及更多的投资理财者。而其中，华融道理财则力推"组团赚"，玩起了社交营销。

"组团赚"的核心思路在于邀请好友，即已注册用户组团邀请好友注册，邀请1位新团员注册成功即可获得0.3%加息券，2位得0.7%加息券，3位得1.2%加息券，满4位则满团，可获得1.8%加息券。此外，邀请人还可享受与每位团员前三笔投资收益10%等额的现金返利。如果说加息的奖励只是让用户在投资时能享受到更高的收益，返利的奖励则让用户不投资也能享受收益。而根据华融道理财App显示，每个月都有用户纯靠邀请好友赚到高达万元的收益。

作为被邀请者的团员，也能获得比普通用户更多的福利。首先新手红包会多出近一倍，达到368元，其次可获得额外的首投奖励（话费和京东卡）。

案例思考：华融道理财在互金平台拉新的推广方式的优势是什么？

 **第二节　用户画像**

 **情境导入6.2**

疯狂炸弹手

20世纪40—50年代，在纽约出现了一名"疯狂炸弹手"，他在16年间放置了33枚炸弹，其中22枚爆炸，共导致了15人受伤。每次爆炸前，"疯狂炸弹手"都会发一封"警告信"。

纽约警察一直因为没有足够线索无法破案，后来求助于心理学家詹姆士·布鲁塞尔（Dr. James A. Brussel）。在阅读了大量卷宗，通过对炸弹手所有的资料深度分析后，布鲁塞尔给"疯狂炸弹手"画了一幅"画像"。而这张罪犯画像几乎准确地描绘出了包括性别、性格、年龄、外貌、居住地区、家庭情况等详细信息，可以说"精准"得令人瞠目结舌。

视野拓展6.4
三只松鼠借助营销
数字化工具扩张

当警探们根据信息最终逮捕"疯狂炸弹手"马特斯基的时候，他的穿着都与布鲁塞尔的描述一致："一件双排扣外套，扣子扣得整整齐齐。"更令人惊叹的是，在马特斯基入狱后的几十年间，詹姆士曾经多次拜访他，马特斯基每次都穿戴整齐，举止合宜，始终符合当年那张"人物画像"的描述。这种"精准"甚至经历了时间的考验！

在互联网逐渐步入大数据时代后，不可避免地给企业及消费者行为带来一系列改变与重塑。其中最大的变化莫过于，消费者的一切行为在企业面前似乎都将是可视化的。随着大数据技术的深入研究与应用，企业的专注点日益聚焦于怎样利用大数据来为精准营销服务，进而深入挖掘潜在的商业价值。于是，用户画像的概念也就应运而生。

一、用户画像及应用

学校旁边的小卖部，为什么要卖零食和文具，而不卖肉；医院的门口，为什么要卖鲜花和水果，而不是卖化妆品。其实这是因为在小卖部和鲜花店老板眼里，有一个很明确的用户人群。

产品的目标受众是什么？使用产品的核心人群是什么样的？他们有什么行为特征、消费习惯？什么是能够刺激他们购买的核心需求……这些就是企业对一个用户群体集体特征的描述。

（一）用户画像的含义

用户画像，即用户信息标签化，是企业根据用户的社会属性、生活习惯和消费行为等信息而抽象出的一个标签化的用户模型。构建用户画像的核心工作就是给用户贴"标签"，而标签是通过对用户信息分析而来的高度精练的特征标识。例如，如果你经常购买一些玩偶玩具，那么，电商网站即可根据玩具购买的情况替你打上标签"有孩子"，甚至还可以判断出你孩子大概的年龄，贴上"有5~10岁的孩子"这样更为具体的标签，而这些所有给你贴的标签统计在一起，就成了你的用户画像，因此，也可以说用户画像就是判断一个人是什么样的人。

企业对用户的了解越多，就越容易为用户提供所需产品和服务，从而提升用户的黏性，提升企业盈利能力。用户画像常用来作为精准营销、推荐系统的基础性工作，其具体作用如下：

 小知识 6.6

用户画像的使用场景较多，不同的企业做用户画像有不同的战略目的，广告公司做用户画像是为精准广告服务，电商做用户画像是为用户购买更多商品，内容平台做用户画像是推荐用户更感兴趣的内容，提升流量再变现。

 小知识 6.7

今日头条算法是今日头条这款兴趣推荐搜索引擎应用的核心，这也是与传统媒体最本质的区别，今日头条之所以能够非常懂用户，精准推荐出用户所喜好的新闻，使得今日头条在短短两年多的时间内拥有了2.2亿用户，每天有超过2000万用户在今日头条上阅读自己感兴趣的文章。

 教学互动 6.3

问：举例说明用户画像金融领域的作用有哪些。

答：通过数据画像可以识别哪些客户对财富类营销活动的响应率比较高，哪些客户的资产潜力较大，哪些客户较易被提升，哪些客户处于流失的边缘，哪些客户的信用程度较低，哪些客户较容易发生欺诈行为等。

用户画像可以找出那些不还款的人的特征，通过用户画像得出的规则可以更快更简单地筛掉一些用户，通过既有的数据进行推断要不要给一个客户放款、放多少。即通过设置准入条件最大化地降低风险。

用户画像是很多数据产品的基础，以推荐系统为例，丰富的内容就是基于一系列人口统计相关的标签，如性别、年龄、学历、兴趣偏好等来帮助企业进行推广投放的。

近些年，依靠强大的推荐算法在市场上火起来的软件就是精准营销、精细化运营发力的最好证明。如今，对每个消费者提供针对性服务的推荐算法已经全面占领了视频、小说、音乐、购物等绝大部分平台。

大数据技术的应用，让用户的信息更加全面，通过描绘用户头像，可对其进行侦查，实现"千人千面"。

例如，今日头条是个性化的新闻推荐引擎，其内容推荐，就是根据标签组成用户画像模型，再利用其推荐算法机制，精准推荐出用户所喜好的新闻，匹配用户感兴趣的内容，做到个性化推荐。

（二）产品设计

在用户需求为导向的产品研发中，企业通过获取到的大量目标用户数据，进行分析、处理、组合，初步搭建用户画像，做出用户喜好、功能需求统计，从而对产品进行受众分析，更透彻地理解用户使用产品的心理动机和行为习惯，设计制造更加符合用户核心需求的新产品，完善产品运营，为用户提供更加良好的体验和服务。

比如，某公司想推出一款面向 5~10 岁儿童的玩具，通过用户画像进行分析，发现形象为"喜羊羊"、价格区间为"中等"的偏好比重最大，那么这就给新产品提供了客观有效的决策依据。

用户画像适合各个产品周期：从新用户的引流到潜在用户的挖掘，从老用户的培养到流失用户的回流等。

（三）渠道优化

当前的零售企业的销售渠道有多种，比如，自营门店、经销商代理、电商平台、电商App 等，每个渠道的用户群体的消费能力、兴趣偏好可能是不一样的，通过用户画像可以让合适的产品投放在合适的渠道，从而增加销售量，这是目前零售行业惯用的方法。

（四）广告精准营销

如今的移动广告投放已经完全应用了用户画像作为投放依据，无论是电商、游戏还是其他品牌曝光，利用用户画像数据指导广告投放，不仅能够降低成本，还可以大大促进点击率及转化率，提升整体广告投放效果。

比如，某些游戏大厂在游戏立项前会利用本身产品定位寻找对应用户人群，然后利用广告将游戏备选的美术设计图推送给用户，看用户对于不同美术设计的点击率如何，然后选择玩家点击率比较好的图片作为游戏美术的定位，这样可以在立项前降低上线后因为玩家对设计的不认可而错失市场的概率。

二、用户画像系统的搭建

用户画像的系统构建分为数据处理层、标签体系搭建、画像应用出口 3 个层次。如图 6.3 所示。

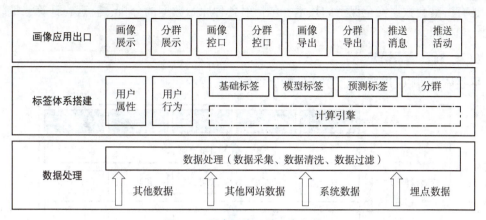

图 6.3 　用户画像系统业务架构

（一）数据处理层

数据处理是指对数据（包括数值的和非数值的）进行分析和加工的技术过程，也就是对数据进行采集、存储、检索、加工、变换和传输，将数据转换为信息的过程，如图 6.4所示。

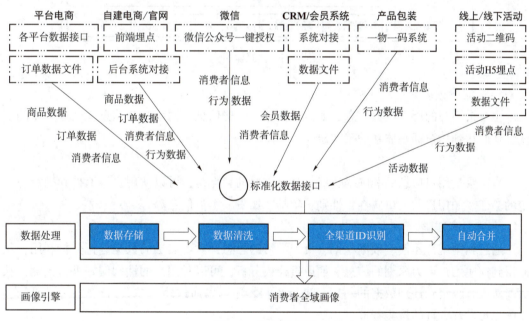

图 6.4 　数据处理层

1. 数据处理后形成可用的用户属性和用户行为层

数据处理的基本目的是从大量的，可能是杂乱无章的、难以理解的数据中抽取并推导出对于某些特定的人们来说是有价值、有意义的数据。

2. 数据处理离不开软件的支持

数据处理软件包括：用以书写处理程序的各种程序设计语言及其编译程序，管理数据的文件系统和数据库系统，以及各种数据处理方法的应用软件包。为了保证数据安全可靠，还有一整套数据安全保密的技术，包括对各种原始数据的分析、整理、计算、编辑等的加工和处理。

（二）标签体系搭建

标签体系可以归纳出如下层级结构，如图6.5所示。

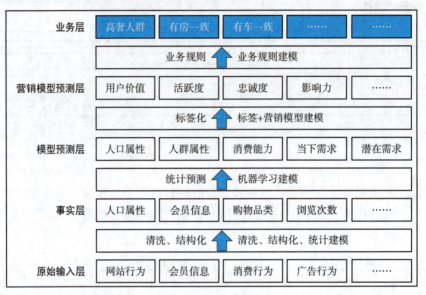

图6.5　标签体系

1. 原始输入层

主要指用户的历史数据信息，如会员信息、消费信息、网络行为信息。经过数据的清洗，从而达到用户标签体系的事实层。

2. 事实层

事实层是用户信息的准确描述层，其最重要的特点是，可以从用户身上得到确定与肯定的验证。如用户的人口属性、性别、年龄、籍贯、会员信息等。

3. 模型预测层

通过利用统计建模、数据挖掘、机器学习的思想，对事实层的数据进行分析利用，从而得到描述用户更为深刻的信息。如通过建模分析，可以对用户的性别偏好进行预测，从而能对没有收集到性别数据的新用户进行预测。还可以通过建模与数据挖掘，使用聚类、关联思想发现人群的聚集特征。

4. 营销模型预测

利用模型预测层结果，对有相同要求的不同用户群体，通过打标签、建立营销模型的方式，来分析用户的活跃度、忠诚度、流失度、影响力等，以此来进行营销数据的预测。

5. 业务层

业务层可以是展现层，它是业务逻辑的直接体现。如图6.5中的"有车一族、有房一族"等。

（三）画像应用出口

提供的用户标签，以及用户分群，最终可通过接口、推送、导出、展示等多种形式提供给到顶部的业务应用，如图 6.6 所示。

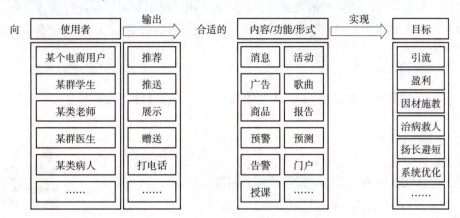

图 6.6　画像应用输出

三、用户画像验证

按事件的发展过程来看，用户画像的准确性验证分为事中和事后两个阶段，其中事中指用户开发过程中，而事后则是指画像上线运用于业务后。不同阶段的验证方法也有所不同。

（一）事中验证

事中验证主要基于画像开发过程中所选模型及统计方法，对于基本信息、用户行为、用户分群 3 类画像，有以下 3 种验证指标：

1. 模型验证指标

常用的模型验证指标主要为用户前两类画像的验证，这些指标的介绍及判断标准已经有比较成熟的理论基础，对于第三类基于聚类的用户画像没有较常用的验证指标。通常情况下，需结合业务及每个群体用户覆盖度进行相应调整，最后的验证通常也是基于事后的业务反馈效果。

比如，一位女老板，在京东或者淘宝平台上就是贴着数字标签和购买记录的消费者：女性、妈妈、月消费上万、北京……经常购买某某产品。

这位女老板的消费模型在京东可能被定义为"X"，在淘宝被定义为"Y"。所以，这位女老板打开京东，符合 X 模型的产品就优先展示在她的 App 首页，并且 X 模型会给她主动推符合 X 模型的促销、定价、推荐商品、交叉销售产品等。

对于 ToB 也一样，ToB 客户的组织、决策人、商品、产线等都会被数字记录，形成数字画像，构架成数字决策模型、采购模型……

2. 抽样验证

用户画像通常涉及千万级甚至上亿级用户，不可能一一验证，这种情况下可以采取分层抽样验证或随机抽样验证。当然由于抽样验证的数据量相对较小，因此说服度不高。

3. 交叉验证

交叉验证分为画像指标间的交叉验证及外部数据的补充交叉验证。在通常情况下，一些画像类的指标间会存在一些相关性，此时可进行交叉验证。例如，收入与资产存在一定的相关性，通常收入越高资产也会越高，此时就可用这两个画像评分进行交叉验证。

另外，如果公司购买的第三方机构数据也有相应的画像指标，也可用于参考进行交叉验证。

（二）事后验证

事后验证主要基于随业务发展增加的数据源（真实数据）及应用于业务后的反馈数据。

1. 真实数据验证

随着业务发展，一些用户画像信息会从无到有慢慢积累，毋庸置疑的是，将真实数据用于验证画像类指标是最准确的。

视野拓展 6.5
美国的社会安全号

2. A/B Test

A/B Test 是互联网公司最常用的验证方法，一般基于用户画像制定的策略在上线时都会进行严格的对比试验，以测试画像的准确性。

3. 业务反馈数据验证

用户画像中的第二类（用户行为画像）和第三类（用户分群画像）与业务有紧密联系，源于业务也用于业务，因此，由实际业务数据反馈来验证画像准确性是相对来说最有效的。

第三节　客户转化

情境导入 6.3

"短视频＋直播"助力流量变现

武汉知名连锁餐饮企业肥肥虾庄在当地拥有 20 多家门店，近年来，创始人先后在深圳、西安等地开店，希望能让更多人品尝到他的小龙虾。但店多了，如何能让更多人看到，从而到线下门店去品尝呢？创始人想到了经常关注的抖音，但对于传统的餐饮线下门店来说，因为没有专业团队做运营，所以迟迟没有开展。

2021 年，通过与巨量引擎武汉本地直营中心开展合作，肥肥虾庄在传播曝光、触达精细化用户群体、提升转化效果方面业绩明显，直播单场销售额突破 20 万元，并通过达人探店等短视频内容登顶抖音武汉美食人气榜第一名，而这一切仅用了 1 个月的时间。

3 月 5 日，肥肥虾庄正式入驻抖音；3 月 11 日开始做短视频。围绕门店特色菜品进行展示、产出自身内容的同时，邀请本地达人探店，借助美食达人的影响力，向本地用户、"粉丝"传播肥肥虾庄的菜品品质、口味、环境等，扩大传播声量，并通过直播进一步提升客流转化率。

一家新店，初入抖音，如何提升热度？除了围绕门店特色菜品进行展示外，巨量引擎湖北本地直营中心为肥肥虾庄进行了一对一的商家培训，从短视频的内容如何建立，到优化传播方案，再到精细化分析短视频完播率、点赞量、评论量等数据，如何持续优化，每个点都讲得很透彻，并为其对接了非常多的美食达人进行探店，帮助店铺提升抖音热度。

如果说短视频是帮助餐饮商家在抖音进行用户种草的话，直播则可以更直接地进行销售转化。肥肥虾庄的会员系统拥有 30 万用户，抖音企业号提供了新思路，活动预热海报内容发布给会员后，当天抖音号涨粉 2 000 个。

在增强直播效果方面，肥肥虾庄完善了抖音号"基础设施"店铺装修，包括抖音门店详情页描述，商家页面上线优惠套餐，完成抖音号门店认领，让用户方便找到门店位置、套餐内容的介绍视频、套餐使用方法指导视频等。在套餐设置方面，可以设置双人餐、3~4 人餐组合，并给予一定优惠，以满足不同顾客的需求。同时，也可以拿出一个单价较低的爆款菜品进行引流。任何时间段进入直播间的观众，都可以一目了然地看到各种套餐并选择自己所需要的点击购买，再配合主播的精彩讲解，很容易促成订单转化。

通过提升热度、冷启动私域流量以及直播基础设施建设三大步，肥肥虾庄抖音平台稳定月销售已超百万元，目前仍在以 30% 的速度增长。

肥肥虾庄通过打造自己的私域流量，与平台之间形成良性的共生共赢关系，进而提升品牌的知名度、美誉度，以及客流转化率，并最终达成业绩的增长。

品牌解决了用户是谁的问题，裂变解决了用户怎么来的问题，转化则是要解决用户付费的问题。转化的形式有很多，如投放、合作、直播、优惠、续费。

一、企业获取流量的渠道

保持一个老客户的营销费用仅仅是吸引一个新客户营销费用的 1/5；向现有客户销售的概率是 50%，而向一个新客户销售产品的概率为 15%；客户忠诚度下降 5%，企业利润则下降 25%；如果将每年客户关系率增加 5 个百分点，可能使企业利润增长 85%；企业 60% 的新客户来自现有客户的推荐。

影响客户转化的因素非常多，通常靠渠道来源、用户营销、网站/App 体验来提高用户留存，从而增加用户黏性。

视野拓展 6.6
搜索引擎的作用

企业数字营销场景化获客需要建立在流量基础之上。获取流量的模式有线上推广、线下推广和商务合作。

（一）线上推广

一般来讲，线上更重视知名度，注重新客户的获取、订单的获取。

1. 搜索引擎营销

搜索引擎营销（Search Engine Marketing，SEM）顾名思义就是利用搜索引擎来进行网络营销和推广。凡是使用搜索引擎查询的全部结果都可以归类于 SEM 的范围之中。

搜索引擎可以帮助用户快速搜索到他们想要的东西，搜索引擎又可以帮助企业找到目标客户。

小知识 6.8

客户资源是产品走出去的第一步，搜索推广可以帮助我们在宠大的市场里快速找到客户。国内三大搜索引擎：百度搜索、360 搜索、搜狗搜索。

SEM 有两个主要支柱：搜索引擎优化和付费搜索广告，如表 6.2 所示。

表 6.2　搜索引擎营销两大支柱

搜索引擎优化 （SEO）	通过分析搜索引擎的排名规律对网站进行有针对性的优化，提高网站在搜索引擎中的自然排名，吸引更多的用户访问网站
付费广告 （PPC）	网络广告的一种形式，广告的费用是按照点击次数来计算的，通过付费竞价结果出现在搜索结果靠前的位置，容易引起用户的关注和点击

2. 应用商店优化

应用商店优化（App Store Optimization，ASO）就是提升某个 App 在各类 App 应用商店/市场排行榜和搜索结果排名的过程。类似移动 App 的 SEO 优化。如精准选取关键词、提升关键词覆盖数量、优化视频预览等，帮助开发者提升 App 在应用商店的曝光率，让用户更容易通过关键词搜索到 App，从而带来流量与下载转化率，获取更多用户。

（二）线下推广

线下推广是比较传统的推广方式，阿里、携程等互联网公司，早期的推广都是通过地推来进行的。面对平台用户，只有通过最直接的交流、最真诚的互动，才能为他们答疑解惑、推广产品、宣传品牌，更有效地留住用户。

比如，针对货运司机的货运 App，这类人群不活跃于互联网上，不易线上推广，而通过线下地推的话，就可以很精准地找货车司机们做推广。

（三）异业合作

主要指经过和同伴协作，相互分享各自资源。例如，金融业服务不再局限于被动等待客户上门，而是跳出金融场景的框梏，主动走进日常生活场景为客户提供便捷、高效的金融服务。

在线上获客的流量逻辑之下，聚焦互联网平台流量，通过业务嵌入、平台合作的形态将流量转化为金融业客户流量的方式成为"服务出圈"的主流。

小知识 6.9

"出圈"作为一个网络流行词汇，意为某个明星、某个事件的走红的热度不仅在自己固定"粉丝"圈中传播，而且被更多圈子外的路人所知晓。

1. 市场合作

此类合作以共同服务市场为核心，集中品牌公关和市场营销两个方面，品牌公关主要是基于框架合作的形式实现双方在品牌价值上的提升，市场营销主要是在各自平台开展服务的相互引流。

不难看出，此类跨界合作进一步整合银行、流量平台和商户资源，全方位洞察各类客群需求，实现流量渗透，从线下商超到文化 IP，从吃穿住行到购物娱乐，全方位地实现数字化营销。例如，作为"零售之王"的招商银行相继与京东合作推出了小白信用联名卡，与腾讯推出了 QQ 会员招行联名卡；中信与淘宝合作推出了中信银行淘宝联名卡；等等。

 **案例透析 6.4**

银行与互联网巨头的联手

一年来，以前形同陌路的传统银行巨头与互联网巨头握手言和。互联网公司纷纷选择与银行联姻。

2017 年 3 月 28 日，中国建设银行与阿里巴巴、蚂蚁金服宣布战略合作，启动了区块链技术的研究，双方将共同推进建行信用卡线上开卡业务，以及线下线上渠道业务合作、电子支付业务合作、打通信用体系。

2017 年 6 月 16 日京东金融与工商银行正式联手，双方将在金融科技、零售银行、消费金融、企业信贷、校园生态、资产管理、个人联名账户乃至电商物流方面展开全面合作，同时还将打通线上线下。很快，将在工行的网点看到京东的身影，以及京东与工行一起发行的银行卡和金融产品。

2017 年 6 月 20 日百度与中国农业银行达成战略合作，合作领域主要是金融科技、金融产品和渠道用户，双方还将组建联合实验室、推出农行金融大脑，在智能获客、大数据风控、生物特征识别、智能客服、区块链等方面进行探索。

2017 年 9 月 22 日，中国银行宣布"中国银行–腾讯金融科技联合实验室"挂牌成立。中国银行与腾讯集团的实验室也将重点基于云计算、大数据、区块链和人工智能等方面开展深度合作，共建普惠金融、云上金融、智能金融和科技金融。

从互联网金融"颠覆"银行的雄心，到银行纷纷建立自己的网络银行来回击，几个回合之后，最后大家还是张开双手强势拥抱。

案例思考：为什么金融科技与金融业务要开展合作？如何合作？

2. 业务合作

此类合作在技术、数据、产品等更深层次的方面展开合作，共同开拓新的互联网业务或金融业务服务模式与服务内容，共同获取新市场。

例如，在开展线上信贷业务方面，金融科技公司先将其掌握到的具有贷款需求的客户，通过初步风险把控推荐给银行，然后再提供给银行一系列金融科技管理工具，支持银行进行资产的安全监管，最终实现场景与金融服务的无缝衔接。

3. 流量合作

在互联网平台逐步开放的今天，金融业利用互联网平台的开放性，将金融业务以应用程序编程接口（API）的形式嵌入社交平台、合作伙伴的场景当中，为客户提供无处不在的金融服务。

 小知识 6.10

金易联与工商银行合作的"工行在线"项目，可在微信生态下的各个流量入口接入，客户可随时随地在社交平台获得服务：工行在线植入微信推送文章，微信小程序搜索工行在线。同时金易联还为机构提供跨社交平台导流的技术能力，连接微信、百度、头条等多个社交平台，利用社交流量，为传统金融机构带来全渠道的拓客机遇。

值得注意的是，现阶段流量较大的互联网平台已经被较多的银行围着竞争，用户的质量难以辨别，由于获客都需要投入大量的营销资源，跟大型平台的合作需要让出较多的资源，在合作场景化获客时更需要从行业端、重点平台客户进行切入。

二、流量转化模型

不同企业有着不同的服务，不同的服务对应不同的人群，不同的人群对应不同的需求，不同的需求采用不同的转化和设计方案。

企业在流量运营的探索上从未止步，流量运营方式的演进主要以下面三种模型体现：

（一）漏斗模型（倒三角形）

通常情况下，用户在早期流失现象非常严重，所以需要让用户快速容易地体验到产品的价值。一旦用户发现产品对自己的价值，继续使用和探索产品新功能的概率就会增大很多。

转化分析常用的工具是转化漏斗（Funnel）。它的意思是假如有 100 个人路过你的网站，你能够把几个人变成忠实顾客。传统商业（尤其是电子商务）往往采用流量漏斗模型，在这个模型下，工作重心会放在引流和转化。京东、淘宝就是用的用户转化漏斗：外面做广告吸引用户点击→把用户带进去→让用户多看商品→用户购买→运营部门想方设法让用户再购买……

例如，从数据中得到 100 个展现有 3 个访问，100 个访问中有 8 次点击，100 次点击中有 3 次咨询，那么就大致可以预估出每日至少所需的展现量。在用户行为数据分析的过程中，我们不仅看最终的转化率，也关心每一步的转化率。转化漏斗如图 6.7 所示。

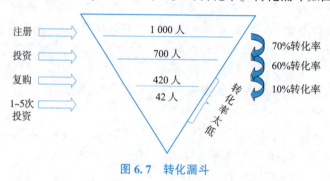

图 6.7　转化漏斗

从图 6.7 中我们可以看到：①新用户在注册流中不断流失，最终形成一个类似漏斗的形状；②复购之前的转化率都较高，但在投资的流程中，1～5 次的节点转化率急剧降低至 10%，这里就是需要改进的地方。所以需要提高用户复购转化率，其实就是提高用户的黏性和忠诚度。

漏斗模型这个阶段，客户关系管理（CRM）非常流行，企业只对客户进行管理而不培育。流量越来越集中，也就自然会越来越贵。缺点是对外界流量成本涨跌很敏感。其特点如表 6.3 所示。

表 6.3　漏斗模型特点

关键	引流、转化
指标	获客成本、投资回报率
优点	可控性
缺点	流量采购成本取决于市场
适用	流量红利期、高毛利品类

6

（二）沙漏模型（X 形）

一方面，随着移动互联网的发展，用户大部分时间消耗在社交媒体（如微信）上；另一方面，流量价格逐步上涨，于是，很多人就转换了思路——无须买广告，直接让用户在微信上传播裂变岂不更好？这时沙漏模型就流行起来。

沙漏模型首要的工作目标从引流转化变成了裂变。如拼多多的"邀请 3 个好友就免费听课"就是沙漏模型，如图 6.8 所示。

这时，在微信环境下运营的工具——SCRM 非常流行。SCRM 即社会化客户关系管理，其优点是性价比高，缺点是需要嗅觉敏锐、执行力强、创意新的团队才能做到高可控性。其特点如表 6.4 所示。

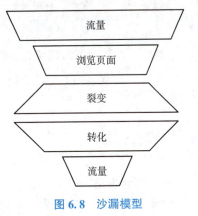

图 6.8　沙漏模型

表 6.4　沙漏模型特点

关键	裂变
指标	裂变指数
优点	指数级增长可能性
缺点	创新设计要求高、低可控性
适用	分享红利期、社交货币品类

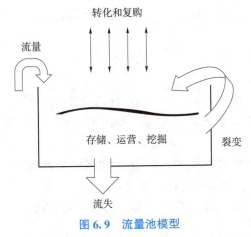

图 6.9　流量池模型

（三）流量池模型

随着流量费用进一步提高，社交网络用户分享疲劳，越来越多的人使用第三个模型——流量池模型，如图 6.9 所示。

流量池模型不再是寻找如何去找一个新的流量池的答案，而是把用户放入自己的池子里，维护好关系，便于以后可以低成本随时触达。从而解决以下问题：①如何有效地转化流量？②如何通过运营手段，让流量的转化更加可持续？③如何构建私域流量池？

流量池的优点是掌握用户，不用每次都要给平台或其他渠道交费；缺点是流量池模型很难实现流量再生。其特点如表 6.5 所示。

视野拓展 6.7
互联网企业流量
经营代表模式

表 6.5　流量池模型特点

关键	关系
指标	规模、复购率
优点	低流量采买成本、高转化和复购率
缺点	内容和运营能力要求高
适用	高 LTV（生命周期总价值）、高信息差品类

综合训练

一、概念识记

流量　访客数　浏览量　访问次数　流量池　公域流量　私域流量　用户画像　搜索引擎营销　裂变　漏斗模型　沙漏模型　流量池模型

二、单选题

1. 以下选项不属于私域流量的是（　　　）。

A. 微信朋友圈　　　B. 微信群　　　C. QQ 群　　　D. 电商平台

2. 以下有关私域流量说法错误的是（　　　）。

A. 较为可控　　　B. 可反复触达　　　C. 深入服务可能　　　D. 获取成本高

3. 以下关于公域流量说法错误的是（　　　）。

A. 不可控　　　B. 获取成本高　　　C. 使用程度较浅　　　D. 可反复触达

4. 以下说法错误的是（　　　）。

A. 流量＝客户量　　　　　　　　B. 引流的最佳方式是用刚需引导

C. 引流过来的用户不是放任不管　　　D. 私域流量是借助个人平台直接获取用户

5. 以下不属于私域流量池的是（　　　）。

A. 微信　　　B. 抖音　　　C. 头条　　　D. 微博

6. 以下哪一项不是属于衡量流量的数据指标？（　　　）

A. 访客数　　　B. 浏览量　　　C. 网站大小　　　D. 访问次数

7. 拥有搜索引擎、大数据、社交网络和云计算，可以将碎片化信息进行组合，利用大数据技术从中挖掘商机，这说明了数字化营销具有（　　　）优势。

A. 透明度高　　　B. 参与广泛　　　C. 中间成本低　　　D. 信息处理效率高

8. 首次投资赠送体验金，投的越多送的越多。此策略可以实现（　　　）。

A. 个性化服务　　　B. 开发新产品　　　C. 引导用户成长　　　D. 用户的留存率高

9. 以下（　　　）不属于漏斗的元素。

A. 时间　　　B. 节点　　　C. 流量　　　D. 营销

10. 以下说法错误的是（　　　）。

A. 产品进入成熟期要帮助企业构建数据化和精细化体系

B. 降低获客成本

C. 提高客户体验和留存

D. 降低复购率

11. 某班级使用相同的网络，一起访问某个网站，其中有4个同学只浏览了入口页面就关闭了，其所产生的跳出率是25%，请问班级中有多少位同学？（   ）

A. 12   B. 14   C. 16   D. 18

12. 某品牌为了了解目标客户的购买力，需要对（   ）标签进行分析。

A. 兴趣爱好   B. 年龄   C. 性别   D. 收入

13. 搜索引擎推广的简称是（   ）。

A. SEM   B. SERP   C. SEO   D. SEC

14. 老张要做一个女性服装批发的销售网站进行在线销售，在进行搜索引擎营销时，你觉得最应该选择哪个关键词进行推广？（   ）

A. 服装批发   B. 女装   C. 女装批发   D. 女装网站

15. 以下说法错误的是（   ）。

A. 流量需要到流量聚集的地方去获取   B. 流量聚集的地方就是互联网
C. 流量可以凭空产生   D. 流量聚集的地方就是移动互联网

16. 网站的PV上升，UV上升，表示网站的运营情况是（   ）。

A. 运营良好   B. 还需加大推广
C. 需要进行内容优化   D. 需要同时进行推广和内容优化

17. 下列关于客户流失说法错误的是（   ）。

A. 客户流失给企业带来很大的负面影响

B. 有些客户流失是不可避免的

C. 流失的客户有被挽回的可能

D. 客户一旦流失便会一去不复返

18. 某网站统计了网站的访问量，网站的总访问人数为2 000人，只访问一个页面的访问次数为1 000人，访问2个页面的访问人数为500人，访问3个页面以上的人数为200人，网站的跳出率为（   ）。

A. 20%   B. 25%   C. 40%   D. 50%

19. 以下（   ）不属于为企业或商家因为工作或商业目的而使用的系统型软件、工具或平台。

A. 开发端   B. 技术端   C. 企业端   D. 消费端

20. 某网站统计了网站的访问量，网站的总访问人数为1 000人，只访问一个页面的访问次数为500人，访问2个页面的访问人数为300人，访问3个页面以上的人数为200人，网站的跳出率为（   ）。

A. 0.5   B. 0.4   C. 0.1   D. 0.2

三、多选题

1. 以下（   ）选项属于私域流量的特点。

A. 长期使用   B. 免费   C. 反复触达   D. 短期使用

2. 私域流量池的特点有（   ）。

A. 人性化   B. 可信任   C. 可复制   D. 可扩展

3. 属于私域流量的有（   ）。

A. 沉睡客户　　　　B. 老带新　　　　C. KOC 管理　　　　D. 广告投放

4. 私域在（　　）方面具有非常显著的优势。

A. 渠道整合　　　　　　　　　　　B. 流量

C. 用户特性　　　　　　　　　　　D. 获客成本

E. 运营

5. （　　）属于公共区域的流量。

A. 淘宝　　　　　　B. 拼多多　　　　C. 抖音　　　　D. 快手

6. 属于公域的有（　　）。

A. 广告投放　　　　B. KOL 管理　　　　C. 异业合作　　　　D. 沉睡客户

7. 提高用户留存常见的方法有触达用户和（　　）。

A. 每日签到　　　　B. 积分体系　　　　C. 会员体系　　　　D. 优化产品和服务

8. 以下说法正确的是（　　）。

A. 保持一个老客户的营销费用是吸引一个新客户营销费用的 1/5

B. 向现有客户销售的概率是 50%，而向一个新客户销售产品的概率为 15%

C. 客户忠诚度下降 5%，企业利润则下降 5%

D. 如果将每年客户关系率增加 5 个百分点，可能使企业利润增长 85%

9. 搜索引擎营销（SEM）是依据用户运用搜索引擎的方式，应用用户检索信息的时机尽可能将营销信息传送给用户。以下（　　）为常用的搜索引擎。

A. 百度　　　　　　B. 360　　　　　　C. 搜狗　　　　D. 微信

10. 搜索引擎网站的三大流量来源主要是指（　　）。

A. 内部链接　　　　B. 外部链接　　　　C. 直接访问　　　　D. 搜索引擎

11. 以下关键词中，属于核心关键词的是（　　）。

A. 女装　　　　　　B. 型号　　　　　　C. 旅游住宿　　　　D. 婚纱摄影

12. （　　）给我们提供了广泛的流量获取场所。

A. 电商　　　　　　　　　　　　　B. 社交软件

C. SEO　　　　　　　　　　　　　D. 自媒体

E. 短视频

13. （　　）属于流量转化的形式。

A. 投放　　　　　　　　　　　　　B. 合作

C. 直播　　　　　　　　　　　　　D. 优惠

E. 续费

14. 用户可以通过（　　）获得品牌资讯需求。

A. 百度搜索　　　　B. 360 搜索　　　　C. 抖音　　　　D. 快手

15. 以下哪些描述符合我们的用户画像？（　　）

A. 家庭年收入 100 万元以上，家庭总资产 1 000 万元以上

B. 孩子年龄在 14~18 岁，属于高一、高二、高三学生

C. 家长年龄在 30~35 岁的中产富裕家庭

D. 家长关注孩子的教育，愿意为孩子的教育投入

16. 以下属于消费者标签的有（　　）。

A. 性别　　　　　　B. 年龄　　　　　　C. 职业　　　　　　D. 教育程度

17. 以下（　　）属于客户体验。

A. 物品选择多　　　B. 客户获得速度快　C. 使用速度快　　　D. 质量好

E. 价格便宜

18. 数字化营销的方式有（　　）。

A. 在线合作　　　　B. 网络广告　　　　C. 新媒体　　　　　D. 报纸

19. 数据可以通过以下用户特性精准匹配目标客户（　　）。

A. 指定年龄阶段（判断经济能力）

B. 接收了某个金融产品的通知类短信的用户

C. 安装了某个金融理财 App 的用户

D. 接收了某个金融类 App 注册通知短信的用户

20. 通过对消费者的（　　）等进行数据分析后作出精准而个性化的判断，能够得到更为精准的目标消费者的画像并洞察消费者的真实需求。

A. 行为习惯　　　　B. 年龄　　　　　　C. 教育程度　　　　D. 消费习惯

E. 社交特征

四、判断题

1. 顾客标签是通过已知数据和数据分析给每个会员打上其属性标签，包括静态标签和动态标签。（　　）

2. 顾客标签的定义是基于用户背景和行为的多维度属性。（　　）

3. 客户标签构建就是对客户显著特征的分类、提炼和总结过程。（　　）

4. 销售漏斗模型量化了营销过程的各个环节的效率，帮助企业找到薄弱环节。（　　）

5. 微信通过明星朋友圈、首条评论互动形式的种草阶段就是实现与用户的亲密互动，从而激发用户关注。（　　）

6. 引流是指吸引用户，通过某种方法，某种手段能让更多的人可以看到你，关注到你，进而对你的产品/服务进行消费，这也是引流的最终目的。（　　）

7. 不管是在线上还是线下的运营，获取流量是赚钱过程中必不可少的一个环节，而如何找到消费者的过程就是引流。（　　）

8. App 开发出来是一次性的。（　　）

9. 在移动互联网时代，在数字化的营销时代，有可能你的知识、经验，甚至你对某些事情的看法和评价会变成一个产品。（　　）

10. 流量是所有商业模式的基础，积淀的流量越多，能够获取的资源也越多，最后获利也会越多。（　　）

11. 私域流量是指品牌或个人自主拥有、可以自由控制、无须付费且能多次利用的用户流量资源。（　　）

12. 引流入口页面呈现的效果就是在短暂的时间内迅速抓住消费者的眼球，在视觉暂留时间 1~2 分钟刺激消费者，进而产生点击行为。（　　）

13. 数字化营销的本质是营销，只不过数字化营销更依赖数字渠道以及大数据来进行洞察分析。（　　）

14. 数字化营销系统的建立就是把传统的营销方式完全推翻。　　　　（　　）

15. 数字化时代所讲的平台是公司的平台，而不是市场上已经具有一定客户群体和数据的流量平台，例如抖音、微信等社交类平台。　　　　（　　）

16. 每个人使用手机的互联网行为都会在运营商的数据量里留下痕迹。　（　　）

17. 流量裂变是建立在有一定数量基础之上的一次引流。　　　　　　（　　）

18. 私域流量是指以个人为主体所连接到人的关系数量或者是访问量。　（　　）

19. 公域流量是公共的，比如你去网吧上网，网吧老板有权决定你的去留，此时你和电脑之间就是公域流量。　　　　　　　　　　　　　　　　　　　（　　）

20. 留存可以反映出一个产品对于用户的吸引力，流量就是客户量。　（　　）

五、简答题

1. 有一家东北大饼店，旁边很多上班族早上都去买大饼，排队的人很多，大饼店旁边有一个包子铺，里面摆放杂乱，生意冷清。

转变发生在一次春节后，大饼老板回东北过年，之前没任何提示。年后回来的上班族们第一周是期待，第二周是疑惑，第三周彻底失落。一个月后，东北饼店重新开门，但已经没有人去买他的饼了，而旁边的包子铺，生意仍旧萧条。

不久以后，饼店垮了，由一家专业的包子店接替，旁边的包子铺也完全失去了生意。

问：如何形成客户黏性？

2. 分析分析广告主在数字营销构建的流量经营体系中如何运营漏斗模型提升营销效率？

六、实战演练

2016 年 11 月 9 日，甲骨文云大会在上海举行。为了助攻大会，会议在线下的基础上，在线上也进行传播、推广，进行 PC 端直播。

甲骨文的 PC 端直播页面，实现了大会简介、日程、嘉宾介绍、直播公告、QA、分享、在线人数展示、网络状态选择、切换、问卷等功能。方便观看者了解大会信息以及参与互动。

1. 手机端直播页面。为了方便手机端用户，在手机端也部署了视频、PPT、日程、问答、投票、在线人数展示、留资、高清普清切换的功能。

2. 联合推广。为了吸引更多的人参与，甲骨文还专门设置了 eDM 推广。eDM 发出后，用户通过 eDM 点击立即注册，系统可以直接进入注册页面，注册报名后系统可以进入倒计时提醒。

3. OCW 官网和手机端在线直播。甲骨文官网也进行了同步，使得正在搜索的人也能同步看到大会直播情况，增加对甲骨文的了解。

4. 多渠道联合直播，扩大影响面。为了扩大影响面，甲骨文整合了多家直播平台以及媒体进行在线直播。

经过以上操作，甲骨文云大会吸引了逾 3 000 位国内企业高管、IT 行业领袖、开发者以及来自人力资源、财务、营销等领域的精英参与。与此同时，大会还吸引了超过 80 000 名在线参与者。

通过以上案例，分析制定数字营销策略的重要性。

实战篇

第七章 金融业数字化转型

学习目标

【职业知识】
掌握金融业数字化营销构架、金融业数字化营销模型、金融业中台建设的内容
【职业能力】
会分析金融业数字化营销模型的具体区别
【职业道德】
具有金融数字化转型意识

第一节 金融业数字构架

情境导入 7.1

数据驱动赋能，解业务洞察之惑

大量多源异构数据融合之后，数据分析应用、数据赋能的需求应运而生。如何将用户数据、企业数据以及交易数据真正地盘活，赋能金融业务持续发展才是关键所在。

中国人寿在数字化建设方面一直走在前沿地带，很早就开启了 BI（商业智能）系统的建设。但是原有国外 BI 系统操作复杂，不便于学习，响应需求效率低，无法满足日益丰富的业务数据统计需求；同时信息部门除了为各省分公司下发统一规范报表外，更疲于应对各省分公司不断提出的个性化数据分析需求。

为解决人寿财险的以上问题，中国人寿与亿信华辰合作，实现了汇聚数据资产创造价值。

第一，快速满足总公司与各省分公司的数据统计分析需求，建设渠道分析、车险分析、非车险分析、通用分析、机构分析、客户分析等数据分析服务，对各关键指标进行汇总统计。利用亿信 ABI，完成以上统计分析报表的设计与制作，并将这些报表集成到中国人寿财险的业务平台，使其统一展现。

第二，通过完善的培训体系，帮助中国人寿财险建立自己的报表实施团队，赋能总公司与各省分公司信息部门人员，使其独立完成报表的制作，既减轻总公司信息部门的工作压力与负担，同时也让各省分公司快速整合业务与技术，缩短需求沟通时间，独立完成数

据分析需求，并通过亿信 ABI 移动端，满足各层领导随时掌握保费收入等关键 KPI 数据的需要。

经过 7 年多的系统建设与持续的人员培养，截止到 2020 年年底，中国人寿财险总公司及全国 30 多个省分公司全面应用 BI 平台完成日常业务报表制作，培养了近百人的 BI 实施团队，为日常业务提供持续稳定的技术保障。让数据监控更及时、更直观，让需求实现更快速、更灵活，让业务运转更平稳、更高效。

降本、增收、提效是企业的核心目标，因此，建立以客户和业务流程为核心的数字化战略，不断解构业务场景，深挖客户画像和需求，从战略和运营视角找到数字化转型的切入点，以商业化模型带动智能产品的敏捷开发，是数字化转型架构所要做的工作。

因此，数字化架构设计的根本任务至少包含两个方面：一方面是商业模式的转型；另一方面是技术的升级。具体体现在以下方面：

一、创造新型数字化生态

在数字时代背景下，金融行业普遍通过发挥金融业作为信息密集行业的优势，以数据驱动金融数字化转型，并通过塑造场景生态寻求新的盈利增长点。

（一）场景搭建的内容

金融业场景的搭建具体包括建设私域流量池、精确识别用户需求、促进流量价值高效转化、持续深挖流量价值 4 个方面。

1. 建设私域流量池

一方面，搭建高质量私域流量池，持续做大流量基数、提升用户活跃度，同时避免在场景搭建过程中对用户流量重"量"轻"质"。另一方面，可通过从公域（Internet）、其他私域（数字平台等）流量向自身私域引流，结合自身数据资源，形成优质数字化资产，奠定流量高效转化的基础。

（1）精确识别用户需求

在金融场景建设中，基于用户不同的标签信息对用户进行分类，进而构建多维度、多层次的用户标签体系。从金融实践来看，用户标签通常呈现出动态演变的形态，这也间接推动了金融业通过不断提升自身数据处理方法，在模型标签的基础上，结合用户最新行为数据，对用户新标签进行合理预测，实现适时、适机、适景地营销。

（2）促进流量价值高效转化

在建设私域"流量池"、识别用户需求后，金融机构聚焦于促进流量价值高效转化，发挥数据资源优势。其中包括 3 个关键要素：第一，不断优化金融产品与用户的交互体验，包括产品流畅、功能流畅、跳转流畅、交互无歧义、产品细节精致。第二，从用户的高频使用场景出发，通过强吸引力的事件发布建立与用户的联系纽带。第三，以口碑促营销。金融产品营销已由过去的渠道营销、广告营销转变为口碑营销，金融机构可通过不断提升产品口碑，引发用户传播的链式反应。

（3）持续深挖流量价值

流量价值挖掘的目标是基于金融机构的流量基础和专业优势，将单一的产品和服务不断升级，衍生出对客户的全方位服务。一方面，金融机构可通过线上线下联动经营，逐步形成"线上获客—线下服务—线上交易"的模式；另一方面，也注重对公业务和零售的有机结合，根据不同客群的诉求定制资产配置方案，合力创造价值。

2. 打造数据服务场景闭环

对于大多数企业来说，数字化技术的核心愿景就是触发自身传统业务的转型升级，甚至是颠覆，从而形成降维打击，就如支付宝和微信之于面向个人的传统金融服务市场，又或者是特斯拉之于传统汽车制造业，还有美团/元气森林之于传统的消费品零售业，等等。

尽管行业一直强调"以客户为中心"，但是在实践营销中，员工往往走的是"以产品营销为中心"的老路。另一方面，基于中国的国情，员工与客户的沟通与互动，最终都要回归微信这个拥 12 亿用户的巨大流量池。

 小知识 7.1

> 借助数字化的系统建设，国内有些券商目前的大数据金融服务已全面覆盖集团总部、子公司，以及 40 余家分支机构用户，其中自助数据报表占比高达 90% 以上，分支机构月均访问率达 100%，涉及业务模块包括财务核算、经营管理、风险管理、运营、合规等多项内容。

一个员工微信里连接着上千个客户，如何在微信生态中紧密连接客户，并与客户轻松互动？如何灵活匹配产品并帮助客户解决问题？如何打造一个集产品咨询—查看—购买一站式的整合服务平台？这些都是行业面临的营销难题。

有了数字基础设施服务后，可以连接业务与数据，打通数据服务的最后一公里，从技术生态、应用生态、制度生态、人才生态 4 个方面进行系统化的构建数据服务场景闭环。

（1）技术生态。依托 CDH、Sybase IQ、GP 等技术，统一多源异构数据加工，打通数据孤岛，构建主题数据应用集市，形成可用的数据资产，打好数据服务大厦的地基。

（2）应用生态。以业务日常高频数据场景应用为核心，消除技术门槛，以点带面借助 BI 工具建立统一自助数据服务平台，快速响应各业务部门个性化的可视化数据分析需求。

（3）制度生态。从数据安全、数据认责、数据需求、数据生成、数据使用、数据管理六大层面建立企业统一指标标准，将权限管理、需求管理、上线规范等内容贯穿全业务流程，保证数据生态有序进行且留痕。另外，完善业务团队人才结构，明确 ITBP（信息技术业务合作伙伴）岗位职责，确保技术和业务之间始终沟通畅通、信息透明，促使数据生态的正向发展壮大。

（4）人才生态。建立线上线下的人才培训机制，实现多层次、多渠道多样化的全方位人才培养。此外，可通过各种途径不定期开展内部数据分析大赛，逐步壮大服务生态，发挥业务人员的自主能动性。

 教学互动 7.1

问：金融机构的数据来自哪里？

答：金融机构的数据分为两处，一处是数据仓库，来源于业务系统的数据中心；另一处是资讯数据中心，数据主要来源于外部。实际场景中，两大中心的数据会通过机构、人、产品，紧紧联系在一起。在两大中心（数仓和资讯中心）之间有个关联，关联中有两个重要的工具——用户画像和企业画像。

（二）场景搭建的模式

金融业数字化转型拓展了原有的闭环生态圈，通过引入第三方流量平台、合作伙伴、社交媒体、其他金融机构的数据资源，将日常生活、生产经营、供应链等非金融场景与金融场景融合，形成覆盖面更广、精准度更高的闭环数字生态。从构成方式来看，以"数字化+生态化"构建全新生态体系，包括融入、整合和共建3种模式。

1. 融入模式

融入模式是金融机构聚焦于用户需求，通过 API 专用接口、SDK 嵌入服务、公共 H5 服务等方式进行标准化封装，连接至客户聚集的衣、食、住、行等场景，提供移动、便捷的金融服务。

2. 整合模式

整合模式是指金融机构通过投资、并购的方式，与其他数字平台企业开展合作，将特定垂直领域的关联场景纳入金融机构服务生态中来，逐步成为综合型金融场景平台。

3. 共建模式

共建模式是指在我国当前金融强监管的背景下，商业银行与非银行机构由过去的跨界竞争，逐步走向跨界合作，通过数据资源作为连接双方的"桥梁"，结合各自禀赋，围绕不同客户群体，合作共建新型场景生态，一站式满足不同客户群体的金融需求以及非金融需求。

在具体的实施路径方面，金融机构充分吸收互联网运营的成熟经验，并立足自身发展现状，探索出与自身经营逻辑一致的运营方案。金融机构打造新型运营方案的核心是开放用户体系，即推动账户通道的互联互通，简化金融机构服务在多种场景中的流程，形成线上闭环运营体系，打造全流程的数字化运营体验。

二、构建新的业务

构建新的业务可以从业务端和技术端发起。

（一）业务端

随着科技的进步、市场的变化，用户的需求也不断地变化，加之金融产品的同质性强，差异化和个性化不足，因此，细化以及全面准确的定位成为市场竞争中很重要的利器。从业务端发起强调以客户为中心打造技术能力，对于内部研发有着快速、高弹性、无缝搭配的显著诉求。其工作方向如下：

（1）致力于内部运营优化以降本提效。

（2）从主营业务创新挖掘增长潜力。

（3）标杆建设加标准化复制拓展业务边界。

（二）技术端

随着业务流程的日益烦琐，在金融产品种类繁多，客户体量庞大而且客户需求存在很大差异的当下，员工往往缺少对客户的需求洞察，压根不知道客户需要什么，客户对哪些产品感兴趣，员工往往浪费了大量的时间向客户发产品介绍，而无法做到高效地推广产品和精准化地运营客户。

 小知识 7.2

业务架构的设计要回归初心，想清楚企业的使命和愿景，初心往往决定了一个企业能够走多远。如微软当初的使命是"让每个人的桌面上都有一台电脑"，这个使命成就了微软，让微软成为 PC 时代的王者。但这一愿景，到了智能手机时代也一度成为微软转型的桎梏。直到后来，微软调整了它的使命"赋能于每个个人和每个企业，帮他们成就不凡"。

技术端发力强调以相对成熟的技术革新驱动颠覆性的商业创新，以智能平台衍生卓越运营，进而带来持续增长。

（1）找到企业的痛点。企业业务的痛点就隐藏于断点、盲点之中，当一个个断点被数字化连接起来，一个个盲点被数字化实现，量变引发质变，就实现了颠覆式创新。

（2）对企业痛点的改进。颠覆式创新90%以上都是在"微创新"的基础上积累出来的。因此，企业在定位痛点的时候，先不用想哪些业务可以颠覆，而需要去考虑业务中还存在哪些流程的断点、盲点，将其找到并进行改进。

三、完善基础设施及核心技术应用

（一）加强新型数字基础设施建设

1. 新型数字基础设施建设的框架

加强新型数字基础设施建设应从三方面着手规划和建设。首先，建设绿色高效的数据中心，加强能耗数据检测与管理。其次，架设安全泛在的金融网络，发挥区块链技术优势，为参与主体多、验真成本高、交易流程长为特点的金融场景提供底层基础支撑。最后，布局先进高效的算力体系，加快云计算技术规范应用，融合分布式与集中式来释放云端压力，突破现有算力约束和算法瓶颈。

2. 新型数字基础设施建设的内容

新型数字基础设施建设（以下简称"数字新基建"）分为通信网络基础设施、算力基础设施与新技术基础设施等。

（1）通信网络基础通过终端设备采集海量数据，同时以高带宽、低时延的网络实现数据传输，包括5G、物联网等。

（2）算力基础设施提供算力支持，同时和通信网络及其他资源一起，为新技术应用提供便利，包括数据中心和智能计算中心。

（3）新技术基础设施包括云计算、人工智能和区块链，云计算提供了强大的技术支持，人工智能驱动智能决策，区块链则是信任基础。以数字新基建为基础，大数据建设促进了数据采集、数据储存与计算、数据加工处理、挖掘分析等行业应用的产生和繁荣。

3. 数字基础设施建设的步骤

无论在IT时代还是大数据时代，金融业一直以来，都是信息化转型的先锋军，从技术视角完成数字基础设施建设有5个基础阶段。

（1）基础构架阶段。①打造统一数据门户，建立基础报表应用体系；②实现初步企业级数据治理和安全应用。

（2）初步应用阶段。①实现管理信息的自助用数；②支持对管理信息自由钻取和切片；③通过数据可视化，实现业务用户的自主选择、关联和获取数据。

（3）综合应用分析。①按各种视角（客户、产品、服务、渠道、员工、交易等）执行数据分块，构建分析模型；②从数据中提炼出信息，为业务用户提供参考意见。

（4）综合应用预测。①综合考虑不同业务，构建预测模型，识别未来的业务关注重点；②利用新数据补充完善模型的预测结果，提升预测结果的可信度。

（5）智能应用阶段。①收集各种内外部数据，执行数据挖掘，从看似无关的数据中找到潜在的规律；②实时的数据驱动，迅速捕获商机，识别防范风险。

(二) 提升数字化核心能力

数字化的核心是数据，通过数字化技术手段的应用，如大数据、智能、微服务/分布式、中台架构等，释放金融业所汇集的数据流、信息流、资金流价值，提升金融机构业务运营能力。

1. 内部运营

在数据驱动的背景下，金融机构内部运营方式发生重大转变。

首先，数据驱动用户运营。通过对不同场景数据做深度分析，可以判断用户生命周期价值、累计客户结构的健康程度，还可以通过成长期"留存率"、新手期"激活率"进行客户质量评估。其次，数据驱动产品运营。将不同产品置于相同环境下，基于用户行为数据判断何种功能、产品带来的价值较大，并进一步加大对该产品进行资源倾斜。最后，数据驱动业务运营。在设定目标的前提下，通过在用户运营、产品运营中所积累

> **小知识 7.3**
>
> 实现关键核心技术的应用，需要加强核心技术研发应用和保障供应链两方面的努力。首先，加强核心技术的应用攻关，实行"揭榜挂帅""赛马"机制，加大关键技术金融应用的研究攻关，打通创新结果向生产力转化的"最后一公里"。其次，切实保障供应链稳定可靠，事前确保技术路径与自身需求高度匹配，事中拓宽和加固多元化供应渠道，事后强化风险预警和处置。最后，构建开放创新的产业生态，积极融入全球创新网络，加快重点领域布局，推动科技成果推广应用。

的数据进行方案策划，通过可视化进程不断对业务运营效果及时评估，并进行动态优化，实现数据在业务运营全流程的数据化。

2. 核心技术应用

除了内部运营能力发生变化，金融机构核心业务能力也因数字化转型不断升级。在金融产品营销领域，金融机构首先通过综合用户的消费记录、信贷记录以及其他数据源，锁定目标人群，根据对不同人群的行为数据分析，探索不同客户适用的作用渠道，并对渠道效果以及触达内容的效果进行综合评估。其次，对不同客户推送相关产品和服务的简洁介绍，提升所推送产品的成功率。

如在商业银行风控领域，数字化可以在贷前调查、贷中审批、贷后风险预警方面发挥重要作用。在贷前调查阶段，商业银行通过引入知识图谱等技术，将银行内外部信息进行关联，构建成覆盖全部客户信息的风险管理网络，保证银行与用户的信息对称。在贷中审批阶段，基于机器学习算法等技术，对贷款人的还款意愿进行风险评估，也可以通过 G 端的数据引入，丰富商业银行数据库，为授信审批提供数据基础。在贷后预警阶段，通过大数据分析学习技术的引入，与财务风险专家经验相结合，构建起客户财务异常系统功能。

第二节　金融业数字化转型模式

情境导入 7.2

据互金商业评论不完全统计，截至 2020 年年底 6 家国有股份制商业银行中，已有 3 家银行成立金融科技公司，分别为建设银行（建信金科）、工商银行（工银科技）、中国银行（中银金科），注册资本分别为 16 亿元、6 亿元、6 亿元。建信金科官网显示，解决

方案涵盖金融机构、政府及公共事业、企业、通用 4 大领域，解决方案包括核心银行云、双录、普惠金融、房产大数据、智慧政务平台、智慧社区平台、安心养老平台、企业采购平台、财务结算审核管理、云客服、快捷支付等 38 个项目。

此外，交通银行在 2021 年 1 月 17 日发布通知显示，拟出资 6 亿人民币设立交银金融科技有限公司（以下简称"交银金科"）。根据公告，交银金科拟注册由交银国际（上海）股权投资治理有限公司 100% 控股。交行称，借助金融科技手段改善金融处事（金融处事指的是在金融活动中，个人或组织如何处理与金融相关的事务，包括但不限于储蓄、投资、保险、融资等。这些活动旨在实现资金的积聚、融通，以及便利生活、寻求保障、增强抗风险能力，并使金融资产保值增值。）供给质量和组织，提升集体数字化风控能力；增加前沿研究与应用，开展金融科技处事输出。

值得注意的是，邮储银行虽未设立金融科技公司，但一直高度重视发展金融科技。2018 年 11 月份，邮储银行公开宣称，积极推进互联网金融平台建设，打造智慧银行作为转型的基本方向。

公开资料显示，邮储银行在 2018 年报中表示，强化金融科技与业务融合创新，通过金融科技不断推动信贷产品和服务的数字化、场景化、智能化发展。在 2019 年中期报中显示，邮储银行在总行新设立金融科技创新部和管理信息部，用以提升金融科技创新能力、全行数据治理和数据分析能力。

12 家全国股份制商业银行中，已有 6 家银行成立金融科技公司，分别为平安银行（平安科技、平安壹账通）、兴业银行（兴业数金）、光大银行（光大科技）、民生银行（民生科技）、招商银行（招银云创）、华夏银行（龙盈智达），注册资本分别为（29.25 亿元、12 亿元）、5 亿元、2 亿元、2 亿元、0.5 亿元、0.21 亿元。

其中，2019 年年初，中国平安品牌标识由"保险·银行·投资"变更为"金融·科技"。而在 2008 年 5 月、2017 年 9 月分别成立平安科技和平安壹账通。2019 年 12 月，平安壹账通在纽交所挂牌上市，发行价 10 美元，以发行价计算，市值 36 亿美元。

另外，浙商银行、渤海银行、恒丰银行也成立了金融科技部，3 家银行设立的金融科技部均为总行直辖部门。其中，渤海银行总行直辖一级部门包括金融科技部、信息科技部、信用卡事业部、消费金融事业部、北京管理部、交易银行部、零售风险管理部。

金融机构要完成从信息化、互联网化走向智能化的改变，更多地选择和科技公司全面合作，也有类似招商银行这样的金融企业自身就志在蜕变为一家金融科技公司，八仙过海各显其能。无论是金融业借助金融科技转型，还是金融机构自身转变为金融科技企业，既是金融业自身的衍变也是科技驱动创新。

目前，金融机构推动数字化建设有 5 种常见模式。

一、设立独立科技子公司

设立独立科技子公司是大型金融机构最常采用的方式，几乎成为一线金控、银行、保险集团的标配。

这些独立的科技公司以科技本质为内核迅速发展起来，最大的已经具有上万人的规模，其中很多公司都同时配备了基础研究能力和技术商业化能力，大部分与信息科技部门紧密绑定，配合业务单元或职能部门完成诸如 App 开发、客户画像建模、数据湖等工作；

少数科技子公司能够走得更靠前些，定位也更加独立，强调以技术驱动业务的转型升级，或自行孵化新业务、新产品。

这种模式是最有可能获得长期收益的方式，由此建立的业务闭环使外部其他各类机构难以仿效；但同时，高昂的成本投入对于中小型机构来说可能会面临科技投入吃掉当期业务盈利的窘境。设计独立科技公司成本-收益结构分析如图 7.1 所示。

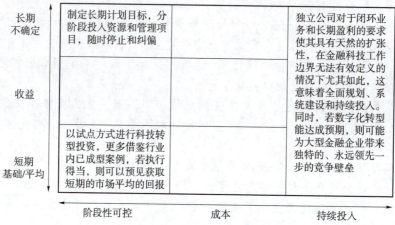

图 7.1　设计独立科技公司成本-收益结构分析

比如，阿里云的淘宝、天猫、1688 原来都是自己开发数据库管理，各自的数据又不一样，到处是烟囱、"信息孤岛"，致使处理数据的工具非常浪费，于是自己开发了一套数据中台，这些数据经过分析之后，不仅能自己用，还可以给别人提供服务。

二、引入外部专业机构合作

对于未能建立完备科技力量的中小型金融机构，则更加青睐借助外部专业机构的力量推动数字化转型工作的启动和进行；它们寻找具备类似经验的专业机构，希望将相对成熟的体系或产品直接引入，以降低风险。大型金融集团的业务公司也常常会跨过集团内部平行的科技公司，引入外部智库，针对自身业务发起更为直接、更为贴身的智能化项目。

引入外部专业机构合作的优点是相对轻便，对于成熟案例的直接引入非常节省资源，也可以成为提振组织内部对于数字化转型信心的实战演习工具。若能在此基础上不断演进，进行后续变革，持续叠加科技对于业务的实质影响，试点也可能成为引爆工具。采用此种模式的金融企业需认真考虑外购能力内化的问题，长期来看，对核心能力的采购和更大范围的落地实施将会越来越困难。引入外部专业机构合作的成本-收益结构分析如图 7.2 所示。

 小知识 7.4

企业与其独自摸索如何实现数字化转型，不如借助市面上成熟的方案，把主要的精力聚集于降本、增收、提效等企业核心目标上，技术上交给第三方平台，专业的事情交给专业的团队负责。

科技公司构建低成本、高性能、易使用的云原生数据智能服务平台，提出全套数字化业务咨询、方案设计、技术搭建、数字化业务运营的解决方案，通过科技共同体模式逐步建立起以客户为中心的企业数字化体验，面向所有客户实现专属服务于个性化产品及配置一体化，提供科学、稳步、规律的方法论。

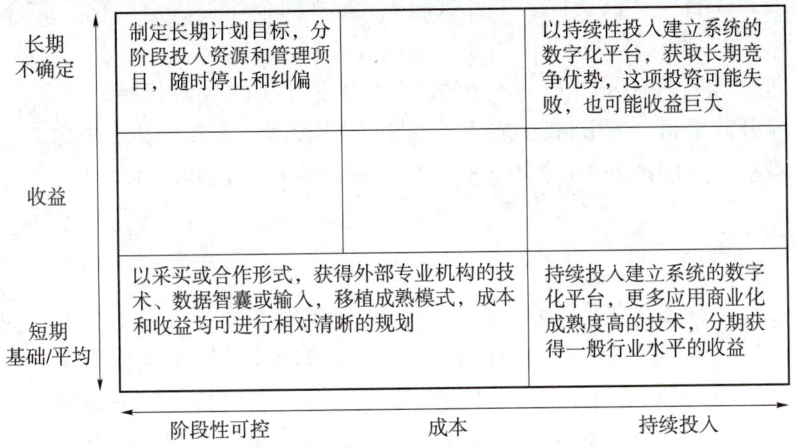

	阶段性可控	成本	持续投入
长期 不确定	制定长期计划目标，分阶段投入资源和管理项目，随时停止和纠偏		以持续性投入建立系统的数字化平台，获取长期竞争优势，这项投资可能失败，也可能收益巨大
收益			
短期 基础/平均	以采买或合作形式，获得外部专业机构的技术、数据智囊或输入，移植成熟模式，成本和收益均可进行相对清晰的规划		持续投入建立系统的数字化平台，更多应用商业化成熟度高的技术，分期获得一般行业水平的收益

图7.2 引入外部专业机构合作的成本–收益结构分析

三、业务单元内部自建独立的科技部门

当业务公司积累了较多数字化转型的经验，或迫于市场竞争需要更为敏捷的变革，便开始组建自己的科技团队。由于金融行业细分赛道内头部专业公司拥有足够的业务场景，也不吝惜资源的投入，组建科技团队的优点是更为专注，对单一业态的理解深刻，以中台模式操作，与业务团队物理距离也更为接近，因此，自身的力量甚至会强于大多数集团公司。

视野拓展7.1
商业银行数字化进程

由于业务单元自建科技团队往往能够更好地做到量入为出，其中领跑者也愿意进行深度技术开发以维持其市场地位，甚至愿意以此对外输出，获取额外收益。但同时，围绕现行业务所做的工作大于创新，围绕单体业务条线所建立的系统鲜少考虑公司数字系统的整体性，若竖井建立过高，则公司建立统一平台、打通数据和流程将愈发困难。业务单元内部自建独立的科技部门成本–收益结构分析如图7.3所示。

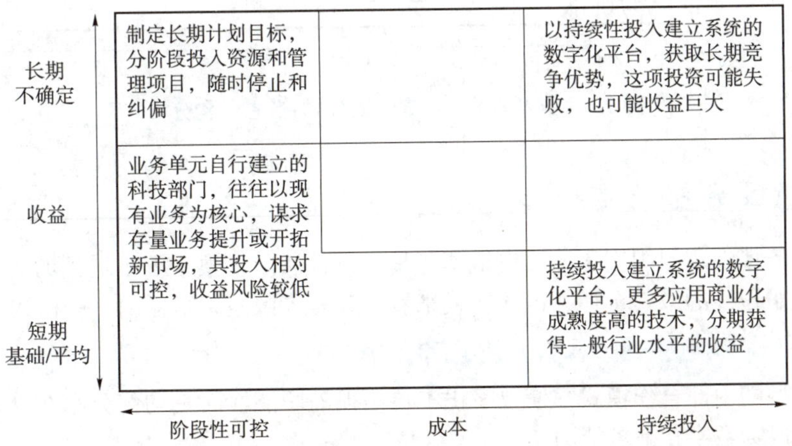

	阶段性可控	成本	持续投入
长期 不确定	制定长期计划目标，分阶段投入资源和管理项目，随时停止和纠偏		以持续性投入建立系统的数字化平台，获取长期竞争优势，这项投资可能失败，也可能收益巨大
收益	业务单元自行建立的科技部门，往往以现有业务为核心，谋求存量业务提升或开拓新市场，其投入相对可控，收益风险较低		
短期 基础/平均			持续投入建立系统的数字化平台，更多应用商业化成熟度高的技术，分期获得一般行业水平的收益

图7.3 业务单元内部自建独立的科技部门成本–收益结构分析

2017年11月浦发银行推出了业内首个科技金融服务平台，通过不断深化金融服务模

式，通过"万户工程、产品迭代、平台赋能"，为科创企业提供定制化、综合化的科技金融服务。

2018 年浦发银行提出了"打造一流数字生态银行"的战略目标。目前，浦发银行已推出首个无界开放银行 API Bank，成立了覆盖人工智能、开源技术、5G 应用等多领域的五大创新实验室，与国内外 16 家知名科技公司成立科技合作共同体。

四、与科技公司共建

视野拓展 7.2
商业银行与
科技公司的合作

金融机构的立身之本在于风险作价，擅长业务逻辑和流程更新，线上化的场景和流量能力则是互联网公司所长，而专项数据技术则很难标化采购，因而与数据/AI 公司、互联网公司协作共建成为新兴趋势，这一趋势在许多客户网络单薄的中小型金融机构身上也有诸多体现，并有从单点协作向大生态转换的显著倾向。

与一家或几家拥有科技衍生能力的互联网公司进行战略合作，在共建协作中磨合走位、分属聚焦，双方应具有相对一致的市场地位，并在动态发展中保持金融领域和科技领域的贡献始终持平，它将成为性价比较高的一种转型模式。与科技公司共建模式成本–收益结构分析如图 7.4 所示。

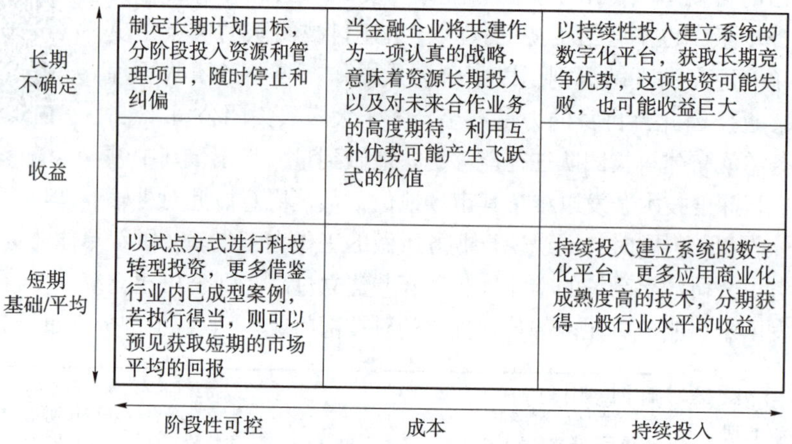

长期 不确定	制定长期计划目标，分阶段投入资源和管理项目，随时停止和纠偏	当金融企业将共建作为一项认真的战略，意味着资源长期投入以及对未来合作业务的高度期待，利用互补优势可能产生飞跃式的价值	以持续性投入建立系统的数字化平台，获取长期竞争优势，这项投资可能失败，也可能收益巨大
收益			
短期 基础/平均	以试点方式进行科技转型投资，更多借鉴行业内已成型案例，若执行得当，则可以预见获取短期的市场平均的回报		持续投入建立系统的数字化平台，更多应用商业化成熟度高的技术，分期获得一般行业水平的收益
	阶段性可控	成本	持续投入

图 7.4　与科技公司共建模式成本–收益结构分析

五、内部业务岗位与数字化岗位无缝协同

由于业务惯性、组织文化、历史沿革等种种条件所限，模式五中提到的无缝协同常常不是企业开始迈步的第一选择，但从实践来看，却是失败概率最低的一种模式。

（一）打破专项业务或专项技术两类部门的壁垒

这种新型的内部合作模式，使数字化不再是孤岛职能，而是均匀分布在众多业务单元之中，耦合成为数字化业务能力。

（1）共同研究工作方案并执行。当业务团队得到一项工作任务，比如，为开拓一类潜在客户群体，传统的业务人员和数字化人员工作在一起，汇报给同一个业务主管。

（2）共同面对终端客户。在业务部门内部配置专门的技术岗位和数字化岗位，组成合一团队，技术团队不再后置，这些岗位的作用不是连接或沟通，它们的存在也不是短期项目制的，它们是业务团队的额定组成，端到端提升流程质量，解决问题。

2. 成本-收益结构分析

模式五具有三大显著优点，有利于产生中长期收益。

（1）业务与科技直接链接，良好转化；

（2）合作机制固化，易于管理；

（3）组织能力内化，难以被抄袭或挖角。

视野拓展7.3
金融机构数字化
建设五种模式的
成本-收益结构分析

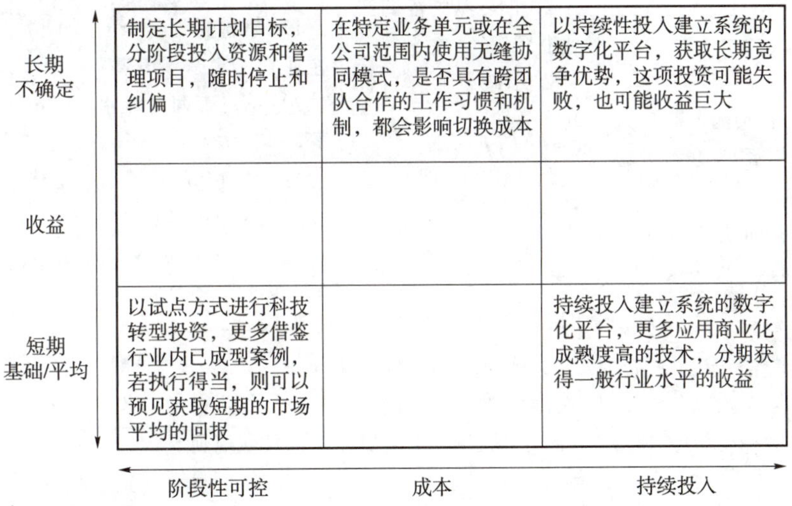

正因为如此，公司内部广泛建立岗位无缝协同的复合式团队，不是简单地搭班子，其在数字化转型过程中批量磨合出来的最小作战单元，不易复制和模仿。内部业务岗位与数字化岗位无缝协同成本-收益结构分析如图7.5所示。

	制定长期计划目标，分阶段投入资源和管理项目，随时停止和纠偏	在特定业务单元或在全公司范围内使用无缝协同模式，是否具有跨团队合作的工作习惯和机制，都会影响切换成本	以持续性投入建立系统的数字化平台，获取长期竞争优势，这项投资可能失败，也可能收益巨大
长期不确定			
收益			
短期基础/平均	以试点方式进行科技转型投资，更多借鉴行业内已成型案例，若执行得当，则可以预见获取短期的市场平均的回报		持续投入建立系统的数字化平台，更多应用商业化成熟度高的技术，分期获得一般行业水平的收益
	阶段性可控	成本	持续投入

图 7.5　内部业务岗位与数字化岗位无缝协同成本-收益结构分析

教学互动 7.2

问：举例说明金融行业如何搭建场景。

答：金融机构可以通过商城形式围绕年轻消费群体的多元化需求引进其喜好品牌，如华为、苹果、小米等3C产品以及音乐、视频App会员等，从而实现将金融产品可提供的丰富金融服务覆盖到年轻用户的全方位生活应用场景，打造"无界"的年轻化金融生态。

另外，可开展不同场景用户的专属活动，推出新人礼包、生日特权、分期返现券等活动，将各环节层层串联提升金融服务体验与实际转化效果。

案例透析 7.1

某银行对零售业务在售前、售中、售后共整理了30条业务子旅程，如表7.1所示。银行领导根据行内实际业务重点决定在一期完成核心7条子旅程的搭建工作。

案例思考：从外部用户旅程和内部用户旅程梳理，分析领导的策略，并绘制子旅程——个人住房抵押贷款"房快贷"客户旅程地图。

表 7.1 某银行零售业务售前、售中、售后子旅程

零售业务旅程清单			
业务类型	售前	售中	售后
支付结算	1. 个人基本账户开立（储蓄卡、手机银行） 2. 企业开户（小微企业基本户、一般户） 4. 个人客户咨询产品推介 5. 小微企业客户咨询产品推介	16. 支付结算（现金存取、转账汇款等） 17. 外汇买卖、跨境汇款等 18. 卡片服务（挂失、换卡等） 19. 信息变更（个人、小微企业） 20. 信息查询（流水、回单等） 21. 小微企业结算（工资代发、POS 收单等） 22. 非金融服务（积分兑换、福利活动等）	30. 一般查询、吐槽、投诉、建议反馈
财富管理	6. 财富产品购买（定期、理财、基金、保险、信托、贵金属等） 7. 财富管理（理财规划、资产配置）	23. 产品查询（投资收益、产品赎回规则等） 24. 产品赎回（正常赎回、提前赎回、转售、质押等）	
零售信贷	8. 申请个人消费贷款 9. 申请住房按揭贷款 10. 申请住房抵押贷款 11. 申请小微企业抵押贷款 12. 申请小微企业其他贷款	25. 贷款面签 26. 贷款信息变更（还款方式、账户等） 27. 还款与账单接收（正常还款、提前还款、贷款结清）	
信用卡	3. 信用卡申请及激活 13. 信用卡卡种（联名信用卡等） 14. 信用卡分期（账单分期、消费分期等） 15. 信用卡金融（现金贷等）	28. 信用卡卡片服务（存取款、还款、密码重置、销卡等） 29. 信用卡非金融服务（权益与积分兑换等）	

第三节　金融业数字化中台建设

情境导入

中台的来源

中台最早是由阿里在 2015 年提出的"大中台，小前台"战略中延伸出来的概念，灵感来源于一家移动游戏公司 Supercell。位于芬兰赫尔辛基的 Supercell 是全球最会赚钱的明星游戏公司，公司仅有 300 名员工，却接连推出爆款游戏。

Supercell 以 2~5 个员工、最多不超过 7 个员工组成独立的开发团队，称之为 Cell（细胞），这也是公司名字 Supercell（超级细胞）的由来。

这家看似很小的公司，开创了中台的"玩法"，并将其运用到了极致。他们设置了一个强大的技术平台，来支持众多的小团队进行游戏研发。这样就可以专心创新，不用担心至关重要的技术支撑问题。如图 7.6、图 7.7 所示。

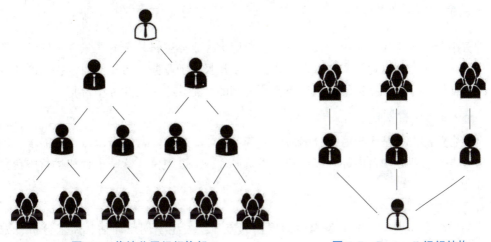

图 7.6　传统公司组织构架　　　　图 7.7　Supercell 组织结构

传统企业都是金字塔式的层级结构，CEO 是那个最聪明、最有权力的人，然后一层层管理着一个机构，最前线的执行者往往权力很小，也是被认为最可以被替代的资源。

Supercell 的组织结构中，CEO 权力最小，每一个游戏都有一个独立专业的团队和产品负责人，所有关于游戏的决策都由团队决定。

传统企业中各层级的管理者，在 Supercell 只是资源和支持者，比如，当需要资金、资源的时候，最前线的小团队才会去找到他们获取帮助。小团队只需要证明其项目存在的合理性就可以申请进行融资，管理层没有开绿灯审批的过程，没有里程碑式的会议。

Supercell 的模式给阿里高管们很大的启示。2015 年，阿里巴巴启动中台战略，目标是构建符合互联网大数据时代的，具有创新性、灵活性的"大中台，小前台"的机制，阿里称之为"共享服务平台（SPAS）"。平台将组织架构进行全面调整和升级，以应对像"双11"这样的业务高峰、应对大规模数据的线性可扩展问题、应对复杂业务系统的解耦问题，阿里人将"中台战略"形象地比喻成陆海空三军立体化协同作战。

在第五章我们学习过，中台就是公共服务平台，与前台、后台相对应，中台是一个抽象的概括，是在系统中被共用的中间件的集合。它存在的目的就是更好地服务前台，带来共享和便捷性。

业务中台、数据中台、AI中台、组织中台、技术中台等由中台衍生而来，它们分别与业务、数据、人工智能交融在一起，赋予它们新的特色与生命力。

金融企业数字化中台分为业务中台、数据中台和技术中台，前两者提供可重用的流程与数据，后者是软件生产需要的架构、技术组件与生产过程。

小知识7.5

每个人从不同的角度和立场对中台有不同的认识，有人认为中台是技术中台，应该是微服务、Devops平台及容器云平台的结合。还有人认为中台是一个组织，一个资源组织，一个企业内部的孵化组织。

一、金融机构业务中台

业务中台适用于涉及领域比较多、需求变化快、业务逻辑复杂的场景，从广泛的意义上来说，一切中台都是业务中台，它们源自业务并服务于业务。而我们通常提到的业务中台指具有在线业务典型特征的中台（下面所提到的都是狭义上的业务中台）。

（一）业务中台划分

金融企业的业务基于价值链分解为渠道需求、产品需求、营销需求、运营需求、风险需求五大方面。业务中台内部可以划分为产品中台、渠道中台、营销中台和运营中台。如图7.8所示。

1. 产品中台

产品中台负责金融产品研发全生命周期的流程，关注于创意评估、需求分析、方案设计、产品运营等产品研发流程，产品的定义以及产品上下架管理流程。金融企业可以用业务中台框架实现传统产品工厂，在提供灵活产品定义能力的同时，提高应用的可维护性。

2. 渠道中台

渠道中台关注客户交互流程，提高渠道协同能力，提供统一的客户视图和产品视图，分为渠道服务、渠道协同、数据整合三层。

（1）对接运营中台和后台的产品服务，提供各自渠道服务特有的公共服务能力。为线上渠道提供身份核实、体验、服务组合、门户管理、信息发布能力，如App、网银、公众号、小程序等；为线下渠道提供智能设备接入、柜面终端接入、授权能力、集中监控能力、网点运营能力，如柜面、ATM、自助设备等；为合作伙伴渠道提供身份认证、安全管理、接入管理、服务组合与管理能力，保证各个渠道的客户体验一致。

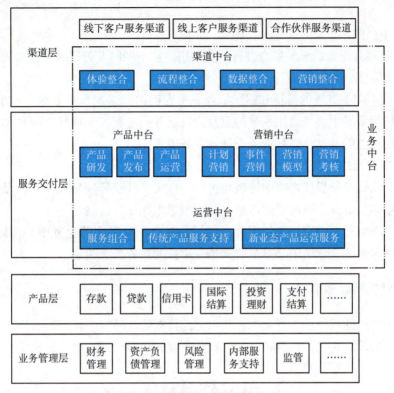

图7.8 金融企业业务中台划分

（2）渠道协同和数据整合。渠道协同是将渠道控制、渠道互动、营销协同、身份认证、内容发布集中进行考虑，保证渠道间流程的打通，营销的一致，不再割裂到不同的渠道；根据整合为渠道提供完整的数据视图，包括统一的产品视图、客户视图、交易视图保证数据的统一，为业务提供数据支撑能力。

3. 运营中台

运营中台关注产品运营相关流程、运营能力和运营数据，运营中台包含以下两部分：

（1）支持新业态的普惠金融服务。在新业态中更多的是提供运营支持，比如，订单管理、支付管理、物流管理等；新业态下的主数据包含用户、商户、商品和账户等。

（2）传统的金融产品服务支持流程。传统金融服务提供更多的是电子印章、录入/复核、远程授权、集中验印、凭证中心等。

4. 营销中台

营销中台关注营销策略、计划，营销执行流程，目标是建立营销运行框架，支撑营销活动从推出到运营过程支撑；支撑营销活动快速推出，帮助金融企业快速发布营销活动和广告；提供事件机制，支撑事件推动的实时营销流程；建立数据标签管理体系，实现数据标签通用性与可变性支撑，利用数据标签技术促进精准营销。

（二）业务中台的建设

业务中台将企业的核心能力以数字化形式沉淀为各种服务中心，目的是提供企业能够快速、低成本创新的能力，通过"方法+工具+业务理解"加以实现，包含技术和组织两大部分。

1. 业务中台技术

（1）提取共有业务系统的集合进行重复利用。从不同的业务领域中抽象和封装同一问题领域的解决方案。

（2）考虑不同业务线的特征和需求。业务中台面向众多的业务系统，减少用户中心、订单中心、售后服务中心等通用系统的重复开发，并通过配置、插件、服务化等机制帮助业务系统实现快速的开发，满足业务查询等业务需求。

2. 业务中台组织

业务中台通过业务板块之间的链接和协同，持续提升业务创新效率，确保关键业务链路的稳定高效和经济性兼顾的思想体系，并突出组织和业务机制。

我们常用的天猫、淘宝、支付宝等一些平台具有一些通用的业务中心，如商品系统、订单系统、评价系统、营销中心等系统就是通用性的业务系统的集合。

二、金融机构数据中台

金融机构之间的竞争越来越集中在数据上，数据驱动的数字化可以帮助传统金融机构充分了解用户需求的变化，在营销、产品、业务等方面为传统金融机构提供支持，进一步提高传统金融机构的运营效率。

在银行业，包括农行、建行、招行等在内的大行都在向数据要生产力，沉淀数据、运营数据，使用数据；在保险行业，保险公司在寻找用人工智能等技术去简化与优化保险理赔、核保、出险过程；在资管行业，多家基金、信托、券商都寻求在数据中挖掘新机会，在新一轮的竞争当中破局。数据中台已经成为金融业的普遍共识。

为了解决数据开发和应用开发不同步的问题，需要构建一个统一的数据体系，将其转化为数据开发的能力，实现数据服务的可重用性。

数据中台简单来讲就是提取各个业务的数据，统一标准和口径，通过数据计算和加工为用户提供数据服务。对于一家企业来说，想要构建一个数据中台，包含了数据模型存储、数据资产管理、对外提供数据服务、数据更深层次的分析挖掘等各方面过程。

（一）数据中台的核心就是构建一个共享数据服务体系

1. 数据中台是数据+技术+产品+组织的有机组合

数据中台更好地支撑数据预测分析、跨领域分析、主动分析、实时分析、多元化结构化数据分析，数据中台建设为企业数据服务和共享奠定重要的基础，可以加速从数据到价值的过程，打造相应业务能力。数据中台的核心构建如图7.9所示。

（1）数据中台建设的基础是数据仓库和数据中心。数据中台通过对海量数据进行采集、计算、加工，同时统一标准和口径后封装成一个公共的数据产品或服务，再进行存储，形成大数据资产层，进而为客户提供高效服务。

数据中台对沉淀的数据进行二次加工。数据中台通过数据标准及算法，产生进一步的分析型数据服务，这些数据服务反向又服务于业务，将业务固化，形成业务闭环。

JINRONG CHANPIN SHUZIHUA YINGXIAO

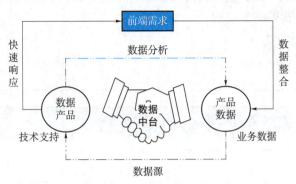

图 7.9 数据中台的核心构建

（2）数据中台的核心价值是为数据服务提供业务价值。数据中台将可复用的数据模型转化为乐高积木，使数据服务有效应用于业务开发。不同的业务开发项目组可以随时调用唯一的数据服务，形成标准数据以保证数据的质量和一致性，加快从数据到价值的转换过程。

（3）数据中台解决数据开发和应用开发不同步的问题。通过构建一个统一的数据体系，将其转化为数据开发的能力，实现数据服务的可重用性。比如，产品的需求中经常有客户需求提供数据接口的服务，客户方团队可以定制修改前台，通过将一些通用的数据建设以接口形式对外提供，或针对客户需求，通过一个统一体系对数据建模、加工分析处理，最终提供给客户所需的服务，当下一个客户有类似的需求服务时就不需要去重复建模、采集分析等处理了。

2. 数据中台是快、准、全、统、通的智能大数据体系

基于金融业务数字化要求，数据中台可以从三方面支撑传统金融机构的数字化转型。

（1）打破数据孤岛。金融机构往往有多个信息部门和数据中心，随着业务的多元化发展，大量的系统、功能和应用被反复构建。数据资源、计算资源和人力资源都存在着巨大的浪费。同时，组织障碍导致数据孤岛的出现，使得内外部数据难以统筹规划。

在大数据技术的推动下，数据中台完成了多个数据库的数据采集和整合，形成了完整的跨越式的数据模型，突破了各渠道、各部门之间的数据壁垒，使大网数据充分融合，形成了各类客户的专业画像视图，实现精准营销，辅助决策和运营，最终提高客户运营效率。

（2）快速响应业务需求。数据中台改变了金融行业数据的后台交付模式，形成了"薄前台、厚中台"的模式，将统一规范的数据资产输出到金融机构的业务线，以产品模式输出数据能力，为业务层和决策层提供高效的服务。

（3）降本增效。随着金融机构业务的不断发展和用户需求的不断迭代，大量的业务数据被塞进前台系统，不仅导致重复性引入，使得前台系统不断扩展，增加负重，形成滚雪球的"烟囱式单体应用"，使得前台系统的"客户响应

 小知识7.6

天猫淘宝的用户实时在线的交易信息，存放在业务共享中心的交易中心当中；而数据中台基于这些用户历史信息，并通过数据分析后的用户画像和标签属性，提供服务给到前端，形成千人千面。这就是我们一直讲的数据驱动、数据闭环、数据价值。

力"下降，客户满意度下降，金融机构竞争力也随之不断下降。数据中台可以有效缓解这一问题，实现金融机构的降本增效。

（二）数据中台的分层

数据中台的分层如图 7.10 所示。

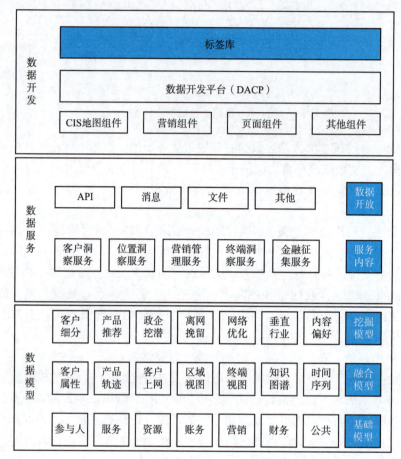

图 7.10　数据中台的分层

1. 数据模型

本层可再分为 3 层：基础模型、融合模型和挖掘模型。基础模型的作用主要是实现数据的标准化；融合模型一般是维度建模，主要实现跨越数据的整合；挖掘模型偏应用。

2. 数据服务

将数据模型按照应用要求做服务封装，构成数据服务，它和业务中台的服务概念完全相同，只是数据封装比功能封装更难。

3. 数据开发

数据开发是数据中台的最后一层，主要是为了满足前端的个性化要求。按照开发难度可将数据开发层再分为 3 个层次，排序由简到难：提供标签库（DMP）→提供数据开发平台→提供应用环境和组件。

教学互动7.3

问：业务中台和数据中台是什么样的关系？

答：业务中台源源不断地从业务造数据，把业务实时在线的交易数据进行统一记录和沉淀，这就是业务数据化。

数据中台与业务中台相辅相成。数据中台与业务中台没有冲突关系。数据中台从业务中台的数据库中获取数据，进行清洗和分析，得到的结果支撑到业务中台上的智能化应用，这些智能化应用产生的新数据又流转到数据中台，形成闭环。

数据中台与业务中台两者侧重点不同。业务中台侧重业务系统，其核心是分布式系统和多中心分布式业务计算架构，满足业务系统所要求的快速查询，业务交易。

数据中台则侧重于数据服务计算，实现对数据进行建模和分析，挖掘出有价值的信息，对业务中台有数据回刷和业务反哺。

家里厨房有油/盐/酱油/醋/料酒/生抽……很多种调料（数据），你（业务部门）特别喜欢吃糖醋排骨/糖醋鱼/糖醋里脊/糖醋猪蹄……（各种业务应用），你妈妈（IT部门）觉得每天都按照比例调制糖醋汁，很麻烦很浪费时间，还每次都有偏差（每次数据有误差），于是你妈妈决定按照"1料酒：2酱油：3白糖：4醋：5水"的比例（数据算法）调制好一大桶糖醋汁（数据产品），以后每天倒一点糖醋汁就可以很快做出一盘糖醋××（业务应用）。

这个调制糖醋汁的过程就相当于构建了一个数据中台，糖醋汁就是数据产品。数据产品往往不是直接提供给用户使用的，而是提供给业务应用使用的（类似于糖醋汁不是用来直接喝的，而是用来做糖醋××的）。另外，为了调制更快更准确，可能还需要买一些密封大桶/漏斗/量杯（ETL/BI等数据工具）。

当然，如果你家十天半个月才做一次糖醋××（低频），那就没有必要调制一大桶糖醋汁放那儿（不需要构建这个数据产品）。类似这个逻辑，如果你家每天都做八宝粥，则可以把8种粮食（数据）混合好放一个大桶里做成八宝粥混料（数据产品）。

如果你妈妈的糖醋××做得特别好，开了个餐馆，每天做给几百个人吃（需求量变大），就需要调制更多糖醋汁买个冰箱存起来（数据仓库），这也解决了随用随调（实时取数）的效率瓶颈。所以，在做数据中台之前，先自问一下：

（1）有没有糖醋汁、八宝粥混料的需求？（有没有数据产品的需求？）

（2）有多少人吃？（使用这个数据产品的需求量大不大？）

（3）多久吃一次？（需要这个数据产品的频率高不高？）

如果以上都合理，就可以开始规划数据中台了。

（三）数据中台落地建设的方法

如今很多金融机构已经越来越意识到数据中台的战略意义和应用价值，以下是数据中台建设的常用方法。

1. 数据资源一体化

（1）对数据机构自有的数据资源进行整合和完善。随着互联网经济的快速发展，金融机构的业务范围越来越广，在业务管理和功能上也存在一些交叉环节。如果这些重复的环节单独开发，就会浪费资源和时间。所以构建数据中台的第一步就是，对业务流程中产生的市场情报、产品销售、用户行为、潜在风险等信息进行统一管理，加以监控、梳理和分析，向金融机构提供多角度全方位的业务支持、分析与决策，引导金融机构的内部资源向高价值领域倾斜，实现企业价值最大化。

（2）以挖掘新的业务数据需求为重点。中台的数据量不断累积，也让机构数据业务化成为可能。通过融入用户画像、大数据分析和机器学习，金融机构可以根据客户的习惯和喜好提供定制化服务，促进服务的个性化，提升客户的服务体验，实现数据智能化，同时，从中台的海量数据中，金融机构还可能发现新的客户需求和商机，拓展新业务实现数据创新。

2. 业务数据资产化

（1）数据资产建设。通过数据中台的建设，才能连通全域数据，通过统一的数据标准和质量体系，对数据资源进行整合，不断完善数据模型，不断补充数据，逐步形成为业务赋能和实现决策分析能力的数据资产体系，以满足金融业务对数据的需求。

（2）数据标准建设。金融机构需要承担相关法律责任。一方面，它们需要向监管机构提交各种信息；另一方面，它们需要向公众披露各种信息。这两方面数据的统计口径需要保持一致，否则就会出现问题。这背后需要进行相应的数据标准制定。

3. 数据服务可视化

金融机构数据的局限性将影响数据能力的发挥，跨部门数据协作也是现阶段需要去尝试的事情。数据中台打通全域数据，解决跨部门、跨渠道的数据孤岛问题，让金融机构的所有数据形成协同效应，使相关人员能够快速开发数据应用，支持数据资产场景化快速输出能力，响应客户动态需求。

4. 数据运营体系构建

数据中台能够成功，对金融机构有着积极的影响，这不仅取决于产品的性能和实施者的技术水平，还取决于后期的科学管理和操作。这就需要建立一个专业的运营数据中心团队来管理新增的数据需求、场景需求、权限变更等问题。

通过前面的数据集成、数据资产和数据服务构建完整的数据中台，并在业务中发挥一定的价值。操作系统和安全系统是数据中台健康、持续运行的基础。如果没有它们，可能在搭建了一个平台，构建了部分数据，尝试了一两个应用场景后，就无法正常运行，无法持续发挥数据应用的价值了。

当然，整个数据中心的建设和使用并不是一下子完成的。这是一个运营迭代的过程，为了保证整个数据中台的连续运行和迭代，需要形成一套闭环机制。通过多部门的合作与推广，逐步形成独特的数据文化和认知。

三、金融机构技术中台

传统金融机构在数字化转型的过程中，通常会出现 3 个问题：如何搜集和整合自己的数据？如何建立数据运营团队？如何在短期内快速展现成果，在机构内部建立信心？因此，能够对数据进行标准化处理，能够进一步挖掘数据价值的数据中台，正成为越来越多的传统金融机构数字化转型的最佳入口。对于企业来说，能帮助用户找到效率、质量与成本的平衡点，才是一个合格的技术中台。

（一）技术中台是一个工具大仓库

1. 可任意使用工具

与业务中台相呼应，技术中台里面放满了各式各样的技术工具，无论是哪个团队、哪个人，都可以快速找到自己需要的工具。

2. 限定业务组只使用这些工具

维护工具的这群人，不用贴近业务开发，每天的任务就是研究如何使用这些工具，如何调优，遇到问题如何调试，形成知识积累。有了这一群专职的人，就可以根据自身的情况，选择有限的几个技术栈集中研究，可保证选型的一致性。

(二) 技术中台是资源整合、能力沉淀的平台体系

技术中台将整个公司的技术能力与业务能力分离，并以产品化方式向前台提供技术赋能，形成强力支撑，如同编程时的适配层，起到承上启下的作用。

1. 可以整体建立

技术中台可以帮助金融机构构建各种各样的数据中心，包括业务数据中心和资讯数据中心。

2. 可以分阶段建立

在没有数据中台之前，整个金融行业对数据也是非常重视的。建立数据中台之后，不能简单地把老的应用铲掉，全部重新来过，所以需要有一个把大量的下游应用进行平滑迁移的升级方案。

技术中台根据上游的场景分阶段建立，原来的应用可以逐步迁移到新的数据中台的架构上来。

(三) 技术中台的业务模式

随着客户数的增多，成本与效率/质量的矛盾日益凸显，从一波人维护一套代码，渐渐变成一波人维护几套代码，这样一来，缺陷增多，效率下降，抱怨也随之变多。

在这种情况下，一般金融软件公司会采取3种应对措施。

1. 项目制

项目制的核心是一对一服务，即多个团队，多套代码，多套标准，服务多家客户，但这种模式成本高。

2. 标准化

标准化的核心是一对多服务，即一个团队，一套代码，一套标准，服务多家客户，但客户会抗拒这种模式，认为用某某标准来引导，不能满足客户个性化的需求。

3. 产品化

产品化的核心是一对多服务，即一个团队，一套代码，多套标准，服务多家客户，通过技术与配置化的手段，利用组件模型（面向服务架构）思想，打造自己的产品化平台，但对技术投入要求较高，尤其是对核心人才的依赖较大，中小型企业一般很难有比较好的用人机制留住人才。

 案例透析 7.2

数据中台在金融业的应用

随着新一代信息技术的快速发展，数据已经成为银行的核心资产。各家银行纷纷加速数字化改革转型进程，深度挖掘数据的信息价值，充分释放数据的业务价值。

工欲善其事，必先利其器。为加快支撑业务数字化转型，民生银行在原有数据体系的基础上，以业务目标为驱动，以数据应用效能为优先考虑因素，打造好用、易用的数据中台。以实时、智能分析能力为基础，建立新的信息技术架构，设置数据中心、数据资产与平台研发中心。其中数据资产与平台研发中心的定位就是"数据中台"。

在数据中台的支持下，民生银行不仅完成常态化产品推荐、场景化产品推荐、厅堂服务、收单结算、大额流入与流出营销、在线抵押贷款、小微红包、小微账单、有贷户综合营销等多个业务领域创新性应用的落地，还帮助网金数字运营平台开通管理驾驶舱与在线服务平台的数据链路，使运营管理决策、策略投放执行、效果评价反馈、迭代改进和优化等环节可以实现闭环执行。据悉，2020年一季度，首家试点银行新增金融资产20多亿元，显著提高了对目标客户发行资金的留存率，带来近50亿元的行外资产。民生银行数据中台体系全景如图7.11所示。

注：3T，即实时（Real Time）、适时（Right Time）、全时（All Time）

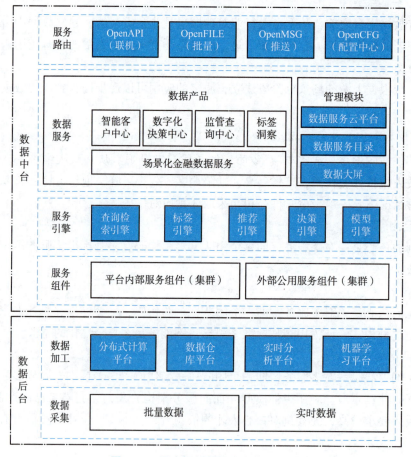

图 7.11　民生银行数据中台体系全景

案例思考：分析中台的作用。

综合训练

一、概念识记
信息 信息化 数字化 智能化 数字化转型 客户体验 客户旅程地图的绘制

二、单选题

1. 以下（　　）不属于银行的流量经营层面。

A. 战略　　　　　　B. 业务　　　　　　C. 技术　　　　　　D. 知识

2. 信托数字化的组织系统不包括（　　）。

A. 线上与线下融通　　　　　　　　B. 业务与管理融通

C. 内部与外部融通　　　　　　　　D. 人与物融通

3. 以下（　　）不属于证券经纪业务的数字化营销。

A. 电话　　　　　　B. 短信发送　　　　C. App 推送　　　　D. 外呼座席

4. 传统金融机构成立科技子公司的最大的受益者是（　　）。

A. 传统金融机构　　B. 中小型金融机构　C. 互联网金融公司　D. 大型金融机构

5. 以下（　　）不属于券商经纪的业务。

A. 推销业务　　　　B. 活跃业务　　　　C. 转化业务　　　　D. 拉新业务

6. 以下（　　）不属于保险数字化营销的关键要素。

A. 用户　　　　　　B. 平台　　　　　　C. 产品　　　　　　D. 运营

7. 以下说法错误的是（　　）。

A. 场景流量是银行外部的流量资源　　B. 场景流量是银行内部的流量资源

C. 场景流量不包括银行内部的流量资源　D. 银行获客要从软件到硬件全渠道合作

8. （　　）不属于企业数字化转型技术保障的作用。

A. 企业业务更加敏捷　　　　　　　B. 企业信息变得不可靠

C. 企业信息变得更加透明　　　　　D. 企业业务更高效

E. 企业信息容易获得

9. 保险行业数字化转型的核心是（　　）。

A. 客户的需求　　　　　　　　　　B. 借助互联网、大数据等新工具

C. 人适应机器　　　　　　　　　　D. 降低销售成本

10. （　　）不是保险行业公域流量营销的重点。

A. 如抖快　　　　　　B. 公众号小程序　　C. 微博与直播平台　D. 电视广告

11. 以下（　　）不属于银行数字化营销活动。

A. 通过多个事件触发器创建的自定义活动

B. 上门推销

C. 智短信营销活动

D. App 推送通知活动

12. （　　）不属于传统银行的产品营销。

A. 线下销售　　　　B. 网点宣传　　　　C. 电话销售　　　　D. 新媒体营销

13. （　　）不属于数字化营销的场景。

A. 移动支付　　　　　　　　　B. 手机转账

C. 线上理财　　　　　　　　　D. 线上贷款

E. 柜台交易

14. 以下说法错误的是（　　）。

A. 银行没有高频的服务场景基础　　B. 客户需要与场景行为做更深的关联

C. 账户数量已饱和　　　　　　　　D. 客户更依赖账户而非实际的金融业务

15. 关于银行场景获客，以下说法错误的是（　　）。

A. 传统自建 App 场景的获客模式具备不可替代性

B. 是商业银行应对成熟流量市场的一种获客模式

C. 场景流量既可以是银行外部的流量资源也可以是内部的流量资源

D. 场景获客模式是唯一的

16. 有关传统银行服务的说法错误的是（　　）。

A. 大部分客户接收到的信息都是无效的

B. 由于核身技术的限制，面对面核身成为必要

C. 专网的存在阻隔了信息的无障碍流通

D. 金融核身可以在各个场景中发生

17. 以下选项中（　　）不属于信托公司的业务场景参与方。

A. 融资方　　　　B. 投资者　　　　C. 政府机构　　　　D. 信托公司

E. 其他服务机构

18. 信托产品可以通过（　　）进行营销宣传。

A. 报刊　　　　　B. 电视　　　　　C. E-mail　　　　D. 广播

19. 以下（　　）不属于信托公司的数字化业务领域。

A. 产业金融　　　B. 消费金融　　　C. 供应链金融　　D. 活期储蓄

E. 财富管理

20. 传统金融机构成立科技子公司的最大的受益者是（　　）。

A. 传统金融机构　　　　　　　　B. 中小型金融机构

C. 互联网金融公司　　　　　　　D. 大型金融机构

三、多选题

1. 中台的核心是（　　）。

A. 共享　　　　　B. 联通　　　　　C. 融合　　　　　D. 创新

2. 金融机构数字化转型的模式有（　　）。

A. 设立独立科技子公司

B. 引入外部专业机构合作

C. 业务单元内部自建独立的科技部门

D. 与科技公司共建

E. 内部业务岗位与数字化岗位无缝协同

3. 客户旅程地图的绘制包括以下（　　）内容。

A. 确定场景与状态　　　　　　　B. 定义各阶段

C. 客户行为和接触点　　　　　　D. 情绪、痛点和解决痛点发掘

4. 数字化转型是对（　　）的方方面面进行重新定义。

A. 组织活动　　　　B. 流程　　　　C. 业务模式　　　　D. 员工能力

5. 数字化转型是（　　）的转型。

A. 发展理念　　　　B. 领导力转型　　　　C. 组织结构　　　　D. 运营管理

6. 数字化转型是（　　）的转型。

A. IT　　　　　　　　　　　　B. 业务

C. 生产力　　　　　　　　　　D. 企业组织架构和企业文化

7. 数字化是（　　）。

A. 在线　　　　　　　　　　　B. 链接

C. 批处理　　　　　　　　　　D. 手工处理

E. 技术刷新

8. 以下说法正确的是（　　）。

A. 数字化转型的首要目的是创造商业价值

B. 字化的转型是单一的某一个方面

C. 数字化领导力以及转型文化建设是数字化转型成功的驱动因素

D. 数字化转型是一个持续的过程

9. 由中台衍生而来的有（　　）。

A. 业务中台　　　　　　　　　B. 数据中台

C. AI 中台　　　　　　　　　　D. 组织中台

E. 技术中台

10. 数字化转型是（　　）。

A. 技术与商业模式的深度融合

B. 商业模式的变革

C. 带来效率和收益上的提升

D. 是利用数字复制、链接、模拟、反馈的优势，实现企业转型升级。

11. 数字化转型的方向是（　　）。

A. 统一的管理平台，方便对企业业务整合管理

B. 优化现有流程结构，达到降本增效的目的

C. 重复性任务自动执行，无须人工参与即可完成

D. 高效率、低成本的数据应用，成为自身的最大竞争优势

12. 企业数字化的本质是（　　）。

A. 连接员工、连接客户　　　　B. 连接物联设备

C. 连接之后实时产生数据　　　　D. 数据驱动的智能化能力

13. 数字化架构既包含（　　）。

A. 战略层面的规划、战术层面的方法

B. 业务模式的创新优化和业务之间的协作的关系

C. 技术实现的升级变化和技术之间的分层逻辑

D. 人员认知和思维转变和组织机构和考核机制的变革

14. 通常将客户旅程分（　　）阶段。

A. 认知、接触　　　B. 使用、首单　　　C. 复购、习惯　　　D. 流失

15. 数字化转型是（　　）。

A. 即时反馈　　　B. 实时　　　C. 自动化　　　D. 批量处理

16. 数字化转型的目的是（　　）。

A. 提升效率　　　B. 降低成本　　　C. 创新业务　　　D. 技术刷新

17. 智能化是（　　）。

A. 让机器、设备实现灵敏感知、正确判断以及准确有效的执行功能的过程

B. 让机器、设备具有类似人脑的判断和联想能力的过程

C. 让机器、设备在自动化的基础上，广泛地与智能设备端相结合从而提高生产效率的过程

D. 数据经过加工和提炼，形成智能化分析应用

18.（　　）由中台衍生而来，它们分别与业务、数据、人工智能交融在一起，赋予它们新的特色与生命力。

A. 业务中台　　　　　　　　　　　　B. 数据中台

C. AI 中台　　　　　　　　　　　　　D. 组织中台

E. 技术中台

19. 金融企业的业务基于价值链分解为渠道需求、产品需求、营销需求、运营需求、风险需求五大方面。业务中台内部可以划分为（　　）。

A. 产品中台　　　B. 渠道中台　　　C. 营销中台　　　D. 运营中台

20. 数据中台是（　　）的智能大数据体系。

A. 快　　　　　　　　　　　　　　　B. 准

C. 全　　　　　　　　　　　　　　　D. 统

E. 通

四、判断题

1. 数据是原始资料。　　　　　　　　　　　　　　　　　　　　　　（　　）

2. 信息是带有判断的表达，而数据不能反映事实面目的记录。　　　　（　　）

3. 数据本身没有任何意义和价值，只是一个客观的存在，它可以作为证据发挥作用。
　　　　　　　　　　　　　　　　　　　　　　　　　　　　　　　（　　）

4. 如果没有数据、数据匮乏或不能转化为信息和知识的话，信息和知识的产生也就成了无源之水。　　　　　　　　　　　　　　　　　　　　　　　　　　（　　）

5. 数据本身的价值有限，但对大数据进行深度分析整合，就会意义非凡。（　　）

6. 信息化改变企业的流程，提高了效率，改变了企业盈利的方法。　　（　　）

7. 信息是数据处理之后的结果。　　　　　　　　　　　　　　　　　（　　）

8. 中台实质上还是平台。　　　　　　　　　　　　　　　　　　　　（　　）

9. 信息具有针对性、时效性。　　　　　　　　　　　　　　　　　　（　　）

10. 自从有人类活动开始，就有了信息的产生和交换。　　　　　　　（　　）

11. 数字经济时代，数字化转型已经是必然，但是过程不是一蹴而就的，而是持续迭

代的，是随着社会和科技的发展不断演变、进步的。 （　　）

12. 客户真正的痛点不是欲望，而是恐惧。 （　　）

13. 中台就是公共服务平台，它是一个具体的概括。 （　　）

14. 中台存在的唯一目的就是更好地服务前台规模化创新，进而更好地服务用户，使企业真正做到自身能力与用户需求的持续对接。 （　　）

15. 数据化的好处就是依托于质量数据的基础，发现问题、关注问题，系统地解决问题。 （　　）

16. 中台是为了替代原有的前台和后台。 （　　）

17. 从广泛的意义上来说，一切的中台都是业务中台，它们源自业务并服务于业务。而我们通常提到的业务中台指以在线业务为典型特征的中台。 （　　）

18. 大多数人说的中台，可能都是指业务中台，因为无论中台是什么，归根结底都是为企业服务，授权前台，提高企业的用户响应能力。 （　　）

19. 传统金融机构成立科技子公司的最大受益者是中小型金融机构。 （　　）

20. 数字化转型仅仅是 IT 投入。 （　　）

五、简答题

1. 金融机构为什么要建立数据中台？

2. 完成表 7.2 中数据中台、数据仓库/数据平台的区别。

表 7.2　数据中台、数据仓库/数据平台的区别

项目	数据仓库/数据平台	数据中台
建设思想		以数据为驱动、自上向下
为业务提供服务的主要方式		API 化（或其他共享方式）的数据服务
业务距离		
使用场景		
处理结构	ETL 结构	ELT 结构

五、实战演练

根据营销活动的标准化、数字化要求对金融业营销组织及营销实施工作流程进行构架。

要求：①业绩管理；②销售活动，并予以解读。

学习目标

【职业知识】

掌握银行、证券、保险、信托数字化营销的内容

【职业能力】

会搭建银行、证券、保险、信托数字化营销的场景

【职业道德】

培养理论分析与实践能力、终身学习能力

第一节 商业银行数字化转型

情境导入8.1

招商银行数字化转型四大法则

招商银行提出了"轻型银行"的转型目标，其重点之一是要明确移动优先的数字化战略：外接流量、内建平台、用户变现、架构转型。

一、外接流量

招商银行从客户思维转变为用户思维，重新定义金融服务的边界，招商银行跳出账户的束缚，尤其是抓住新一代年轻用户，将封闭的金融服务体系改造成开放式、场景化的服务生态，脱离了把经营中心放在持卡客户身上的羁绊。招行信用卡历来对年轻用户的市场风向变化都保持着敏锐的嗅觉，在对外合作上，先后与万达、腾讯、百度、网易、京东、滴滴出行、OPPO、途牛等展开多领域企业合作格局，实时追踪消费者的需求动态，跟进各行各业的头部品牌，最终形成资源互享的共赢格局。同时，招商银行还从软件到硬件全渠道合作，追求流量的量级提升。

招行认为，银行卡只是一个静态的产品，而App是一个生态，它拥有丰富、智能、便捷的产品体验，模式更轻、覆盖面更广，能有效加强与用户的互动，更好满足用户的需求升级，招行开启金融脱媒、消灭银行卡的新时代。于是，招行从卡片经营向App经营转化，通过与主流手机品牌合作（苹果、华为、三星、小米等），追求经营流量的量级提升。

二、内建平台

招商银行从战略高度把 App 建设成为客户经营和服务的平台，通过全方位提升用户体验和打造金融服务生态平台。招行每一个分支机构、线下网点也配合 App 战略进行相应转型，打出线下服务温情牌、人性牌，最终打造线上线下一体化的全渠道服务体系。

第一，智能推荐。通过数据识别客户需求，并根据需求主动推荐产品、资讯及相关服务。第二，数据产品。通过整理和分析客户的海量金融数据，为客户提供数据产品，让客户更了解自己。第三，智能服务。利用人工智能等先进技术，通过机器提供一部分原本仅能由人工提供的复杂服务。例如，招商银行 App5.0 中的摩羯智投功能，能根据客户的目标-收益要求，提供以往仅能由理财经理提供的组合投资建议服务，客户只需一键购买并享受后续服务。第四，风险管理。客户行为的数字化使风险场景有更多可识别的数据痕迹，银行通过对客户行为数据的精准分析，可以智能识别客户交易风险并采取风控对策。

三、用户变现

招商银行结合智能技术加速和提升变现能力，推出了掌上生活 App1.0 进行多元化场景布局来应对年轻客户流失的潜在危机，侧重打通生活、消费、金融，以金融为内核，生活为外延，打造品质生活，布局生活场景，如两票（饭票、影票）、商城、旅游等场景，向着生活类的超级应用跨越。

四、组织转型

在众多值得借鉴之处中，最为核心的是围绕招商银行数字化团队的构建及运营模式。

招商银行成立了网络银行事业部，数字化 GM 承担了招行数字化创新和转型的领导职能：参与规划公司数字化战略和创新项目、组织和管控各个数字化团队、从创意到发布管理数字化产品、发起和推进创新项目的跨部门协作和决策（互联网金融领导小组）。

近年来，我国整个商业银行业内忧外患。一方面是互联网金融的强势入侵，在存、贷、汇三方面冲击银行业务，同时，金融脱媒的趋势令传统银行在存贷两端的整体占比有所下降；另一方面，银行产品同质化严重，加上银行不良资产率上升、利率市场化，旧有盈利模式难以为继。

基于以上两方面的挑战，传统银行在以下几方面进行了改变，探索新的增长策略和模式，进行数字化转型，以此适应新时代。

一、商业银行流量经营

流量经营，狭义上来说，主要是指对用户的经营；广义上来说，除对用户的经营外，还包括产品、内容、活动、场景等的经营。

随着互联网的兴起，银行的客户也进入存量时代：卡多、网点密、离柜率高；同时，微信支付常态化，线上取代线下……在行里坐等客户的时代已成为过去。

互联网企业的流量经营模式对银行具有重要启示意义，但不意味着银行可以照搬照抄互联网企业的模式，银行的流量经营应从战略、业务、技术 3 个层面实施。

（一）战略上统筹规划

商业银行的流量经营面临同业间的激烈竞争和互联网企业的截流堵击，如何在严峻的外部竞争环境中持续提升自身流量经营能力，直接关系到商业银行的生存与发展，主要做法如下：

1. 充分提高思想认识

互联网所带来的经营模式的改变，促进了商业银行从存量经营向流量经营的跨越。

新冠疫情爆发后，许多传统线下产业开始向线上转移，"非接触银行"的理念和需求进一步固化，商业银行对流量经营的重视度日益提升，因此，商业银行从全行视角统筹规划，逐步推动线下用户向线上转移，形成科学系统的经营思路和策略，才能够为流量经营提供坚实可靠的战略指引。

2. 科学运用理论工具

由于业务架构、产品属性、需求频率、监管标准的差异性，商业银行的流量经营应当基于 AARRR 模型，充分结合银行的业务特征，规划构建系统化、协同化、泛在化的流量经营体系。

视野拓展 8.1

AARRR 模型

3. 协同规划流量入口

流量入口设计对银行来说至关重要，分散的流量入口既加剧了用户的使用负担，又造成了银行部门的资源内耗。

（1）构建"一重一轻"入口。如果基于不同业务板块推出几十个 App 或微信公众号，会使得商业银行流量经营变得难以协同和管理，因此，构建以手机银行或微信银行为基础的"一重一轻"入口，可以不断丰富其功能，以满足用户多样化需求。如蚂蚁金服的经营模式就是以支付宝 App 为绝对核心，围绕理财、贷款等高频需求推出蚂蚁财富、网商银行等少数个性化 App，从而保障流量入口的统一，实现流量的集约化管理。

（2）遵循"最少必要"原则。商业银行推出少量针对特殊客群的 App 或公众号，最大化规避流量分散带来的弊端。

（二）业务上分类改进流量经营举措

面临新生代消费者崛起与互联网金融模式盛行的双重冲击，银行业试图通过借鉴、改良互联网企业的成功营销经验，为客户提供更为便捷、高效、精准的金融服务。具体体现在以下几个方面：

1. 强化线上属性

银行基于流量经营思维，创新出适用于线上销售的产品和配套服务，达到吸引流量和价值转化的目标。如微众银行基于客群特点，分类推出不同起投金额的理财产品，相较于传统线下 5 万起购的高门槛，满足了线上不同梯队用户的投资需求，并配以完善的客服体系，让流量经营有了一套完善的体制。

2. 创新营销手段

一个营销项目，一般由多个营销活动组成。营销活动包括条件、过程、动作与属性，标准活动模板分为 4 类：①通过多个事件触发器创建的自定义活动；②短信营销活动；③App 推送通知活动；④基于触发器营销活动。

3. 深化场景融合

商业银行打造开放格局，提升生态数字化水平。

（1）场景开放。商业银行通过开放自身金融场景，在结算、融资、财资、供应链、现金管理等方面与产业平台共融共建，按照"场景在前、金融在后"模式拓展应用场景，延伸交易链和服务链，实现场景融合。

（2）数据开放。商业银行依托外部大数据和数据仓库构建大数据融合平台，共享数据、算法、交易、流程等，实现数据互通、共用，以"数据+金融+场景"方式提供数字化金融服务。

（3）平台开放。商业银行与科技公司等进行跨界合作，建设供应链金融中台，连通政府、客户、电商、物流、银行等利益方，形成合作多赢的供应链金融生态。

视野拓展 8.2
商业银行与互联网企业的合作

（三）在技术上联动提升

1. 加快数字技术升级

目前，国内银行的数字技术能力同互联网企业仍然有较大的差距。互联网企业对碎片化、动态化、非结构化数据的快速处理和响应能力是流量经营的重要取胜法宝。因此，银行的流量经营必须持续提升数据处理能力，通过对用户标签数据和行为数据的复合处理，真正解决好"用户需要什么"和"我能提供什么"的问题，即时满足用户需求，才能充分有效地释放流量经营效益。

2. 提升智能服务水平

智能金融是未来的主流趋势，也是决定银行流量经营效益的关键因素之一。银行需加大在金融科技方面的投入，从组织架构、人才培养、资金投入等方面向智能技术倾斜，依托智能技术提升用户体验，让流量经营更加智慧和便捷。

2020 年 9 月，建设银行与百度达成战略合作，百度在金融科技、智慧营销、智能运营领域，依托领先的 AI 技术和基础设施，助力建设银行全面智能化升级，对商业银行探索智能化经营具有很好的借鉴意义。

3. 强化风控保障能力

随着银行业务线上化加速推进，各种潜在风险也愈加突出。首先，线上流量的增加会带来各类身份冒用和诈骗手段的出现，用户的资金安全受到威胁。其次，各种基于线上特征的新产品、新服务将衍生更多数据信息，潜在的漏洞和合规问题不容忽视。最后，跨界合作产生的场景交互和流量互通，进一步扩大了业务经营的技术和业务风险敞口。

因此，银行必须在风险复杂化的趋势下，合理研判各类潜在风险，并通过技术手段加以预控，才能为线上流量经营提供安全可靠的硬件保障。

二、商业银行场景获客

场景获客是商业银行应对成熟流量市场的一种获客模式。数字化转型下客户的含义需要与场景行为和金融业务做更深的关联。数字化转型的业务逻辑如图 8.1 所示。

（一）银行的客户和账户

传统银行的客户依赖于账户，把"客"看成"个体"，通过客户自己上门与客户经理的沟通实现获客，"账户开立+实名校验"是"客"的关键转化节点。

如今，大众更依赖实际的金融业务而非账户，对于账户的认知聚焦于现有账户里面有

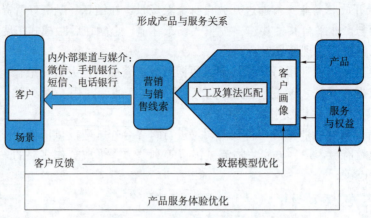

图 8.1　数字化转型的业务逻辑

多少钱可用（信用卡能透支额度），客户账户日渐成为业务的附属服务，或者说成为降低交易成本的辅助工具，而非谁提供了账户服务。例如，大型金融机构中数亿的客户明明已经与机构建立了类似"开户"的强连接，但机构还有非常强的市场焦虑感，因为，电子账户不能真正救赎银行的线上零售业务。

（二）银行的账户与场景

针对一个客户收集了实体信息，建立了业务关系，并不意味着获客成功，因为，客户与金融机构的连接越来越脱离"账户"的束缚，而与"客户"自身的商业（商务）场景行为关系越来越密切。账户越来越依赖于场景权益的设计，转化效果依赖于场景之下对客户的确定性和完整性，而场景信息需要依靠自建生态体系来进行更广泛的收集，而不只是最终决策达成的支付行为。

例如，客户搬家往往伴随着工作的变迁，这意味他们的经济情况、银行账户都可能发生相应的改变。因此，客户经理要做的就是围绕客户的特定生活阶段来构建自身的业务系统和客户经管系统，或定为营销目标，或理解客户当下的需求，或开展营销……简单地说就是参与构建客户的生活场景，将客户的人口统计数据融入其中。首先，在客户搬家的时候了解客户的基本信息，包括姓名、性别、家庭人口情况。其次，通过了解客户搬家的原因和前后房源的对比来了解客户的工作、收入的概况，甚至从配套服务的选择来对客户进行更深入的分析。

1. 场景营销的核心是满足客户需求

线上的效率和线下的温度是银行营销差异化的关键和核心竞争力，通过数据化思维和数字化运营使客户享受更具温度与人情的服务体验。

2. 银行的服务是线上与线下的有机结合

要想向客户销售产品，就必须让客户了解产品，要想服务客户，就必须了解客户。销售上的二八定律表明，20%的客户贡献80%的利润，因此，传统的销售主要围绕这些高端用户，利用客户经理一对一的个性化服务，提升产品销售与利润率。

银行的数字化营销转型并不是要替代线下的网点柜台，而是打造线上线下一体化的营销体系，利用数据分析，有针对性地营销，让80%的长尾客户同样可以创造出更多的价值。数字化转型的线上获客如图8.2所示。

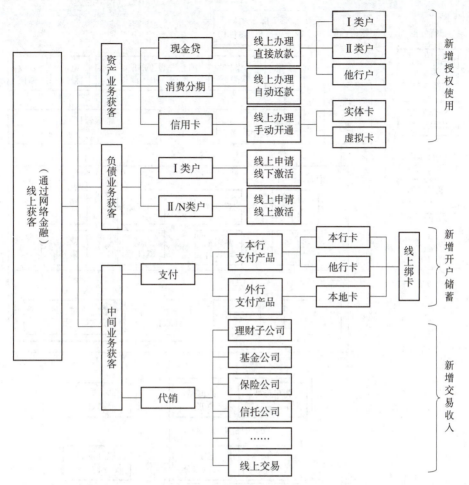

图 8.2 数字化转型的线上获客

三、银行数字化营销体系

从数字化转型业务逻辑中可以看到，营销体系是客户与银行接触的后台中枢，由营销系统来告诉各个触点如何依据客户和销售策略展示服务与产品。银行数字化营销体系示意如图 8.3 所示。

（一）银行外部

由于营销广告市场不是银行的专业，所以银行通常会与外部的广告公司进行合作，包括外部内容合作与互联网广告投放。

1. 外部内容合作

由外部广告公司提供专门的 H5 页面活动内容，包括各种富文本的产品推广、互动游戏等类型，再将这些内容页面嵌入行内的手机银行或微信通道。这样在开展营销业务的初期，可利用外部力量尽快开展相关业务，同时，也可利用合作方的同业和专业能力，快速响应社会热点，形成营销创意。此类合作内容一般需要与行内进行数据的传输，例如，客户手机号登记、客户 openid（数字身份识别框架）、符合条件结果，等等。

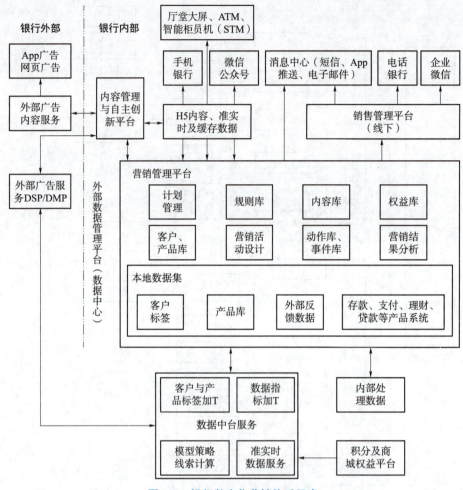

图 8.3　银行数字化营销体系示意

2. 互联网广告服务商

通过其 DSP（数字音频信号处理器）将行内宣传及活动 H5 在各个 App 及网页等广告触点进行投放。此类投放，需要较多的数据及应用交互。

（1）依据营销活动的目标客群，在服务商的 DMP 中选取相应投放人群，针对投放后的效果交换数据评估转换率。

（2）需要在外部 App 与内部（或合作伙伴 H5 页面）再到内部营销系统之间串联整个交互流程。

（二）银行内部

1. 营销内容平台

营销内容管理平台有两个主要目标，一是 H5 页面的模板保存与自助设计模块，二是对已经形成的活动内容 H5 页面进行分类以及保存，并形成对外开放接口，在微信、手机、外部渠道中嵌入。

2. 销售管理系统（CRM）

销售管理系统是为线下理财经理提供客户信息、销售线索的作业平台，它接受营销系统推送的销售线索，实现线上线下的融合销售。

3. 数据中心

数据中心营销平台是一个中台业务系统，也是整个营销体系的管理中枢。

（1）营销管理平台。按照营销的一般组织过程，围绕活动流程设置计划管理、规则库、内容库、客户库、产品库、权益库、事件库、平台管理以及营销结果分析等9个模块。

（2）本地数据集。数据服务群（客户标签、产品库、外部反馈数据、存款、支付、理财、贷款等产品系列）为底层基础，链接内外线上触客渠道，并结合线下CRM系统，形成数据驱动、线上线下融合的完整体系。

4. 数据中台

数据服务中台是整个营销体系的数据基础，为营销活动提供客户、产品及活动数据，并依据模型实现营销策略与数据分析，驱动营销平台上的活动组织与优化。

（1）线上以及自助设备。这类可展示内容相关的部分，将营销活动H5页面，以及利用协同算法实现的客户产品推荐等营销数据，在内容平台的专门缓存区保存，由相应的渠道依据登陆客户信息等进行内容读取并展示。①底层链接数据服务中台获取数据与策略；②管理调度前端内外部线上渠道与线下销售管理（CRM）系统触达客户；③链接积分及商城系统实现营销权益发放。

（2）针对线下销售通道。通过营销平台连接销售管理系统，将需要理财经理与客户直接沟通的销售线索或线上转线下的预约等信息以任务计划的形式推送至理财经理，并收集线索执行情况。

5. 积分与商城系统

为客户提供积分管理与权益管理，是营销活动的重要抓手，通过积分权益满足客户金融需求之外的娱乐、生活、消费需要，同时，通过权益与商城，联通银行客户与银行的商户客户，形成以银行平台为中心，覆盖线上线下的场景商圈，既可为客户提供附加优惠与服务，也可为商户起到引流的作用。银行作为平台，增加了客户与银行的黏度，同时获得客户与商户的数据，有利于对客户的数据画像，更好地了解客户，提供更准确的个性服务与风险管理。

四、构建产品创新能力

银行具有天然的产品优势，面对竞争激励的市场环境，如何能够将这些底层产品包装创新成客户需要的多样化产品，是系统能力构建的核心。

（一）对储蓄（理财）产品参数化改造

将银行的自有产品分为资产及负债产品，基于产品工厂的概念和模式，用参数打通主系统及渠道、财会、核算等上下游系统，实现产品的快速配置创新。

1. 提取参数维度

提取发行日期、期限、收益方式、白名单、渠道、地域、账户等参数维度，通过构建产品管理前台，将后台参数通过服务方式注册平台，由业务人员通过模板进行参数调整，快速实现产品创建。

2. 梳理改造产品的关系

通过梳理改造可售产品与财会产品的关系，实现可售产品与财会产品的多对一关系，将变化集中在前端销售，提高产品创建时效。

（二）对信贷产品参数化改造

信贷产品相较于存款产品，除了产品概念，更要关注信贷流程的标准化与配置化，因此分产品及流程两个维度，从而实现以参数创产品，以参数产品控流程。

1. 产品种类

信贷产品分为个人消费贷款和抵质押贷款两大类，下分一般消费贷款、个人经营贷款、一手房按揭、二手房按揭等具体产品。

2. 产品流程

将参数按规则划分为产品基本信息、客户转入、风险评级、渠道、担保管理、额度、授信、还款、核算、计息与定价、合同等简单基础产品，在简单产品项下组合产品模板，产品模板具象化形成实际可售产品。此外，还需提升信贷数字化能力，引入失信、执行、外部评分、法人等外部数据，建立外部反欺诈系统、互联网仲裁等配套设施，作为可配置流程与数据，加入流程参数化模板中。

视野拓展 8.3
民生银行数字化转型

第二节　证券业数字化落地场景

 情境导入 8.2

美国数字化财富管理业务的发展路径由政策环境、投资环境和用户需求等方面共同决定，而数字化运用及进程也因各类金融机构发展战略和业务战略的不同而呈现出多元化趋势。

在 2008 年前后，各大金融机构纷纷宣布部署科技战略，强调自主研发，针对各板块业务打造数字化赋能平台。与此同时，美国东海岸和西海岸的金融创新公司抢占先机，从财富管理、智能投资顾问的细分市场进入大众视野，也倒逼着国际投行和财富管理机构参与智能投顾领域的研究和发展。

近年来，各大金融机构都通过科技手段打造了卓越的客户体验、提升了产品研发能力并提高了公司运营效率和成效，除了不断借助技术平台的大集中和积极尝试新兴技术的策略外，还通过收购金融科技公司或形成战略合作模式，成功地在数字化财富管理领域中实现优势互补。

根据金融机构数字化的发展特征，可将其分为传统型全能投行、综合型财富管理机构和创新型在线财富管理机构三大类。

传统型和综合型机构本身客户基础深厚、资金充沛，前者更倾向于通过科技化手段将现有业务和工作流程进行横向拓展和持续优化，后者则根据自身优势业务，积极纵向深入，不断突破；作为行业后来者，创新型机构通常先精准定位客群，点对点突破痛点，有效打入细分市场，相对更注重技术开发，倾向于为客户提供全新服务模式。但无论哪种模式，数字化渗透率和成熟度的提高都可以在不同方面和不同程度提升机构在行业中的核心竞争力，在数字化进程中实现包括但不限于改善业绩指标、精益敏捷管理和提高客户满意度等目标。

这三类机构均在不同程度运用大数据、人工智能、云计算等技术，搭建智能投资顾问、客户行为分析、预测分析等应用，为客户提供全面或专项的优质投资服务，为员工提供高效便捷的支持工具。美国数字化财富管理机构分类及特点如表8.1所示。

表8.1　美国数字化财富管理机构分类及特点

项目	机构类别		
	传统型全能投行	综合型财富管理机构	创新型线上经纪商
科技应用	大数据、人工智能、区块链、机器人流程自动化等科技应用沿着财富管理全价值链对画像与分析、规划与配置、交易与执行和组合管理等前中后各环节进行深刻改造		
目标客群	传统金融机构存量客户和潜在客户	对金融专业能力要求高且对科技接受度高的客户	对于某一特定类型资产或服务有显著黏性的客户
提供产品	各类基金、ETF、投资组合等；投资组合建议、投资资讯	以共同基金和EFT为主，投资组合建议、投资资讯	以和EFT为主的被动型投资产品；提供及时咨询、论坛等内容
服务模式	以人机结合为主	人机结合、自助式服务	以自助式服务为主
技术价值	了解客户、资产配置、风险控制、体验提升、投资顾问赋能	精准营销、了解客户、资产配置、风险控制、体验优化、替代投资顾问	精准营销、体验优化、投资组合建议、产品设计
机构案例	高盛、摩根大通、摩根士丹利、润银	嘉信、先锋、贝莱德	Betterment、Wealthfront、Acoms

金融科技正以迅猛的势头重构证券业，而数字化渐成"兵家必争之地"。证券的数字化转型，主要包含两方面内容：一是经营方式转型，即探索承载零售、机构、投资、投行等业务的全面数字化转型，以及覆盖清算、运营、运维、合规、风控、办公等管理模块的转型路径，全面提升内部运营效率和客户服务水平；二是业务模式转型，包括提升自身数字化核心竞争力，打造其发展的"四梁八柱"，以及建立技术业务融合机制，形成业务技术一体化团队，共同实践可以利用数字化进行优化和创新的突破点，真正做到业务与数字化高度结合。

视野拓展8.4
四梁八柱

一、券商数字化运营

数字化运营可以简单概括为业务数字化+数字产品化，如图8.4所示。

图8.4　数字化运营内容

> 📖 **小知识8.1**
>
> 2020年8月，中国证券业协会发布了《关于推进证券行业数字化转型发展的研究报告》，其中提到，我国证券行业在信息技术投入方面经历了以交易无纸化为重点的电子化阶段、以业务线上化为重点的互联网证券阶段，目前正处于向数字化转型阶段。数字化转型既是提升证券服务质量的助推器，也是引领公司高质量发展的新赛道。

（一）业务数字化

业务数字化是基于业务流程，将每个环节的需求全都数字化，如图8.5所示。

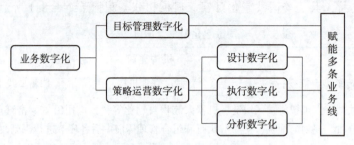

图 8.5　业务数字化流程

一般来说，券商经纪的业务条线可以分为三大类：拉新业务、活跃业务和转化业务。

拉新业务指的是需要大量获客，活跃业务指的是需要让新客和老客都活跃在自有 App 上，转化业务指的是需要促进客户交易+购买投资顾问付费服务+基金代销业务，以此获得佣金收入和增值服务收入。

券商业务人员的日常工作可以分为两类：目标管理和策略运营。目标管理指的是业务人员需要制定、追踪、调整运营目标；策略运营指的是业务人员需要针对目标，制定合理的运营策略。

因此基于对业务的分析，数字化运营主要聚焦在目标管理数字化和策略运营数字化。

1. 目标管理数字化

借助数字化手段，如驾驶舱、数据大屏、舆情监控、热度监控等。业务人员可以随时掌握目标的完成进度、市场热度表现、目标是否需要调整等。

2. 策略运营数字化

借助于数字化手段，如用户/产品/时机标签体系、数字化运营平台、智能分析等手段，运营人员可以设计合适的运营策略，并实现高效执行和迭代。

（二）数字产品化

数字产品化即将业务的数字化需求转化为产品，赋能业务运转。一般而言，产品团队承担着两类产品的建设：针对用户的产品如 App，针对运营人员的产品如运营中台。因为，数字化产品化的目标主要聚焦在赋能运营策略高效执行和运营策略固化为产品功能上。

1. 赋能运营策略高效执行

主要指运营中台、内容中台、数据中台的产品，面向运营人员，赋能运营人员，使其更好地完成目标管理和策略运营，最终完成业务目标。

2. 运营策略固化为产品功能

主要指智能推荐、AI 写稿、智能外呼的产品，这些产品主要面向客户，将运营人员一些成熟的策略直接固化为产品功能，使得客户得到更好的用户体验。数字产品化内容如

> **小知识 8.2**
>
> 对券商等金融机构来说，营销人员的主要展业场景已从线下转变为线上，提升业务人员数字化营销服务能力，建立可持续转化的用户资产已经成为金融行业的共识。利用一线展业人员的客户社交圈，加强与客户的联系，增强信任感，通过获取客户行为数据，增进对客户的了解，进一步促使员工提高销售业绩、提高客户有效转化率，实现"社交赋能营销服务、社交辅助合规"的数字化运营目标。

图8.6所示。

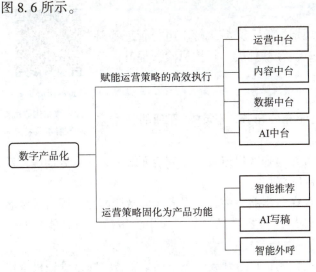

图8.6　数字产品化内容

二、证券行业数字化财富管理

对金融行业来说，互联网金融的冲击刻骨铭心，技术带来的商业模式的变革已经逼迫传统金融企业不得不考虑业务模式转型。证券行业作为传统金融行业的一员，面临着同样的困境，经纪业务佣金萎缩，手机App等交易渠道改变，客户群体和习惯的变化促使证券行业不得不从传统营销服务向数字化营销转型。目前，整个行业都从传统的经纪业务向财富管理转型。

数字化财富管理是围绕客户的综合服务需求，以客户运营为核心，通过人工智能、大数据、云计算、机器人流程自动化等多项技术的驱动赋能，推动产品、营销、运营、管理和服务的全面数字化、精准化、智能化。证券行业财富管理内容如图8.7所示。

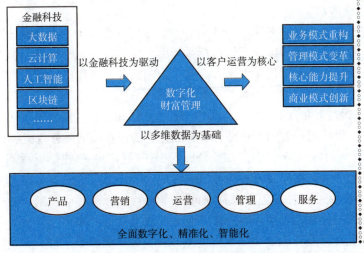

图8.7　证券行业财富管理内容

（一）数字化财富管理的核心要素

数字化财富管理可在客户画像、规划配置、交易执行、组合管理等财富管理价值链各环节上，实现降本增效、客群延展、管控风险、提升体验等效果。

视野拓展 8.5
我国数字化财富管理种类及特点

1. 明确代表客户利益的价值定位

明确代表客户利益的价值定位是证券公司数字化财富管理的根本宗旨，体现在以下三方面：

（1）增强连接的业务数字化。体现在增强客户连接、业务全面线上化、服务彻底移动化，运用技术进行市场推广、分销及客户沟通。

（2）全面敏捷的数据共享化。体现在共享能力中心、提升业务敏捷能力，同时鼓励客户分享服务数据，更好达成预期服务结果，为客户提供基于大中台敏捷能力赋能的服务体验。

（3）全面开放的服务场景化。体现在真正打造开放生态、场景服务，财富管理机构协助客户整合并运用客户的个人数据，为客户提供全场景、全天候的实时精准财富管理服务。

2. 建设敏捷型组织、搭建开放平台

建设敏捷型组织、搭建开放平台是数字化财富管理的两大基础依托。

（1）建设敏捷型组织。组织架构敏捷程度是评价证券公司数字化财富管理的宏观因素。敏捷型组织能够适应财富管理变化的业务环境和不断尝新的迭代优化。数字化营销的场景落地要求数据中心能以场景为依托，提升数据的快速生产能力以满足快速变化的市场竞争，主要体现在：①基础数据的运用；②快速交付数据的能力；③全渠道精准触达能力；④全链路自动化执行能力；⑤智能化机会发现能力。

（2）搭建开放平台。数字化财富管理平台根据业务开展逻辑进行设计，始终以客户需求为中心，通过庞大的底层数据和强大的技术支撑，将数据、业务知识与能力、技术封装成一系列功能模块，形成强大的中台，充分赋能投资顾问、分支机构、客户服务平台，服务客户全生命周期的财富管理旅程，降本增效、提质创新，提高客户满意度和黏着度。

3. 构建健全的客户关系管理体系

开发客户满意度评价系统，围绕客户服务体验，从渠道整合、标准化服务和个性化定制能力等方面设置评价体系，收集客户满意度。具体包括：为客户提供全渠道、无缝衔接的服务体验；标准化服务的自动化程度和智能化水平；为客户定制服务的个性化程度。

4. 打造坚实的投资顾问专业服务能力

投资顾问是为客户提供财富管理服务的主力军，利用数字化工具和平台赋能投顾，可以丰富投顾标准化服务的手段，提高流程处理的自动化和智能化，提高投顾的服务效能。

（1）打通投资顾问工作平台和客户服务平台。在投资顾问工作平台中，搭建投资顾问考核模块，建立系统化、透明化、动态化的投资顾问考核体系。

（2）融合各种服务场景。平台间打通（包括投资顾问工作场景、营销活动场景、业务办理场景、投资场景等）后的充分联动可实现客户体验至上的线上线下一体化。

（3）服务顾问线上化。投资顾问服务线上化很大程度上弥补了客户端服务平台关于个性化财富管理服务内容上的不足，如账户诊断、资产配置、投资咨询建议服务等。与此同时，设立智能助手、在线投资顾问和智能投资顾问，配合线下人工投资顾问，为客户提供7×24 小时、全渠道、一体化的服务。

5. 形成强大的金融科技应用能力

数字化财富管理在信息数字化的基础上，依靠 IT 技术支持，让业务和技术真正产生交互，将产品服务、资产、流程等通过数字化的方式连接起来，进而让证券公司财富管理服务变得更加高效。证券公司数字化财富管理核心能力如下：

（1）建立端到端和跨端服务能力。随着移动互联网的发展，证券公司可以通过线下网点、Web 端、App 端、电话端等多个渠道为客户提供服务。为了提高数字化财富管理服务效率和服务质量，证券公司要具备跨端服务能力，客户无论是从呼叫中心、App 端、H5页面还是第三方的社交平台进入，证券公司都能够辨识出客户身份，提供无缝连接的一站式服务。

（2）自主研发与技术应用能力。自主研发体系能够提高系统开发的敏捷度，能够快速、高效地响应数字化财富管理发展的需求，提高财富管理各价值链环节的系统兼容性，提高自动化处理效率，解决数据孤岛等由于系统割裂导致的问题。

（3）数字化产品和服务创新能力。数字化财富管理的关键是真正借助数字手段回归金融服务的本质，这是证券公司具备明显比较优势的领域。第一，将业务过程中积累的数据资产化，通过数据洞察和优化财富管理服务流程，或者利用数据直接变现，进入新市场或者创新商业模式。第二，延长业务价值链、拓宽业务范围，如大型证券公司可以将以大数据为核心催生出的数据挖掘、分析预测服务、决策外包服务出售给小型证券公司等。第三，利用数字化技术应用创造服务新业态，激活新动能，如将研究能力打包成产品或者为客户提供智能投研辅助服务等创新服务。

（4）数字化运营能力。数字化运营能力能够帮助证券公司提升客户活跃度，也能够优化传统业务流程、提升业务效率和精准度，降低运维成本，并提升欺诈风险识别能力。优化数字化运营可以从以下方面实现：通过 IoT（物联网）和传感器，以及自动化处理提升影响销售和客户满意度的效率水平；利用大量分散的数据，获取客户的意见和想法，并不断优化生产和交付时间，提高敏捷度；利用数字化支持以更小成本、更快频率进行新产品测试；利用大数据技术，通过数据获取、分析和预测，为客户前置解决方案；优化业务运作涉及的管理工作流程，提高管理效率，降低管理费用。

📖 案例透析 8.1

某证券公司的财富管理业务载体严重受限，账户集成水平较弱，证券、基金、期货等金融品种基本处于账户割裂的状态，直接导致证券公司在发展数字化财富管理时面临场景构建、资源整合、服务归集等方面的"先天不足"。

案例思考：请帮助券商企业实现数字化转型。（可从以下参考思路中任选其一：①做好顶层设计，确定数字化转型蓝图规划；②加强业务体系数字化建设，促进业务发展和内部运营效率效益提升；③推进科技转型，打造科技核心能力，建立数字化转型科技基座；④实现组织敏捷化转型，业务技术进一步融合。）

第三节　保险数字化

 **情境导入 8.3**

众安保险的数字化营销

众安保险作为全球首家互联网保险公司，通过在生活消费保险领域嵌入互联网场景，推出了众多类似退货运费险等小额、碎片化的产品，逐步打开了国内市场，在公私域营销上积累了丰富的经验，这些经验被沉淀为数字化云图，构成了众安特有的"保险+数据智能"体系，延展出 X-Magnet 广告投放平台、X-Man 智能营销平台等功能丰富的产品。

针对公域的广告投放，众安可自动基于行业领先的运营策略库及 7 天×24 小时机器智能托管，帮助广告主精细化管理在投广告，节约无效预算；具备大数据能力，能聚拢 95%以上的主流媒体高质量广告创意，精准追踪播放量、点赞量等多维度数据，为广告优化提供参考。

针对私域运营，众安能从用户画像和分类出发，进行精准、差异化的营销投放，还能帮助客户快速构建营销活动，同时对活动各项数据有效记录分析，助力用户复购。

借助这些强大的数字化体系，众安保险自己实现了多年高速增长的同时，也为合作伙伴，如保险公司、保险中介经纪、银行等提供了关键的数字化建设支持。众安目前合作了10 多家保险金融企业，为客户量身定制了多层次的数字营销解决方案。

比如，众安就帮中宏保险开发了一站式营销活动管理平台，最快 5 分钟创建一个线上营销活动，支持微信、App 等不同场景，可以满足不同部门或渠道对线上活动的多样运营需求。这为中宏保险有效节省开发时间 80%，预计提升 60%的运营工作效率，客户活跃度较之前提升 40%。

这套体系也推动了众安自己的业务成长。在技术驱动下，2020 年，基于数字营销战略，众安的保险直销业务获得交易用户数增长 3.1 倍，交易总额增长 2 倍，整体保费同比增长 14.2%；获客成本降低 30%，投放与运营效率分别提升 50%和 80%；2021 年上半年，公司总保费收入 98.4 亿元，同比增长 45%。科技输出收入 2.7 亿元，同比增长 122%。签约保险产业链客户 44 家，较 2020 年同期新增 16 家，国内客户群包括太平集团、太保集团、友邦人寿等。

随着互联网线上消费的基建逐步完善以及保险消费主力向"80 后""90 后"移动，人们与保险发生关联的方式也逐渐向线上走去。无论是获取保险信息的方式，还是投保、理赔的过程都悄然变化，越来越多的产品开始借助互联网渠道进行营销。比如，具有碎片化、场景化特征的电商航旅领域的退货运费险和人身意外险，以及保费相对低廉、条款容易理解的健康险，都出现了显著的增长。在线下车寿险增长放缓的 2021 年上半年，线上销售为主的险种反而保持了增长势头。

如果说保险行业是一艘大船，数字化营销就像一个新的动力引擎，推动这艘船航向更广阔的大海。其核心是对人、产品与运营三者互动的精准把握，具体体现在保险公司、流量平台与运营服务商呈现出三角之势，缺一不可。保险数字化营销的三要素如图 8.8 所示。

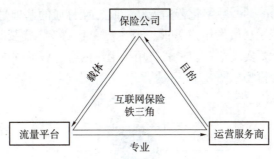

图 8.8　保险数字化营销的三要素

一、保险行业数字化转型

保险行业的传统营销是用大量销售员去推进业务，在数字化转型的大背景下，保险行业用大量销售员去推进业务的人海战术迎来了改变。如图 8.9 所示。

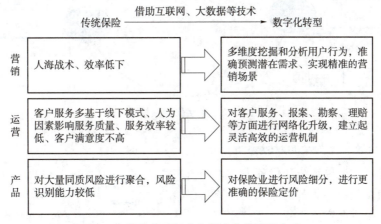

图 8.9　传统保险行业向数字化转型的内容

（1）保险行业数字化转型的核心是客户的需求。数字化营销借助互联网、大数据等新工具，多维度挖掘和分析用户行为、准确预测他们的潜在需求，进而大大降低销售成本，提高展业效率。

（2）保险行业数字化转型的载体是产品或服务。数字化营销更准确地测量、触达和转化——这个既是数字化转型的首要目标，也是数字化营销所要解决的核心问题。

二、保险行业数字化营销生态系统

流程更新、触点更丰富、风险评估更靠谱以及按需保险、金融科技、上链等是保险行业数字化营销的趋势。从这些趋势不难看出，保险行业的数字化是一个复杂、宽阔的系统生态，它由一系列紧密关联、互相影响的环节构成。

（一）数字化营销的模型

保险行业数字化营销的模型 PPSC 脱胎于传统零售的"人、货、场"，即用户 People、产品 Product、场景 Scenario 和内容 Content，这四者处在一种动态互动之中。首先，需要把这四者打通，不打通的话，数字化营销无从谈起，而打通的基础是用户数据。其次，内容创新是根本，不创新无法激发用户需求。最后，产品的营销需要情感包裹，服务伴随，也就是需要内容加持。要实现这一切，需要用技术、内容、服务共同构建一个匹配产品营销的场景。数字化营销模型如图8.10所示。

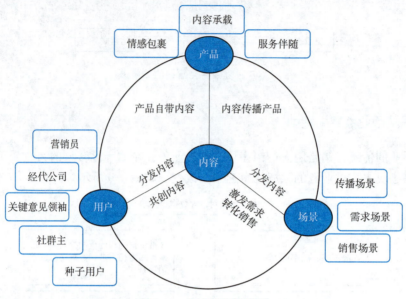

图 8.10　数字化营销模型

（二）保险数字化营销的双驱系统

营销业务跟踪分单系统和代理人自主经营广告投放系统作为保险数字化营销的双驱系统为保险公司数字化转型提供全方位服务。

1. 综合服务供应商开发的分单系统

互联网时代，流量是保费增长的先决条件，保险总公司、省分公司通过广告投放和线上活动从流量平台获取精准客户，但总公司和省公司拿到精准客户数据后，如何实时和精准一一对应分配到具体保险代理人手上，成了一个难题，而分单系统，可以完美地将流量平台（抖音、腾讯和其他平台）的流量客户导入每个保险分公司和机构，并根据LBS地理位置和代理人业绩等规则直接实时将获客数据分配到代理人手中，真正做到了所见即所得。营销业务跟踪分单流程如图8.11所示。

2. 代理人自主经营广告投放系统

中国保险行业1 200万代理人，如何自主展业和获客已经成了众多保险公司研究的课题。在代理人自主经营广告投放系统中，每一个保险公司代理人都可以在抖音等流量平台投放自己的展业内容，所有的投放内容形式、流量平台、投放金额，都可以自主选择经

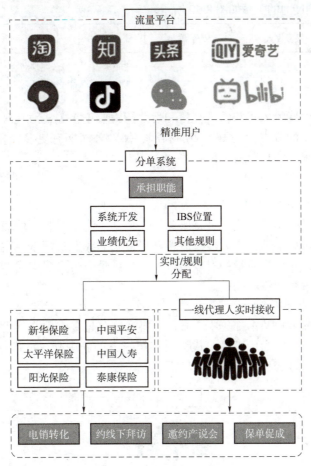

图 8.11　营销业务跟踪分单流程

营。真正实现了互联网时代代理人的自主经营。

三、数字化转型的关键因素

人海战术已成为过去式，保险产品由金融化逐渐回归到了保险保障本质，保险产品、专业运营和流量平台是保险企业数字化转型成功的关键。

（一）智能核保与智能保险定价

1. 全新的代理人与客户的线上关系

围绕着信息、产品与服务三方面，数字化赋予了保险公司的互联网属性并增强了保险公司抓住消费者需求的能力。数字化有利于保险公司在产品创新上做到与时俱进、不断迭代，将各流程精细化，贴合客户需求，增强用户黏性，通过一系列差异化以及具有公司特色的服务提高用户体验，增强双方信息交流。

2. 全新的保费收入与产品、流量、服务商能力的关系

保险公司的营业保费收入与保险产品系数（符合互联网产品调性的产品）、流量系数以及运营系数息息相关，通过数字化营销，可以给客户提供更好的增值服务与更低的保费，实现全面的、更好的客户体验。毋庸置疑，数字化营销将使保险公司缩减成本、增加收入。保费收入与

产品、流量、服务商能力的关系如图 8.12 所示。

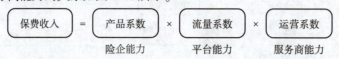

图 8.12　保费收入与产品、流量、服务商能力的关系

未来保险公司保费收入将与精准流量和运营能力成正相关，对代理人团队进行优化的保险公司将付出更少的成本，获得更多的利润，保险公司能有更多的精力研发创新产品，满足客户真实的需求，实现市占率的扩张。

（二）流量平台

1. 流量思维向流量场景思维转变

互联网时代流量即用户，线上金融服务无法独立于流量展开，然而随着互联网用户增速趋于稳定，流量市场饱和，靠大规模流量购买带来的线上营销繁荣期逐渐接近尾声。因此，后互联网时代，获得高质量的有效流量，通过场景吸引更多用户的驻足，进而提高转化的可能性成为金融企业制胜关键。

2. 流量场景向流量平台转变

数字化时代目标客户基本都集中在微信、抖音这些超级应用公共平台上。那么通过技术的手段，让这些平台成为代理人，成为对接第三方的新中介，从而让新中介推荐客户。流量场景向流量平台转变示意如图 8.13 所示。

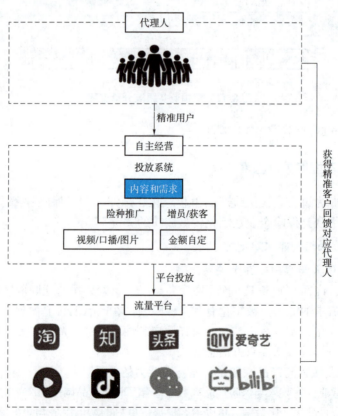

图 8.13　流量场景向流量平台转变示意

（三）运营服务商

数字化营销对资源与研发能力要求很高。可以说，这是一场综合数字能力的竞赛——数据能力、营销服务模式创新、人性洞察缺一不可。如果有外部可靠、专业的第三方机构能提供配套的一条龙服务，将大大降低企业数字化转型的门槛。

在铁三角结构下的非接触型运营模式中，流量平台仅作为一个载体，为保险公司获得流量。而新增的运营服务商将利用自身的专业知识以及对行业正确的认知，发挥其不可磨灭的作用：①进行有价值的内容输出；②有效、有利润的内容投放以实现运营价值的转化；③高效地对大数据库进行有效的分析与运用，与保险公司进行无缝对接。

> **小知识 8.6**
>
> 非接触式是指人和人，以及人和具体的实物保持一定的距离，不发生直接接触。非接触式服务依靠人工智能、大数据、物联网等一系列新兴科技手段做支撑，已广泛应用于智慧物流、智慧零售、智能安防等领域。

案例透析 8.2

保险营销与运营的核心是提升投保体验，这同时也是投保人的需求。请梳理保险公司的服务体系。

案例思考：保险公司需要在客户购买保险产品的过程当中，搜集客户不满意的点（是否有业务人员夸大功能、强制推销等情况）；改善保险代理人生存现状；服务独立代理人，解决独立代理人独而不立的发展难题。

视野拓展 8.6
众安保险的
数字化营销

第四节　信托数字化

情境导入 8.4

中航信托数字化转型

自 2018 年起中航信托便开始探索产融结合的数字化方向及业务机遇。2019 年，中航信托在行业中首家提出"信托科技"，联合埃森哲启动数字化转型，搭建了数字化的整体战略与规划，推动商业模式的创新变革。

2020 年，中航信托数字化转型工作全面推进，聚集资产、服务、管理、文化 4 个维度，运用信托科技进一步为受托人尽职管理赋能，助力信托本源业务开展。在信托资产数字化实践领域，公司先后在不动产业务全流程数字化平台、小微金融业务数字化平台、家族信托数字化服务平台、财富客户一站式服务平台等领域取得创新突破，持续提升数字能力建设水平。

在受托管理数字化领域，中航信托于 2020 年 3 月投入使用受托人尽职管理平台。该平台建立在公司业务运行规范的基础上，通过输入内部数据及引入外部数据，实现公司信托业务运作管理上的三个打通，即线上与线下打通、管理与经营打通、内部数据和外部数据打通。实现了搭建可视化的项目管理平台、建立科学的尽职量化评价管理体系和项目运行预警评价机制、搭建项目投前决策引擎等特性功能，不断培育数字经济时代信托公司的核心竞争力，进而满足信托公司在不同发展阶段对客户管理、渠道管理、产品管理和整体风险管理过程中的科技需求，进一步营造安全、普惠、开放、规范的金融科技发展环境。

一、信托数字化的架构

在金融科技时代背景下，数据的重要性不言而喻，海量性、多样性、时效性、价值性的大数据特征要求信托公司不断提升自身的数据处理能力。搭建集中统一的数据架构，通过数据的采集、计算、存储、加工到数据应用服务，形成全生命周期数字积累，并将数据资产、数据治理作为核心，最终向客户提供全域数据、全场景服务的数据体系。

（一）信托数字化架构的核心

信托公司搭建数据架构考虑的核心问题是数据架构的管理对象，包括数据标准、数据模型、数据库和数据质量，以及数据架构的管理流程，包括数据管理标准流程、数据模型管理流程、数据库管理流程、数据质量管理流程。围绕数据架构的管理对象与流程，搭建涵盖数据质量管理系统、配置管理系统、变更影响评估系统、元数据管理系统、数据建模工具等在内的数据架构管理系统。

（二）信托数字化的技术架构

技术框架是整个或部分技术系统的可重用设计，表现为一组抽象构件及构件实例间交互的方法。通过统一共享的技术架构，信托公司能够建立起统一的金融科技服务平台，并通过不断补充、整合和封装基础技术能力，有效支撑项目的开发、测试、运行和过程管理等各个环节，实现系统建设的规范化、标准化和智能化。

信托公司在数字化转型过程中搭建技术架构，必须注重对公司未来创新转型的支撑，确保易于落实，快速迭代，灵活调整。

（三）信托数字化的组织系统

对于组织系统而言，需要外在整体性和内在机制的整体性，依托系统思维，以融通理念为抓手，推动以受托管理为核心的数字化再造，具体包括3个层面的融通，即线上与线下融通、业务与管理融通、内部与外部融通。

1. 线上与线下融通

线上与线下融通的要义在于传统线下管理内容的线上化，涵盖客户管理、风险管理、运营管理各个方面。例如，在财富端将客户的线上需求与信托线下服务渠道联动融通，基于账户信息和客户线上行为数据，开展数字化营销，精准捕捉客户画像，并匹配相对应的线下金融服务，提升客户体验。在风控与运营层面通过模块化的技术应用，实现智能尽调、智能风控、智能运营，用数据统合信息，用信息助力决策。

2. 业务与管理融通

业务与管理融通的重点在于打通信托公司前台、中台、后台的管理边界，形成平台化、联动式的管理模式。以研发创新为先导，以业务发展为目标，以系统应用为支持，带动人力资源管理个性化、运营管理数据可视化、财务管理分析智能化，决策管理科学化，聚合公司内部各个部门联动融通，全面提升信托公司的数字化能力。

3. 内部与外部融通

内部与外部融通的核心在于数据的融通，打破公司部门内部、部门之间、公司内外的数据孤岛和数据壁垒，促进数据的流动与融通，使数据在流动中产生价值，形成资产，推动基于数据的产品创新和服务创新。

鉴于信托公司跨行业、跨领域、跨市场的多元展业特点，数据的融通可以为信托公司开展金融整合服务带来重大商机和可行性。以数据整合带动资源整合，以资源整合带动业务整合，通过数据的融通与共享，形成资产数据化和数据资产化的良性互动。

二、信托数字化的维度

随着数字技术和金融科技的发展，金融行业开始全面走向数字化，作为仅次于银行的第二大金融子行业，信托业在这场数字化大潮中，从战略、架构、场景、组织、文化等多个维度开始发生改变，数字化能力的高低正逐渐成为决定信托公司核心竞争力的最重要因素之一。信托公司数字化如图 8.14 所示。

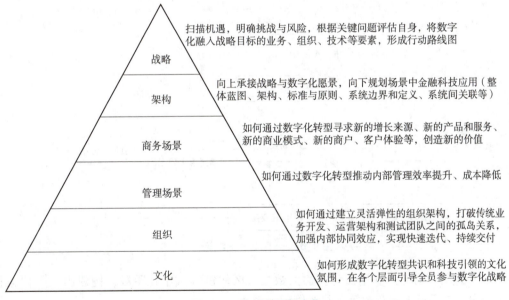

图 8.14　信托公司数字化

信托公司的数字化转型主要聚焦于资产、服务、管理、文化 4 个维度，如图 8.15 所示。

（一）信托资产数字化

信托资产数字化就是在资产端实现全程留痕和对风险的全面管理，同时有效挖掘重点项目，并做好过程管理和后续服务。委托人将其所有的数据库资产作为信托财产设立信托，受托人按照委托人意愿聘用数据服务商对数据进行专业管理，由此产生增值收益作为信托利益分配给信托投资者，委托人则通过信托收益权转让的方式获取现金对价，实现数据资产作为信托财产的价值变现。信托资产数字化示意如图 8.16 所示。

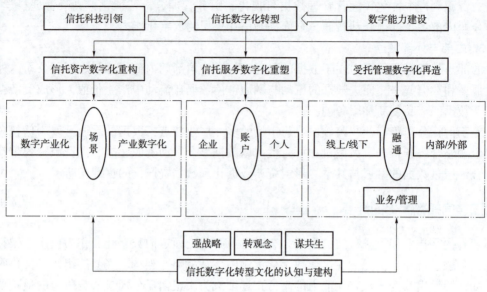

图 8.15　信托公司的数字化转型维度

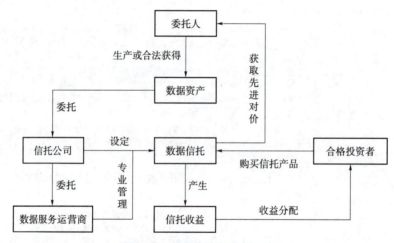

图 8.16　信托资产数字化示意

　　未来的发展趋势是利用云计算、大数据、区块链等数字化手段，构建出一个覆盖投前、投中、投后的全流程数字化尽职管理体系。

（二）信托服务的数字化

　　信托公司左手资金端，右手资产端，充分发挥其执行力、创新力、凝聚力以及制度、资金、产业和组织的优势，依托科技优化和变革业务，构建展业平台。

　　信托服务数字化通过移动+互联，打通资金、资产线上与线下相结合的链条；通过多方合作伙伴打造金融服务、科技服务和数据服务的金融平台。基于服务视角驱动信托转型如图 8.17 所示。

（三）组织体系的数字化

　　数字化在信托中的应用体现在促进信托业务拓展、优化信托公司管理两个方面。

图 8.17　基于服务视角驱动信托转型

从横向看，数字化可触及资金端和资产端的具体前台业务与服务，以及风控、运营等中后台几乎全链条环节。一般来说，实际业务的发展需求首先成为反推中、后台进行流程再造的外部压力，之后，组织内将逐渐产生内生自驱力，推动前、中、后台之间的良性互促关系，经反复实践、校准，加之时间沉淀，最终，一个个嵌入了数字基因的新型业务模式会润物细无声地重构。

从纵向看，数字化可覆盖消费金融、财富管理、家族信托、慈善信托、资产证券化、供应链金融、证券投资信托、股权投资等诸多垂直业务板块。整个过程，需要对整体战略的规划布局、局部策略的优先选择、不同板块的节奏安排、组织架构和机制的搭配、成本投入与效能评估的权重把控等事项做经常性的复盘思考。

信托公司构建采用"三层分析法"搭建的业务架构，分别对业务的战略层、管理层和执行层的业务组件进行分析，判断是否功能齐全、构成合理。

1. 战略层业务组件

战略层业务组件核心关注以下5类问题：

（1）是否具备有效的战略规划编制和调控。

（2）制定、发布以及变更经营战略规划的流程和作业规则是否明确。

（3）是否能及时、准确地获取相关战略指标的动态统计数据。

（4）战略指标数据是否能明确指向具体部门或具体业务组件。

（5）是否具有根据设置的战略纠偏标准，及时触发决策机制，执行战略纠偏。

2. 管理层业务组件

管理层业务组件应以提升管理层控制业务过程的能力以及提高管理层、执行层、战略层之间的信息沟通能力为主线进行设计，核心关注以下5类问题：

（1）对于某个典型业务的企业战略，是否具有明确的计划编制、监督实施等作业标准。

（2）相关的典型业务的过程状态是否能有效掌控。

（3）对于某些典型业务或某些关键的作业节点，能否实时、有效地评价员工的执行力。

（4）对于部门重点业务以及管理改进目标，能否掌握员工知识贡献度的不同。

（5）对于所承担的企业战略指标部分，是否具有实时采集、分析和上报的机制。

📖 **小知识 8.7**

新冠肺炎疫情期间，信托数字化进程提速，增强了远程办公、网上签约、在线财富管理等服务。2021年信托的整体规模增长，家族信托、慈善信托、股权投资、资产证券化等领域数据喜人，充分说明了由于数字化的介入，行业发展并未受到疫情严重影响。

3. 执行层业务组件

执行层业务组件，首先关注是否有利于实现业务目标，其次是希望它能以最少的资源投入来确保业务目标的实现，核心关注以下 4 类问题：

（1）是否能确保实现典型业务的业务目标。

（2）实现业务目标的效率如何。

（3）业务过程失控的危险是否已完全消除。

（4）业务组件之间的协同是否顺畅。

总之，在全面精益的业务架构中，执行层业务组件是实现典型业务目标的骨干部分，管理层业务组件的合理设置可确保执行层业务过程得到实时的控制，而战略层业务组件则应起到目标调整、资源调整的决策作用。信托公司业务架构如图 8.18 所示。

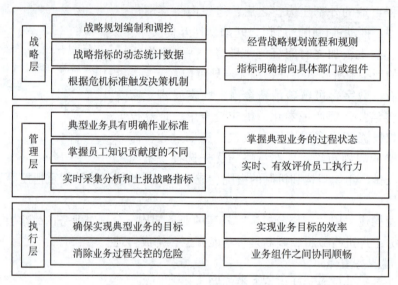

图 8.18　信托公司业务架构

（四）信托数字化转型文化

信托数字化转型不光是在技术层面上改进硬件系统，还需要在观念上达成共识，构建科技文化氛围，权衡人才结构、资金限度，磨合员工与系统的交互和熟悉度，迭代意识和创新能力。具体体现在以下方面：

1. 统一观念

信托公司定位为受托人，通过数字化转型增强受托人的服务能力和水平是立身之本。

（1）从战略上达成共识。在战略上，数字化转型的实现需要公司自上而下的设计与规划，从而在内部达成共识，形成公司整体数字化转型文化。

（2）观念上转变认知。在观念上，主动转变观念本身就是对主动管理能力的提升，只有认知转变才谈得上行动转型，数字化转型需要在认知上打破固有观念，深刻体会数字化为公司和行业带来的转变以及将带来的深远变革。

2. 谋求共生、共建、共享生态

信托公司数字化是受托人能力的自我革新与信托公司稳健可持续经营的辩证统一。作

为有经营风险的金融机构，只有不断适应外部环境变化、与时俱进才能谋求稳健长久的发展。正如自然界需要生物多样性一样，商业生态系统同样需要物种多样性，因此，信托公司要树立金融整合服务共生的发展理念，以连接、开放的方式，以差异化经营为手段，以共生共享的态度建立与服务客户、合作伙伴、同业伙伴的信任关系和合作基础，实现信托行业服务实体经济、服务国民财富管理、丰富产融生态健康发展的重要功能。

三、数字信托的业务模式

数字信托的业务模式有以下 4 种：

（一）互联网信托直销

互联网信托直销，即信托公司通过互联网渠道（包括官网、iPad 客户端、手机 App 和微信平台等）销售信托产品。

不同于银行及证券公司等其他金融机构，信托公司缺少营业网点，销售能力受限，搭建自己的直销平台则开辟了新的销售渠道并减少了对第三方平台的依赖，合规争议也不大。因此，互联网信托直销有望成为互联网信托在近期的主流业务模式。

 小知识 8.8

> 信托公司直销就是销售自己发行的信托产品，信托公司直销机构适合不了解信托、不会挑选项目的新晋投资人。信托公司是信托产品的发行方，对自己发行的产品每一个环节涉及的内容更了解，由项目经理跟踪负责产品的"募投管退"每一个环节，有直销独特的优势。投资人直接在信托公司购买信托产品，可以从信托公司获得产品的各种信息，避免了信息不对称。

（二）互联网消费信托

互联网消费信托指借助互联网手段发售的消费信托。消费信托连接投资者与产业端，既为投资者提供消费权益，也对投资者的预付款或保证金进行投资理财，从而实现消费权益增值。

互联网消费信托主要有以下两种形式：一是信托公司与互联网平台合作推出互联网消费信托产品；二是信托公司打造消费信托产品，借助互联网手段进行发售。这些互联网消费信托产品由于市场接受度、合规性、业务逻辑和盈利能力等多方面的先天缺陷，多呈"昙花一现"的特征，尚未能形成持续、成熟的商业模式。互联网消费信托的创新在2014—2015 年较为活跃，2016 年之后随着监管趋严，热度下降。

（三）互联网理财平台的信托受益权质押融资

在实际操作中，信托受益权质押融资多是通过互联网理财的形式进行，并在资金端实行小额化。主要有以下两种形式：一是信托公司自建互联网理财平台，为本公司的存量信托投资客户提供信托受益权质押融资；二是在 2014—2015 年的互联网金融热潮中，出现了多家从事信托受益权质押融资业务的 P2P 平台，但由于信托受益权质押融资在法律上仍属空白，在合规方面较为模糊，所以并没有大规模推开。

（四）互联网理财平台的信托拆分

信托持有人或受益人享有信托受益权。尽管信托受益权和信托收益权在法律上并没有具体界定，但一般认为，信托受益权是包括了收益权等财产权利在内的综合权利。

案例透析 8.3

在新型冠状病毒感染疫情常态化防控时期，如何兼顾信托行业利益与社会责任至关重要。对于信托公司而言，疫情期间的出差尽调、客户拜访、资产查验存在一定安全隐患。在尽职调查数字化应用的基础上，远程尽调模式成为行业青睐的操作策略。但相比现场尽调，远程尽调模式在很多方面容易受限，存在一定风险。

视野拓展 8.7
云南信托数字化营销

第一，材料信息难以全面核实。相比现场尽调，远程尽调在资料核查层面存在一些问题。现场尽调中可以完整地查看各类数据资料、企业信息系统，全面核实信息；远程尽调操作上受主办人员和客户地理分隔的限制，尽调信息真实性、准确性核验不如现场尽调。

第二，更易遗漏尽调细节。远程尽调主要通过视频进行，对于现场经营场所、项目建设、系统信息等细节难以把控，容易忽略一些客户可能存在的风险信号。比如，在对经营场所查看的过程中，对经营场所情形、抵质押物情况、企业经营情况、人员覆盖等情况缺少直观感受，难以像现场尽调一样全面、系统地查看。

第三，交易对手刻意欺诈风险。远程尽调受限于尽调人异地操作、对现场情况查看不足，无法排除弄虚作假的可能。例如，交易对手拍摄非其自身经营场所，其他人员冒名顶替参与远程沟通等。

案例思考：分析尽调数字化在信托应用场景中的作用有哪些。

 综合训练

一、概念识记

流量经营　场景获客　银行数字化营销体系　数字产品化

二、单选题

1. 以下（　　）不属于银行的流量经营层面。

A. 战略　　　　B. 业务　　　　C. 技术　　　　D. 知识

2. 以下（　　）不属于券商经纪的业务。

A. 推销业务　　B. 活跃业务　　C. 转化业务　　D. 拉新业务

3. 对于银行产品数字化营销来说，以下说法错误的是（　　）。

A. 服务将无处不在　　　　　　　B. 服务不能脱离网点及专网的限制

C. 银行不再是一个专门的金融场所　D. 具备了渗透到客户生活场景的能力

4. 以下（　　）不属于证券经纪业务的数字化营销。

A. 电话　　　　B. 短信发送　　C. App 推送　　D. 外呼座席

5. 以下（　　）不属于保险数字化营销的关键要素。

A. 用户　　　　B. 平台　　　　C. 产品　　　　D. 运营

6. 信托产品可以通过（　　）进行营销宣传。

A. 报刊　　　　B. 电视　　　　C. E-mail　　　　D. 广播

7. 以下（ ）不属于信托公司的数字化业务领域。

A. 产业金融   B. 消费金融

C. 供应链金融   D. 活期储蓄

E. 财富管理

8. 关于数据为核心驱动的企业架构，说法错误的是（ ）。

A. 最终决策由业务人员进行   B. 统一应用平台支撑

C. 复用共享各类中台模块   D. 打破资源、系统、数据、业务的壁垒

9. 以下（ ）不属于智能服务。

A. 智能推荐   B. 数据产品   C. 智能服务   D. 面对面营销

10. 以下说法错误的是（ ）。

A. 场景流量是银行外部的流量资源   B. 场景流量是银行内部的流量资源

C. 场景流量不包括银行内部的流量资源   D. 银行获客要从软件到硬件全渠道合作

11. （ ）不属于企业数字化转型技术保障的作用。

A. 企业业务更加敏捷   B. 企业信息变得不可靠

C. 企业信息变得更加透明   D. 企业业务更高效 E. 企业信息容易获得

12. 保险行业数字化转型的核心是（ ）。

A. 客户的需求   B. 借助互联网、大数据等新工具

C. 人适应机器   D. 降低销售成本

13. （ ）不是保险行业公域流量营销的重点。

A. 抖音和快手   B. 公众号小程序

C. 微博与直播平台   D. 电视广告

14. 以下（ ）不属于银行数字化营销活动。

A. 通过多个事件触发器创建的自定义活动

B. 上门推销

C. 短信营销活动

D. App 推送通知活动

15. （ ）不属于传统银行的产品营销。

A. 线下销售   B. 网点宣传

C. 电话销售   D. 新媒体营销

16. （ ）不属于数字化营销的场景。

A. 移动支付   B. 手机转账

C. 线上理财   D. 线上贷款

E. 柜台交易

17. 以下说法错误的是（ ）。

A. 银行没有高频的服务场景基础   B. 客户需要与场景行为做更深的关联

C. 账户数量已饱和   D. 客户更依赖账户而非实际的金融业务

18. 以下关于银行的账户与场景表述错误的是（ ）。

A. 收集了一个客户实体信息并建立了业务关系，就意味着获客成功

B. 客户与金融机构的连接越来越脱离"账户"的束缚

C. 账户越来越依赖于场景权益的设计

D. 场景信息需要依靠自建生态体系来进行更广泛的收集

19. 以下选项中（　　）不属于信托公司的业务场景参与方。

A. 融资方 　　　　　　　　　　　　B. 投资者

C. 政府机构 　　　　　　　　　　　D. 信托公司

E. 其他服务机构

20. 有关传统银行服务的说法错误的是（　　）。

A. 大部分客户接收到的信息都是无效的

B. 由于核身技术的限制，面对面核身成为必要

C. 专网的存在阻隔了信息的无障碍流通

D. 金融核身可以在各个场景中发生

三、多选题

1. 数字化技术可以适用于以下场景（　　）。

A. 信贷管理 　　　　　　　　　　　B. 渠道整合

C. 营销管理 　　　　　　　　　　　D. 智能保险定价和核保

E. 智能投顾

2. （　　）是保险企业数字化转型成功的关键。

A. 保险产品 　　　　B. 专业运营 　　　　C. 流量平台 　　　　D. 人员推销

3. （　　）是信托公司在数字化转型过程中场景搭建的内容。

A. 梳理主要业务场景 　　　　　　　B. 与信托项目全生命周期进行匹配

C. 与客户谈判 　　　　　　　　　　D. 对业务细化

E. 抽象提炼核心模块

4. （　　）都可以是信托公司的业务的场景。

A. 产业金融 　　　　　　　　　　　B. 消费金融

C. 供应链金融 　　　　　　　　　　D. 证券投资

E. 财富管理

5. 证券公司数字化转型包括以下内容（　　）。

A. 组织架构 　　　　　　　　　　　B. 业务流程

C. 业务模式 　　　　　　　　　　　D. IT 系统

E. 人员能力

6. （　　）属于证券公司转型后所带来的好处。

A. 数字化将驱动业务发展 　　　　　B. 提供经营管理的抓手

C. 创新商业模式 　　　　　　　　　D. 带动业务的内生增长

7. （　　）是券商内容数字化转型的切入点。

A. 赋能投顾人员 　　　　　　　　　B. 发现营销机会

C. 扩大客户群体 　　　　　　　　　D. 提升客户体验

8. 信托公司以数字化转型为抓手推进创新转型、引领业务发展，应从以下（　　）层次进行。

A. 战略 　　　　　　　　　　　　　B. 架构

C. 场景   D. 组织

E. 人才

9. 数字化转型的内涵是（　　）。

A. 对内提升运营效率   B. 对外提升客户体验

C. 人+网点+关系的模式   D. 场景+平台+生命周期

10. 信托公司的数字化转型将聚焦的维度有（　　）。

A. 资产   B. 服务   C. 管理   D. 文化

11. 数字化财富管理可在客户画像、规划配置、交易执行、组合管理等财富管理价值链各环节上，实现（　　）等效果。

A. 降本增效   B. 客群延展   C. 管控风险   D. 提升体验

12. 数字化转型的保障有（　　）。

A. 组织保障   B. 人才保障   C. 技术保障   D. 机制保障

13. 数据架构的管理流程包括（　　）。

A. 数据管理标准流程   B. 数据模型管理流程

C. 数据库管理流程   D. 数据质量管理流程

14. 信托公司搭建数据架构考虑的核心问题是数据架构的管理对象，包括（　　）。

A. 数据标准   B. 数据模型   C. 数据库   D. 数据质量

15. 信托公司在数字化转型过程中搭建技术架构，必须注重对公司未来创新转型的支撑，包括（　　）。

A. 易于落实   B. 快速迭代   C. 灵活调整   D. 通过统一共享

16. 信托数字化的组织系统，需要外在整体性和内在机制的整体性，因此要有（　　）。

A. 线上与线下融通   B. 业务与管理融通

C. 内部与外部融通   D. 现实与虚拟融通

17. 企业数字化转型的竞争中，更多的是人才的竞争，即需要培养和引进（　　）方面的数字化人才。

A. 懂数字化技术的管理人才

B. 会构建数字化基础环境的人才

C. 开发数字化产品的数字化专业人才

D. 在业务中使用数字化提升工作效率的数字化应用人才

18. （　　）是保险数字化转型的趋势。

A. 流程更新   B. 服务便捷   C. 按需保险   D. 以客户为中心

19. （　　）可以使证券公司做好数字化转型。

A. 做好顶层设计，确定数字化转型蓝图规划

B. 加强业务体系数字化建设，促进业务发展和内部运营效率效益提升

C. 推进科技转型，打造科技核心能力，建立数字化转型科技基座

D. 实现组织敏捷化转型，业务技术进一步融合

20. 信托公司展业时要在（　　）核心业务环节建立数字化战略全景。

A. 资金   B. 资产   C. 产品   D. 运营

四、判断题

1. 信托属于正规的持牌金融机构。（　　）

2. 信托作为国家金融的四大支柱行业之一，是唯一可以横跨货币市场、资本市场、实业产业的金融机构。（　　）

3. 传统金融机构往往缺乏线上线下多渠道的客户运营能力，陷入新增客户易流失、存量客户难激活的困局。（　　）

4. 互联网企业抢占了各类线上线下场景和用户入口，并通过小额高频的支付业务完成生态圈的闭环构造。（　　）

5. 过去，客户必须在工作时间到银行网点才能享受大部分的银行服务。现在，远程核身技术的发展及信息传递方式的开放性使实时互联成为可能。（　　）

6. 在投资界有一个很重要的配比原则，即收益与风险成正比。收益高，必定伴随着高风险；收益低，自然风险就低。（　　）

7. 从投资品种看，银行存款的收益低于银行理财产品，银行理财产品的收益高于信托产品。（　　）

8. 信托业是我国最大的非标投资行业。（　　）

9. 金融机构需不断补齐平台运营能力、提升运营效率，通过搭建自动化、智能化的服务运营体系，对平台用户进行持续性的精细化运营。（　　）

10. 信托归根到底是融资渠道。（　　）

11. 数字化时代，用户与产品需求变得很快，营销要识别个体消费者而非群体、从关系营销向粉丝经济转变、从品效合一向长效回报转变，有效运营就变成了成败的关键。（　　）

12. 通过数字化与互联网等科技的加持，传统保险公司在进行结构上的重塑后，成本结构不会发生变化。（　　）

13. 除了有流量、有场景，还要通过场景把客户吸引到整个业务当中来。（　　）

14. 在数字化的时代，保险公司、流量平台与运营服务商呈现出三角之势，缺一不可。（　　）

15. 过去因收益无法覆盖成本而被银行忽略的长尾客户，成为互联网企业截取流量的来源。（　　）

16. 发起人发起设立信托的前提条件是必须要有合法的信托目的。（　　）

17. App通过与主流手机品牌合作，实现从软件到硬件的全渠道合作。（　　）

18. App是一个生态，它拥有丰富、智能、便捷的产品体验，模式更轻、覆盖面更广，能有效加强与用户的互动，更好满足用户的需求升级。（　　）

19. 广义上的数字化，强调的是数字技术对商业的重塑，信息技术能力（更高级和流行的叫法应该是数字技术能力）不再只是单纯的解决企业的降本增效问题，而应该成为赋能企业商业模式创新突破的核心力量。（　　）

20. 保险互联网化是数字化升级建设的必然形态。（　　）

五、简答题

1. 请搭建银行数字化营销系统。

要求：①覆盖长尾客户；②覆盖年轻客户。

2. 香港全形资产管理金融集团（HAFG）旗下的华尔街信托公司，是数字信托的一个典型。它的数字化信托账户借助人工智能、区块链等底层数字技术，已经实现了开户方式（包括协议、流程等）的模块化，不再像过去线下那样需要准备及填写大量资料，开户时间和开户费用明显降低。更重要的是，该平台已经做到用一个终端管理多级账号的投资交易、资产配置及风险控制，和用一个账号投资信托、证券、基金、保险等市场上的各类金融产品，实现跨市场运作，交易结构灵活。

对境内的家族和高净值客户而言，可以在该公司设立香港信托，规划各类资产，实现财富管理和传承规划。

而对境内的证券、基金、保险、信托、家办等机构客户而言，则可以在该公司为自己的客户设立理财账户，方便客户通过该账户自主投资和管理全球资金及多品类资产，实现全球资产的自由流动，成为全生命周期综合财富管理服务的平台。

分析华尔街信托公司数字信托对你的启示有哪些。

六、实战演练

为券商设计数字化营销落地方案。

要求：对组织内交易处理、营销服务、客户分析、业务分析、业务管理、产品生产等系统改造和重构，并解释各系统的作用。

参 考 文 献

著作类

[1] 张小勇. 数字金融概论 [M]. 北京：中国社会科学出版社，2023.

[2] 陈国胜，陈凌云. 数字营销 [M]. 大连：东北财经大学出版社，2021.

[3] 白东蕊，岳云康. 电子商务概论 [M]. 4版. 北京：人民邮电出版社，2018.

[4] 郭福春，吴金旺. 区块连金融 [M]. 4版. 北京：高等教育出版社，2021.

[5] 清华紫荆（北京）教育科技股份有限公司. 金融产品数字化营销 [M]. 北京：清华大学出版社，2021.

[6] 郭福春，吴金旺. 互联网金融基础 [M]. 北京：高等教育出版社，2021.

[7] 彭英. 数字营销 [M]. 北京：清华大学出版社，2023.

[8] 菲利普. 科特勒. 营销管理 [M]. 王永贵，译. 14版. 北京：中国人民大学出版社，2012.

[9] 杨骏. 营销和服务数字化转型：CRM3.0时代的来临 [M]. 北京：中国科学技术出版社，2020.

期刊类

[1] 孙国峰. 解码金融与科技的结合 [J]. 中国城市金融，2018（4）.

[2] 王艳. 人工智能在金融领域的应用研究 [J]. 金融研究，2020（1）.

[3] 步步丽娜. 人工智能对金融行业发展的影响 [J]. 企业经济，2007（5）.

[4] 赵倩倩. 大数据时代与银行未来发展 [J]. 经济研究导刊，2015（9）.

[5] 王迁. "索尼案" 二十年祭——回顾、反思与启示 [J]. 科技与法律，2004（4）.

[6] 周汉华. 论互联网法 [J]. 中国法学，2015（3）.

[7] 自赵鹏. 私人审查的界限——论网络交易平台对用户内容的行政责任 [J]. 清华法学，2016（6）.

[8] 张雨露. 英国借贷型众筹监管规则综述 [J]. 互联网金融与法律，2014（5）.

[9] 刘春雄. 数字化改变营销 [J]. 销售与市场（管理版），2021（1）.

[10] 赵冬，吴斯怡，张铁. "互联网+" 背景下企业管理创新策略研究 [J]. 商展经济，2020（14）.